조선시대 불교의 호국과 호법

문현인문학총서 7

조선시대 불교의 호국과 호법

오경후 지음

문현
MUN HYUN

조선시대 불교는 한국불교사에서 독특한 지위를 차지하고 있다. 첫째, 조선의 건국과 함께 국가통치이념의 전환이 계기가 되어 지배층의 불교에 대한 사상적 탄압과 함께 독선적인 성리학적 가치체계에 기초한 통제로 불교계가 사회경제적 위축을 가져왔다. 둘째, 지배층의 불교탄압은 불교수용 이후 고려시대까지 융성했던 선교학禪敎學을 중심으로 한 불교사상과 수행이 쇠퇴했고, 그 성숙이나 발전을 기대할 수 없었다. 셋째, 승가의 불교사상과 수행은 쇠퇴했지만, 신앙은 백성들이 쉽게 다가갈 수 있도록 저변화되었다. 전통민간신앙과 융합된 불교신앙이 수탈과 착취가 연속되었던 조선의 백성들을 위로해 주었다. 더욱이 청허 휴정의 염불念佛·송주誦呪와 같은 수행법의 인정은 승속을 초월하여 불교가 민간으로 다가가는 계기가 되기도 하였다. 넷째, 조선불교계는 탄압과 수탈에도 불구하고 '복국우세福國祐世'라는 불교본연의 정신을 현실 속에서 발휘하였다. 이른바 임진왜란과 병자호란 속에서 국가적 위기를 극복하기 위한 승가의 본분을 다하고자 하였다. 불살생不殺生이라는 승가 본연의 계율에 얽매이지 않고 왕조의 안위를 지키기 위해 진력했고, 도탄에 빠진 백성을 위로하기 위해 동분서주했다.

조선불교가 이전 시대와는 달리 그 사상과 수행이 뒤처진 것은 사실이고, 원효나 지눌과 같은 인물이 출현할 수 없었던 환경이었던 점은 확실하다. 그러나 조선의 불교는 조선의 흙과 바람에 적응하고 곤궁을 극복할 수 있는 역량을 지니고 있었다. 불교계의 물러서지 않는 불심佛心과 수행력은 조정과 지배층의 오랜 탄압과 수탈, 착취를 극복할 수 있는 원동력이었으며, 도탄에 빠진 백성들을 구제할 수 있었다. 더욱이 폐허가 된 불교 사상과 신앙이 청허 휴정과 그 후손들의 지속적인 노력에 의해서 재건되고 중흥되었다. 때문에 조선시대 불교사는 이전 시대의 불교가 지닌 개성과는 뚜렷한 차이가 있다. 법고창신法古創新을 통해 조선불교의 정체성을 확립한 것이다.

이 책은 임진왜란과 그 이후 불교계의 호국護國과 호법護法의 실상을 이해하고 불교의 국가와 대사회적 기여의 실상을 알려줄 것이다. 호국은 일찍이 조선불교를 이해하는 중요한 키워드였다. 한국전쟁을 계기로 이 땅에 정착된 양극의 이데올로기는 호국의 기치 아래 반공을 내세웠고, 호국불교 역시 정권의 선전구호로 어울렸다. 그러나 호국불교가 지닌 본질이라든가 호국을 위한 승가의 노고는 보이지 않았다. 때문에 청허 휴정과 사명 유정 연구는 왜적을 무찌르는 것만을 세상에 내보냈다. 덕분에 조선불교는 두 인물의 행적과 공적이 전부였다. 이 책은 조선불교의 호국불교가 지닌 본질에 접근하고자 한다.

한편 조선불교의 승가는 그 사상과 수행체계를 복구시키고자 진력하였다. 조선건국 이후 오랜 기간 동안의 불교 탄압은 거의 모든 것을 집어 삼켰다. 선종과 교종의 갈등은 여전했고, 통폐합 역시 정책에 의해서 유린되었다. 절에서 경전 읽는 소리가 들리지 않은 것은 오래되었고, 굶주림을 못이겨 환속할 수 밖에 없었다. 비승비속으로 저자거리를 떠돌던가 관아의 세금을 대신 걷어주고 연명하였다. 그러나 불교의 저력은 여기에서부터 출발한다. 전란 직후부터 승가는 자신들의 서 있는 자리를 냉정하게 살피고 그 정체성을 회복하기 위해 노력하였다. 절에서는 다시 『화엄경』읽는 소리가 들리기 시작했고, 그 연구를 위해 등불이 꺼지지 않았다. 부처를 쳐부수기 위해 방석 위에 앉는 수행자들이 늘어났다. 어지러운 수행체계를 다듬었고, 그동안 가벼이 여겼던 신앙요소도 넓은 품으로 안았다. 근기가 부족한 이들도 부처가 될 수 있도록 불보살의 자비를 닮아갔다. 이것이 조선불교의 호법이라고 할 만하다.

이 책이 조선불교사의 공백을 채울 수 있고, 그 본질과 정체성을 규명하는데 도움이 되기를 바란다.

2024년 11월
필자

1

조선후기 불교계의
정체성 확립과 禪敎兼修

---

1. 兩亂 이후 불교계의 정체성 확립의 배경

조선시대 불교는 임진왜란을 기준으로 그 양상이 본질적으로 변했다. 건국 이후 주자성리학 중심의 국가이념 설정과 불교에 대한 부정, 그리고 부족한 국가재정은 사찰·승려·토지를 몰수하거나 환속시켜 양역자원良役資源으로 보충하였다. 이러한 불교정책은 탄압과 수탈로 이어졌고, 교단의 행정뿐만 아니라 종파축소와 통합으로 인한 승려의 수행과 신앙은 그 명맥만을 유지할 뿐 고려 말까지 지속되어 온 승정僧政이나 수행풍토는 그 체계성을 상실했다. 때문에 다카하시 토오루는 한때 조선시대 불교를 '실제로 사멸'한 것이라고 하였다.[1] 조선전기 불교계의 이와 같은 현실은 임진왜란 발발 당시 청허 휴정을 비롯한 의승군義僧軍의 참전과 이후 산성 축조와 방어 등에 기여하면서 부정적이었던 사회적 인식을 전환시키기도 하였다.

한편 전란 이후 불교계 내부는 중흥조인 청허 휴정의 사상을 조선불교의 정체성으로 확립하기 위해 진력하였다. 두 차례의 전란이 조선의 주체성을 각성시켰듯이 불교계 역시 탄압과 소외 속에서 조선불교가 지닌 독자성을 모색하기 시작하였다. 사실 당시 불교계는 선교겸수라는 보조 지눌의 오랜 수행풍토가 실제적으로 잔존하고 있었지만, 임제법통의 난맥상과 함께 그 체계화는 이루어지지 못해 겨우 그 명맥만을 유지하고 있을 뿐이었다. 그러나 청허의 제자들은 고대부터 면면히 전해 내려오는 선교禪敎의 고유한 실체를 청허 휴정의 사상을 통해 확인하고, 이후 불교계의 수행과 교육체계의 근간으로 삼고자 하였다. 선교겸수나 선교일치禪敎一致, 그리고 대표적 신앙체계인 염불은 청허 휴정의 제자들을 통해 수행과 교육의 삼문三門으로 포괄되었다. 편양 언기는 청허의 사상과 수행을 계승했을 뿐만 아니라 이후 조선불교계의 지남指南으로 정착시키기 위해 진력한 인물이다.

편양 언기(鞭羊彦機, 1581~1644)는 청허 휴정의 제자이다. 그는 격동기에 해당하는 임진왜란과 병자호란 이후 삼문三門으로 대표되는 조선후기 불교계의 수행과 교육의 근간을 확립하고 유포시킨 인물이다. 그는 태고 보우太古普愚로부터 시작되는 조선의 임제臨濟 법통 확립에 기여했던 인물이기도 하다. 그가 조선후기 불교계의 정체성을 마련하고 확립시킬 수

---

1 高橋亨, 「僧兵과 李朝佛教의 盛衰」, 『佛教』(新) 32~34, 불교사, 1942, 1~12쪽.

있었던 것은 청허 휴정의 직접적인 영향을 받았을 뿐만 아니라 청허의 법법法을 계승한 4대 문파가운데 수적으로도 가장 많은 제자를 배출했기 때문이다. 결국 편양 언기는 중국 선종사에서 뚜렷한 위치를 차지했던 육조 혜능의 선법禪法을 체계화시키고 대내외에 천명했던 하택 신회荷澤神會와 비견될만한 인물이다.

탄압과 소외로 단절된 조선시대 불교의 정체성을 확립하고 그 연속성의 근간을 마련하고자 했던 청허 휴정과 편양 언기에 대한 검토가 필요하다. 청허 휴정에 대한 관심이 그가 지닌 위상과 가치만큼이나 다양하게 이루어졌다면 편양 언기에 대한 그동안의 관심은 매우 일천하였다. 그의 선교관禪敎觀과 함께 청허의 임제법통계승에 대한 검토가 집중되었지만[2] 거시적인 관점에서 주목받지 못한 것이 사실이다. 예컨대 그의 선교학과 염불관, 그리고 법통정립을 위한 노력이 개인적 차원을 넘어 임진왜란 이후 혼란과 무질서의 조선후기 불교계에 사상과 수행의 근간이자 정체성 확립을 위한 노력으로까지 이어진 것에 대한 검토는 미흡하다. 때문에 조선불교 중흥조인 청허 휴정의 사상이 편양 언기의 선양을 통해 조선불교의 정체성으로 확립된 면모를 살피는 일은 매우 중요하다.

임진왜란과 병자호란 이후 조선불교계의 질적 변화가 진행되기 시작

2 편양 언기에 대한 연구 가운데 그의 선교관이나 법통확립에 대한 검토는 대체로 다음과 같다. 최종진, 「鞭羊彦機의 선교관 연구」, 『한국종교사연구』 12, 한국종교사학회, 2004, ; 이철헌, 「淸虛系의 禪思想과 法統認識」, 『한국불교사연구』 4, 한국불교사연구소, 2014; 손성필, 「17세기 전반 高僧碑 건립과 조선 불교계」, 『한국사연구』 156, 한국사연구회, 2012 ; 김용태, 「조선후기 불교의 임제법통과 교학전통」, 서울대 박사학위논문, 2008; 이종수, 「조선후기 불교의 수행체계연구」-三門修學을 중심으로, 동국대 박사학위논문, 2010; 고영섭, 「浮休善修系의 禪思想과 法統인식」, 『한국불교사연구』 4, 한국불교사연구소, 2014; 오경후, 「朝鮮後期 楡岾寺의 法脈과 修行傳統의 價値」, 『한국역사민속학』 43, 한국역사민속학회, 2013.

한 것은 건국이후 탄압과 소외로 지속된 불교정책과 그로인한 불교계의 황폐화가 간접적인 원인이었고, 불교계 내부의 자기반성과 재건을 위한 쇄신노력이 직접적인 원인이라고 할 수 있다. 조선은 건국직후부터 국가이념과 실제적 측면에서 탄압정책을 단행하였다. 태종대에는 사원소유의 토지와 노비를 혁파하여 국가에 예속시켰다. 태종 6년 3월에는 교단내의 제종諸宗이 남겨야 할 사원과 노비·전답의 수량을 확정하고 종단마저도 축소시켰다. 11종 242사만 공인하고 이외의 사찰에서 사전寺田과 사노寺奴를 속공하였으며, 이듬해인 태종 7년 12월에는 7종으로 축소시켰다. 세종 역시 7종을 선·교 양종으로 폐합시키고 각각 18사씩 배정하여 전국에 모두 36개 사원만을 공인하였다. 아울러 교단통제기구였던 승록사僧錄司를 없애고 흥천사興天寺를 선종도회소禪宗都會所, 흥덕사興德寺를 교종도회소敎宗都會所로 지정하여 나이가 많고 덕행이 높은 승려로 하여금 양종 각각의 제반업무를 관장하게 하였다.[3]

이후 성종 대에는 승려가 될 수 있는 도첩법을 정지시켜 승려가 되는 것을 금지하고[4] 도첩 없는 승려를 환속시켜 군역에 충당하게 하여 도성 안에는 승려가 드물고 지방의 절들도 뱀과 쥐의 소굴이 되었다. 불교의 쇠퇴는 연산군과 중종 대에 더욱 극심했는데, 연산군은 원각사圓覺寺를 기방妓房으로 만들었고, 도성의 사찰을 모두 철폐하여 관청으로 만들어 버렸다.[5] 그나마 남아있던 사원의 토지를 모두 몰수하고 승려들을 환속시켜 관방官房의 노비로 삼아[6] 도승度僧도 승선僧選도 불가능하여 사실상

---

3 『세종실록』 권24, 세종6년 4월 5일조.
4 『성종실록』 권262, 성종23년 2월 2일조.
5 이긍익(李肯翊, 1736~1806), 『燃藜室記述』 제6권, 「燕山朝故事本末」.
6 『연산군일기』 권61, 연산군12년 3월 23일.

양종兩宗과 승과제도가 없어져 버렸다. 중종 대에도 승과는 시행되지 못했고, 각 지방에서 혁파된 절들을 향교에 소속시켰다.[7] 아울러 『경국대전』「도승조度僧條」를[8] 법제에서 제외시켜 버렸다. 「도승조」는 승려가 된 사람에게 도첩을 발급하고, 3년마다 시행하는 승과, 제사諸寺의 주지에 관한 규정들이 수록되어있기 때문에 이것을 삭제한다는 것은 국가에서 불교를 폐기한다는 뜻이다. 태종·세종대의 사원·승려·토지·노비 몰수에 이어 연산군과 중종 대의 탄압은 불교의 황폐화로 귀결되어 산중승단으로 축소되어 점차 사회로부터 멀어지는 은둔의 길을 걸을 수밖에 없게 된다.

한편 불교 억압정책에 따라 건국 초부터 신도경영新都經營에 승려를 부역승賦役僧으로 모집하여 동원하였는데, 이후 각 왕대에는 부족한 양역자원을 보충할 정도로 그 사례가 빈번하였다. 비록 왕실에서 국가적 차원의 숭불사례가 진행되었지만, 조정과 신료, 그리고 사대부의 탄압은 더욱 극심했다. 승려들은 소유토지와 노비의 몰수로 사원경제가 피폐해져 갔다. 때문에 대부분의 승려들은 산속의 절을 중심으로 전답도 일구고 노역도 하며, 간혹 탁발과 불공재비佛供齋費의 수익 등으로 산중승단 나름의 새로운 경제구조를 형성해갔다. 이후 불교계는 명종 대 문정왕후의 숭불의지로 양종의 선과禪科를 다시 세우고 승려에게 도첩을 주었다. 또한 봉은사를 선종, 봉선사를 교종의 본사로 삼았다. 그러나 문정왕후 사후 양종승과는 폐지되었다.

왜란과 호란 이후 광해군과 인조 대의 불교계는 전란의 후유증과 그

---

7 『중종실록』 권10, 중종5년 3월 17일조.
8 『經國大典』 권3, 禮典 度僧.

치유에 동원되었다. 예컨대 승려들은 산성과 같은 국방상 요충지를 보수하거나 궁궐중수와 같은 토목공사에 동원되었으며, 부족한 식량보충을 위한 잡역雜役에 동원되기도 하였다. 그러나 부역에 동원된 승려들은 식량을 스스로 마련해야 했으며, 역사役事가 진행되는 과정에서도 식량을 지급하지 않아 인조는 호구지책糊口之策을 마련해줄 것을 명하기도 하였다.[9] 더욱이 역사役事에 부역하지 않은 승려에게는 군량을 징수하기를 청하는 사례까지 있었다고[10] 한다. 더욱이 백성들의 부담을 덜어주기 위해 시행한 대동법大同法으로 인해 승려들의 부담은 더욱 가혹했다.

이와 같은 오랜 억불정책으로 교敎의 맥과 선가禪家의 법통은 희미해진 지 이미 오래이다. 청허 휴정은 불교의 오랜 탄압과 소외, 암울한 사원경제, 흐려진 선교학의 체계 등 당시 교단의 현안을 정리할 절대적 필요성에 직면했을 것이다. 그런데 청허 휴정이 확립한 가풍과 종통은 새롭고 낯선 것은 아니었다. 한국불교사상 원효로부터 의천과 지눌, 그리고 태고 보우와 나옹 혜근, 벽송 지엄과 부용 영관으로 이어진 전통을 고수한 것이었다.[11]

> 먼저 衍熙敎師를 찾아 『楞嚴經』의 깊은 뜻을 묻고, 다음에는 正心
> 禪師를 찾아 西來의 비밀한 뜻을 물었더니, 그들은 모두 玄妙한 이치
> 를 밝혀 주었으므로 깨달은 바가 많았다. 5년간에 걸쳐 楓岳山이나 楞
> 伽山등의 여러 산을 유력하였는데, 일정한 거처에 머무르지 않았다.[12]

---

9 『비변사등록』 제7책 인조20년 9월 25일조.
10 『인조실록』 제14권 인조4년 8월 19일조.
11 이철헌, 앞의 글, 85~86쪽.
12 청허 휴정, 앞의 책, 752b~c.

구체적으로 말하면 휴정의 사상은 그의 법조法祖인 벽송 지엄으로부터 이어진 것이라 할 수 있다. 지엄은 임제종풍을 중심으로 하면서도 『법화경』·『화엄경』 등의 대승경전을 강의하여 후학을 지도했으며, 아미타불을 염불하는 정토신앙을 권장했다. 출가 이후 지엄智嚴은 사방을 유력遊歷하였다. 그는 먼저 연희교사에게서 '원돈교의圓頓敎義'를, 벽계 정심으로부터는 '서래밀지西來密旨'를 묻고 현묘한 이치를 밝혔다. 『능엄경』·『화엄경』과 같은 교학과 함께 선 수행을 통해 자신을 완성시켜나갔다. 그가 유력했던 수행처는 용문산·오대산·백운산·능가산 등이었는데, 특히 1508년중종 3 금강산 묘길상妙吉祥에서는 『대혜어록』과 『고봉어록』을 보고 '구자무불성狗子無佛性'화두를 참구하여 칠통漆桶을 타파했다고 한다. 이른바 성적등지惺寂等持·원돈신해圓頓信解·간화경절看話徑截의 보조 지눌의 유풍遺風을 계승했던 것이다. 불교가 조선 건국이후 극심한 탄압과 소외의 과정을 겪으면서 겨우 명맥만을 유지했던 상황을 고려한다면 지엄의 이와 같은 선교겸수의 수행방식은 이후 청허 휴정을 비롯한 불교계의 후학들에게 절대적인 영향을 미쳤다. 청허의 문도들은 이러한 벽송 지엄의 선사상을 계승하여 훗날 삼문수학이라는 한국불교의 수행가풍을 확립하였다.

오늘날 禪을 하는 사람들이 말하기를, "이것은 우리 스승의 법이다."
라고 하고, 오늘날 敎를 하는 사람들이 말하기를, "이것은 우리 스승의
법이다."라고 하니, 한 법을 놓고 서로 옳고 그르다고 하며 한 마리의
말을 가리키며 서로 다투는 격이다. … 오늘날 禪旨를 잘못 이어받은
사람들이 頓漸의 문을 正脈으로 삼기도 하며, 圓頓의 교를 宗乘으로
삼기도 하고, 外道의 글을 이끌고 와서 은밀한 뜻을 설하기도 하며, 業

識을 희롱하는 것을 본분으로 삼기도 하고, 빛의 그림자를 잘못 인식하여 자기로 삼기도 하며, 심지어 제멋대로 눈멀고 귀 먼 棒과 喝을 행하고도 부끄러워하거나 수치스러워하지 않는데, 이는 진실로 어떻게 된 마음인가? … 제 말세에 이르러 열등한 근기는 많으나 교외별전의 근기는 아니므로 다만 圓頓門의 이치의 길(理路), 뜻의 길(義路), 마음의 길(心路), 말길(語路)로 보고 듣고 믿고 아는 것을 귀하게 여길 뿐 이치의 길이 끊어지고, 뜻의 길이 끊어지고, 마음의 길이 끊어지고, 말길이 끊어져 재미도 없고, 모색할 것도 없는 경지에서 漆桶을 깨뜨리는 徑截門을 귀하게 여기지 않으니, 그렇다면 어떻게 하는 것이 좋겠는가? 이제 선사가 팔방의 衲子의 무리를 제접할 때 요긴한 곳에 칼을 내리쳐 구멍을 뚫지 못하면, 바로 본분인 徑截門의 活句로써 저들로 하여금 스스로 깨닫고 스스로 얻게 하여야 할 것이니, 이것이 바로 종사로서 사람을 위해 해야 할 됨됨이인 것이다.[13]

장황한 인용문은 청허 휴정의 핵심적인 선사상이 정리되어 있는 『선교결禪教訣』 앞부분으로, 제자 유정惟政에게 보인 글이다. 당시 불교계가 선교학을 둘러싸고 의견이 분분함을 극명하게 보여주는 대목이기도 하다. 청허는 당시 수행자들이 오류를 범하고 있는 것들을 지적하고 있다. 첫째, 불이不二의 한 법을 놓고 옳고 그름을 논쟁한고 있다는 것이다. 세상 사람들이 굳이 이름을 붙여 '마음'이라고 한 이유를 알지 못하고 배워서 안다고 하고 생각하여 얻는다고 주장하여 가련한 일이라고 하였다.

---

13 清虛 休靜, 『禪教訣』(『韓佛全』 7, 657b~658a).

청허는 구체적으로 교학자教學者들이 "교 가운데 선이 있다."고 하였는데, 이것은 성문승聲聞乘도 아니고 연각승緣覺乘도 아니고, 보살승菩薩乘도 아니며, 불승佛乘도 아니라는 말에서 나온 것으로 선가 입문의 초구初句일 뿐 선지禪旨가 아니라고 단언하였다. 선주교종禪主教從의 입장을 분명히 한 것이다. 둘째, 당시의 수행자들이 선지禪旨를 잘못 이어받아 다양한 방식으로 해석하고 있는 것을 지적하였다. 교외별전教外別傳이라고 하는 것은 마음의 길이 다하여 끊어진 연후에야 비로소 알 수 있음에도 불구하고 "돈점頓漸의 문을 정맥正脈으로 삼기도 하며, 원돈圓頓의 교教를 종승宗乘으로 삼기도 하고, 외도外道의 글을 이끌고 와서 은밀한 뜻을 설하기도 하며, 업식業識을 희롱하는 것을 본분으로 삼기도 하고, 빛의 그림자를 잘못 인식하여 실체로 삼기도 하며, 심지어 제멋대로 눈멀고 귀 먼 봉棒과 할喝을 행하고 있다."는 것이다. 아울러 "원돈문圓頓門의 이치의 길理路, 뜻의 길義路, 마음의 길心路, 말길語路로 보고 듣고 믿고 아는 것을 귀하게 여길 뿐 이치의 길이 끊어지고, 뜻의 길이 끊어지고, 마음의 길이 끊어지고, 말길이 끊어져 재미도 없고, 모색할 것도 없는 경지에서 칠통漆桶을 깨뜨리는 경절문徑截門을 귀하게 여기지 않는다."는 것이다. 셋째, 이와 같은 당시 불교계의 무질서한 선교관과 그 수행을 바로잡고자 "팔방의 납자衲子의 무리를 제접할 때 요긴한 곳에 칼을 내리쳐 구멍을 뚫지 못하면, 바로 본분인 경절문徑截門의 활구活句로써 저들로 하여금 스스로 깨닫고 스스로 얻게 하여야 하는 것"이 본인의 의무라고 하였다.

요컨대 인용문은 조선후기 불교의 정체성과 독자성이 확립되지 못해 그 수행체계 역시 무질서하여 논쟁만 지속되고 있다는 지적이다. 때문에 청허는 『선가귀감禪家龜鑑』·『선교석禪教釋』·『선교결禪教訣』 등의 저술을 통해 선교학이 지닌 개념과 구분을 명확히 하고자 했고, 불교계에 임제종지臨濟宗旨를 정착시키고 선양하고자 했던 것이다.

2. 兩亂 이후 불교계의 법통 확립과 鞭羊彦機

불교의 법통法統은 스승에게서 제자로 면면이 전승傳承되는 불법佛法의 정통성正統性을 의미한다. 유학의 도통론道統論과 함께 중요한 가치를 지니고 있다. 때문에 선종사뿐만 아니라 조선불교의 정체성과 독자성을 천명하고 계승하는 근간이다.

지금 이 四門의 자손들이 臨濟를 벗어나지 않는 것은 그 本原이 있기 때문이다. 즉 우리 동방의 太古和尙이 중국 霞霧山에 들어가 石屋의 법을 이어 幻庵에게 전하고, 환암은 小穩에게 전하고, 소온은 正心에게 전하고, 정심은 碧松에게 전하고, 벽송은 芙蓉에게 전하고, 부용은 登階에 전하고, 등계는 鐘峯에게 전하였다. 이 八世 가운데 등계가 더욱 미친 물결을 돌이키고 퇴폐한 기강을 바로잡는 힘이 있어서 뼈를 바꾸는 신령스러운 방편과 눈을 뜨게 하는 금칼(金鎞)로 禪敎의 혼잡에서 玉石을 구별한 사람, 보검을 휘두를 때 아무도 그 칼날을 범하지 못하는 사람, 입을 다물고 고요히 觀하여도 식은 재에 떨어지지 않은 사람이다.[14]

---

14 鞭羊 彦機, 「蓬萊山雲水庵鐘峯影堂記」, 『鞭羊堂集』 卷2(『韓佛全』 8, 253c).

1625년(인조 3) 송월 응상松月應祥이 편양 언기에게 간청하여 찬술한 사명당四溟堂의 진영각기眞影閣記 가운데 일부분이다. 편양은 청허 휴정이 천명한 임제종풍臨濟宗風은 고려 말 태고 보우가 석옥 청공의 법을 받은 이후부터 조선불교에 그 명맥이 이어졌던 본원本原이라는 것이다. 이 선언은 이전의 법통논란에 종지부를 찍은 일대 사건이기도 했다. 편양 언기의 임제법통설 확립은 이전의 법통설이 지닌 오류를 지적하고 대내외적으로 천명하는 것이었기 때문이다. 법통설의 논란은 1612년(광해군 4) 허균이 「사명대사석장비명四溟大師石藏碑銘」과 『청허집』 서문을 찬술하면서부터 시작되었다. 그 내용은 고려 말의 나옹 혜근이 법안종法眼宗의 영명 연수의 법과 황매종지를 계승했고, 목우자 → 강월헌 → 남봉 수능 → 정심 등계 → 부용 영관 → 청허 휴정 → 사명 유정이 법통을 이어갔다고[15] 한 것이다. 청허 휴정 역시 "법으로써 계통을 말한다면 벽송碧松은 할아버지요, 부용芙蓉은 아버지며, 경성敬聖은 숙부이다."만을[16] 언급하여 선대先代의 법통에 대해서 체계적으로 밝히고 있지 않았지만, 고려 말 조선 초 불교계의 인식은 나옹법통설이 역사적 사실이 가까운 것이었다.[17]

한편 편양은 1625년 사명대사 영당기影堂記를 통해 임제법통설과 태고 보우를 해동초조로 확립한 이후 중흥조 청허 휴정을 그 계승자로 선언하였다. 그는 1612년 허균이 찬한 『청허집』서문을 인정하지 않았

15 許筠, 「淸虛堂集序」, 『惺所覆瓿藁』 第26卷 附錄 2 序. : 許端甫, 「淸虛堂集序」, 『淸虛集』 卷1(『韓佛全』 7, 659c~660a) : 許筠, 「四溟松雲大師石藏碑」, 『四溟堂大師集』 卷7(『韓佛全』 8, 75b).
16 청허 휴정, 「三老行蹟」(『韓佛全』 8, 757b).
17 오경후, 「여말선초 임제선의 법통형성과 조선후기 논쟁」, 『신라문화』 45, 동국대학교 신라문화연구소, 2015.

고, 1630년 7월 이식李植으로부터 서문을 받아 서산대사의 문집을 간행하였다.

> 우리 스승님께서는 臨濟의 嫡孫입니다. 元의 石屋和尙이 고려의 太古禪師에게 전하였고, 태고선사는 幻庵에게 전했고, 환암은 龜谷에게 전했고, 구곡은 正心에게 전했고 정심은 智嚴에게 전했고 지엄은 靈觀에게 전했고, 영관은 우리 스승님에게 전했습니다.[18]

인용문은 휴정의 입적 후 택당澤堂 이식李植이 청허의 문도 보진葆眞·언기彦機·쌍흘雙仡 등의 부탁을 받아 1630년 찬한 『청허집』 서문의 일부분이다. 이식이 밝힌 법통은 편양 언기가 이미 1625년에 찬한 「봉래산운수암종봉영당기蓬來山雲水庵鐘峯影堂記」나 그 이후의 「서산행적초西山行蹟草」에서[19] 밝힌 계보와 동일하다. 태고법통설의 확립작업이 본격적으로 시작된 것이다. 또한 이정구李廷龜로부터 비문을 받아 유점사에 비를 세웠으며, 1631년(인조 9) 장유張維로부터 비문을 받아두었다가 16년 후에 해남 대흥사에 비를 세웠다. 서문과 비문을 쓴 이식·이정구·장유 등은 청허 휴정의 법맥을 임제선의 법통과 법맥을 이은 태고 보우 중심으로 기록하였다.[20]

---

18 李植, 「淸虛堂集序」, 『淸虛集』 卷1(『韓佛全』 7, 658c~659a).
19 鞭羊 彦機, 「西山行蹟草」, 『鞭羊堂集』 卷2(『韓佛全』 8, 254c).
20 이철헌, 「淸虛系의 禪思想과 法統認識」, 『한국불교사연구』 4, 한국불교사연구소, 2014, 110쪽.

소제자인 해안은 烏石嶺 望洲亭 변두리의 末席 아래 자리한 보잘 것 없는 위인이다. (사명)대사의 정통 제자인 惠球·丹獻 등 전국의 문도들과 서로 의논하여 말하기를 "청허는 能仁의 63대, 임제의 25세 직계 자손이다. 永明은 法眼宗이고, 牧牛子는 別種이며 江月軒은 平山으로부터 分派된 것이다. 이 비에는 우리 스승이 임제로부터 전해지는 순서가 잘못되어 있으니 만일 후세의 지혜에 눈멀고 귀먹은 이가 오래도록 전한다면 눈과 귀를 놀라게 할 일이 어찌 없겠는가. 해안이 비록 변변하지는 못하지만 사실을 올바르게 적는 붓은 지니고 있다. 그 본비에 관해 여러 번 청하기에 31년이 지난 庚辰年(1640)에 삼가 쓴다.[21]

마침내 1640년 해안은 1612년 허균이 찬한 사명당의 행적을 다시 정리하는 과정에서 동학同學들과 상의하여 임제법통을 누락시키고 편양 언기가 선언한 바와 같이 나옹 혜근을 삭제하고 태고 보우를 조선의 임제법통을 계승한 초조初祖로 재차 규정지었다. 무엇보다도 보조 지눌을 별종別種으로, 나옹을 평산平山으로부터 분파分派되었다 하여 청허의 연원인 임제종의 석옥 청공과 명확히 구분 짓고 있는 것이다.

이후 조선후기 불교계를 주도했던 청허의 제자 가운데 편양파鞭羊派·사명파四溟派·소요파逍遙派·정관파靜觀派의 4대 문파는 한 계파나 문파를 불문하고 태고법통을 수용하고, 급기야는 사암 채영에 의해 공식적인 해동불조원류가 생산되어 임제종臨濟宗 하下의 태고 보우의 법손法孫 일색

---

21 海眼, 「四溟堂松雲大師行蹟」, 『四溟堂大師集』 卷7(『韓佛全』 8, 75a~b).

으로 정리되었다.[22] 1764년 사암 채영獅巖采永이 집록集錄한 『서역중화해동불조원류西域中華海東佛祖源流』에 수록된 나옹과 태고의 법통은 다음과 같다.

懶翁 惠勤 → 無學 自超 → 涵虛 己和[23]

太古 普愚 → 幻菴 混修 → 龜谷 覺雲 → 碧溪 淨心 → 碧松 智嚴
→ 芙蓉 靈觀[24]

채영은 나옹 혜근의 법통에 대해 무학 자초와 함허 기화涵虛己和·지천智泉·고봉 법장高峯法藏 만을 수록하고 '나옹파종懶翁派終'으로 끝을 맺고 있다. 반면 태고 보우에 대해서는 '임제종십팔대적전석옥청공법사臨濟宗十八代嫡傳石屋淸珙法嗣　해동정맥제일조태고보우화상海東正脈第一祖太古普愚和尙'이라고 전제하고, 환암 → 구곡 → 벽계 → 벽송 → 부용 등으로 이어지는 계보를 정립하였다. '나옹혜근사懶翁惠勤嗣'라는 수식어와는 달리 '임제종臨濟宗'과 '해동정맥海東正脈'의 표현은 임제종의 적통으로 한국불교의 대표성을 지니고 있음을 천명한 것이다. 이와 같은 사례는 조선 초 무학(無學, 1327~1405)이 찬찬撰한 것을 17세기 월저 도안(月渚道安, 1638~1715)이 중보重補한 『불조종파지도佛祖宗派之圖』[25] 역시 동일하다. 나옹에 대해서는

---

22 그러나 편양 언기에 의해 태고법통설이 제기되었고 정착되어가는 과정에서도 나옹법통설은 지속적으로 강조되었고, 태고법통설에 대한 문제제기가 진행되었다. 이 글에서는 조선시대 불교계의 법통논쟁에 대해서는 論外로 하겠다.

23 采永, 『西域中華海東佛祖源流』(『韓國佛敎全書』 10, 101b~c)

24 采永, 앞의 책, 101c~104b.

25 無學 · 月渚, 『佛祖宗派之圖』(『韓佛全』 7).

무학만을 문도로 제시했지만, 태고에 대해서는 태고 → 환암 → 구곡 → 정심 → 벽송 → 부용 → 청허·부휴 이후까지도 수록했다[26]

> 나옹의 법통을 이은 무학조사가 심히 부끄럽게 여겨 傳鉢의 源流를 차례로 簇子에 실어 전했던 일이 國初에 있었다. 때문에 佛祖로부터 시작되어 지공과 나옹에서 그쳤다. 그 후 우리 월저대사는 簇圖를 重刊하면서 本朝에 대해서는 太古에서 기원하여 玩虛 松雲까지 적었다. ...[27]

인용문은 월저의 제자 채영이 밝히고 있는 『불조종파지도佛祖宗派之圖』의 증보重補과정이다. 처음의 나옹보다는 태고를 강조했다는 의미다. 채영은 『해동불조원류』를 정리하면서 제산석덕諸山碩德의 공의公議 하에 여러 전등傳燈을 고증했다고 한다. 결국 편양 언기를 중심으로 한 임제법통의 확립과 태고 보우를 임제종의 해동초조海東初祖로 천명하고 청허 휴정과 그의 제자들이 계승했음을 선언했고, 채영의 『해동불조원류』가 법통의 완결판이었다.

---

26 無學·月渚, 앞의 책, 9a.
27 采永,「佛祖源流後跋」, 앞의 책, 134b.

3. 청허 휴정의 三門定立과 편양 언기의 불교계 유포

1) 禪敎學의 정립

편양 언기는 스승 청허 휴정의 행장에서 다음과 같이 스승의 공적을 피력한 바 있다.

오직 西山이 미친 물결을 잠재우고 무너진 기강을 바로잡는 힘을 발
휘하였으니, 이는 이른바 뼈대를 바꾸는 靈方이요, 눈의 백태를 긁어내
는 金鎞라고 할 만하였다. 禪敎가 어수선하게 뒤섞임에 玉石을 구분하
여 가르고, 보검을 휘둘러서 칼날을 감히 범하지 못하게 하고, 입을 다
물고 靜觀하며 불 꺼진 재처럼 되지 않게 한 것은 그 누구의 공인가.
殺活의 鉗鎚를 손에 쥐고서 많은 英材를 길러내고, 佛祖의 광명을 새
로 밝혀 人天의 안목을 열어준 것이 이처럼 성대한 때는 있지 않았
다.[28]

편양은 임진왜란을 전후로 한 불교계는 선교학禪敎學의 자취가 흐려지
고, 그 체계 역시 확립되지 못했음을 지적하고, 청허 휴정이 옥석玉石을
구분하여 선禪과 교敎에 대한 개념부터 그 위상과 가치를 규명하여 이후
불교계의 지남指南으로 삼게끔 했다는 것이다. 사실 임진왜란을 전후한
시기는 배불세력으로서의 성리학性理學 그룹이 크게 성장하고 있음에 반

---

28 鞭羊 彦機, 「西山行蹟草」, 『鞭羊堂集』 권2(『韓佛全』 8, 254c).

해 불교사상은 완전히 위축되고, 더욱 강화되고 있는 억불정책에 대응할 만한 불교세력도 눈에 띄지 않는다. 이러한 시대의 여건은 더 이상의 공식적인 흥불興佛을 기대할 수 없게 하는 것이었다. 연산군 대부터 사림세력士林勢力의 정계진출과 그 영향력이 막대했던 중종대에는 철저한 폐불정책廢佛政策의 단행으로 불교계는 산중승단山中僧團으로 명맥을 유지해 나갔을 뿐이었다. 따라서 교敎의 맥과 선가禪家의 법통은 희미해진 지 이미 오래되었다.

이와 같은 선교학에 대한 청허 휴정의 노력은 다음의 기록에서도 볼 수 있다.

> 『四家錄』은 法燈을 이은 네 분 조사가 힘써 전한 心印의 법을 우리나라 西山대화상께서 신이한 필적으로 직접 옮겨 적으신 것이다. 대화상께서는 여러 제자들에게 부탁하시기를 "이는 옛 조사들이 남긴 자취이자 현묘함을 참구하는 학인들의 (눈을 뜨게 하는) 金鎞이니, 너희들은 진귀하게 여겨 간직하라. 뜻이 있어 함께할 자들을 기다렸다가 명산의 禪宗大刹에서 간행하고 찍어서 퍼트려라. 그들이 전한 법을 널리 퍼트려서 장차 그물을 거두는 자로 하여금 벼리를 끌게 하고 가죽옷을 드는 자로 하여금 옷깃을 집게 한다면, 앞선 조사문의 선풍이 거즘 땅에 떨어지지는 않을 것이다."라고 하셨다. 제자인 鞭羊대사가 지당하게 여기고 분발하여 스승의 뜻을 따르려 했으나 성과를 이루지 못한 채 여러 해 햇수만 쌓여갔다.[29]

---

29 敬悟, 『江西馬祖四家錄草』(『韓佛全』11, 397b).

청허 휴정은 송宋 초기에 홍주洪州 황룡산黃龍山 전법사문傳法沙門 혜남慧南이 엮은 『사가어록四家語錄』[30] 전16권 중에서 요긴한 대목을 가려 뽑아 옮겨 적었다. 각 선사의 간략한 전기를 서술한 뒤에 상당上堂·시중示衆 등의 법어法語를 수록하였다. 인용문은 휴정의 신필神筆을 판각板刻하고 1650년 경오敬悟가 쓴 발문가운데 일부분이다. 조선 선불교의 명맥을 계승하고, 임제종지와 법통을 계승하고자 한 의도에서 비롯된 것이다. 청허 휴정은 불교계의 수행체계를 중심으로 한 위상이 희미해진 상황에서 마조와 임제의 조사선이 지닌 가치가 무질서한 조선불교계의 구심점이 될 뿐만 아니라 이후 조선 불교계의 지남指南으로 삼을만하다고 인식한 것이다. 때문에 후학들에게 "진귀하게 여겨 간직하라."고 당부하였다. 이와 같은 청허의 의지를 편양이 선양하고자 했음을 알 수 있다. 기록을 본 벽암碧巖 각성覺性 역시 뒷 세대를 위하여 판각하고 인쇄해 퍼뜨리면 성스러운 자취가 사라지지 않을 것이며, 그로써 미래 학인들의 심목心目도 열 수 있을 것"이라고 하였다. '백세토록 이어질 향기로운 법이 될 것'이라고 말한 벽암 각성의 언급에서 역시 조선불교 정체성의 핵심이자 존립의 근거임을 알 수 있다.

한편 청허는 "세존世尊이 세 곳에서 마음을 전한 것은 선지禪旨가 되고, 일생 동안 설한 것은 교문敎門이 되었다. 그러므로 선은 부처님 마음이고, 교는 부처님 말씀이다."고[31] 하였다. 그러나 선禪과 교敎의 법은 비록 한 맛이지만 그 견해는 하늘과 땅만큼 현격하다고[32] 하여 선이 우위에

---

30 四家는 南嶽懷讓 문하의 江西馬祖道一大寂禪師와 洪州百丈懷海大智禪師, 筠州黃檗希運斷際禪師, 鎭州臨濟義玄慧照禪師를 말한다.
31 清虛 休靜, 『禪家龜鑑』(『韓佛全』 7, 635b).
32 清虛 休靜, 앞의 책, 635b.

있고, 교가 열위劣位에 있으며, 선은 깊고 교는 얕으며, 선이 주主이고 교敎가 종從이라는 것을 주장하고 있다.[33] 제자 편양 역시 "조사祖師들이 보인 근기根機는 교문敎門과는 판이하여 입을 열기 전에 곧 바로 사람의 마음을 가리킨다.

집안에 있는 보배의 곳간을 보여주고자, 言敎를 드리우고 義理를 내세워서 49년 동안이나 동쪽에서 설하고 서쪽에서 설하니, 자비의 구름이 널리 퍼지고 佛法의 빗물이 멀리 적셨습니다. 이에 무지하여 목말라 있던 자들이 모두 그 은택을 입고서 번성하였는데, 이는 中才와 下根이 말씀을 받들어 뜻을 이해한 것이니, 이것을 敎門이라고 합니다. 祖師가 내보인 機關은 앞의 것과는 판이하여, 입을 아예 열지도 않고서 곧바로 사람의 마음을 가리킵니다. 그러므로 단지 한참동안 잠자코 있기도 하고, 혹은 坐具에 몸을 기대고서 발을 뻗기도 하고, 눈썹을 치켜 올리거나 눈을 깜박거리기도 하고, 拂子를 치켜들거나 柱杖子를 곧추세울 따름입니다. 이는 銀山鐵壁이라서 발을 들여놓을 문도 없고, 石火電光이라서 思議를 용납할 수도 없습니다. 만약 어떤 사람이 여기에서 석화전광을 붙잡으려 하여 대번에 붙잡고, 은산철벽을 뚫으려 하여 대번에 뚫는다면, 이 사람은 절륜한 上智로서 마치 良馬가 채찍의 그림자만 보아도 내달리는 것과 같으니, 이것을 格外의 禪風이라고 합니다.[34]

---

33 김영태, 「휴정의 선사상과 그 법맥」, 『한국선사상연구』, 동국대불교문화연구원, 1984, 290쪽.
34 鞭羊 彦機, 「上高城」, 『鞭羊堂集』 卷3(『韓佛全』 8, 262a~b).

청허의 가르침을 받은 편양이 고성군수高城郡守에게 선교禪敎에 대한 질문을 받고 답한 내용이다. 편양은 청허와 같이 부처의 가르침을 중재中才와 하근下根이 이해한 바를 교문敎門이라 하고, 조사祖師가 내보인 기관機關을 격외格外의 선풍禪風이라고 하였다. 편양은 선문禪門을 경절문徑截門과 원돈문圓頓門으로 분류하고 경절문의 공부는 조사의 공안公案에 대하여 때때로 깨우치며 의문을 일으키기를 성성惺惺하게 하고 서둘지도 않고 느리지도 않고 혼침昏沈과 산난散亂에 떨어지지도 않는다. 간절한 마음가짐을 마치 갓난아이가 어머니 찾듯 한다면 결국 분한 마음에서 일발一發의 묘한 경계를 볼 것이다."고[35] 하였다. 예컨대 언어나 문자를 여의고 수행의 단계나 점차漸次를 거치지 않고 바로 증과證果를 얻는 교법이자 수행법인 것이다. 또한 원돈문에 대해서는 자기 심성을 반조反照하는 공부를 권하고 있다. 분별심이 일어나기 이전을 향하여 그 분별심이 어디에서 일어났는가 하고 궁구해 가되, 일어난 곳을 못 찾아 번민이 생기더라도 게을리 하지 말고 수행하라고[36] 하였다.

우리 釋迦如來가 말없는 가운데에서 敎海의 물결을 일으켜 사십구년 동안 三藏 十二部의 修多羅를 설한 것은 무엇 때문인가. 중생에게 淸淨한 깨달음의 경지를 開示함으로써, 生死의 강물을 건너 三德의 彼岸에 이르게 하기 위함이니, 이는 미혹의 냇물을 건너는 寶筏이요 깨달음의 길을 안내하는 金繩이라고 이를 만하다.[37]

---

35 鞭羊 彦機, 「禪敎源流尋劍說」, 『鞭羊堂集』 卷2(『韓佛全』 8, 257b).
36 鞭羊 彦機, 앞의 글, 257b~c쪽; 최종진, 앞의 글, 370~371쪽에서 재인용.
37 鞭羊 彦機, 「經板後跋」, 『鞭羊堂集』 권2(『韓佛全』 8, 255a).

또한 편양은 교학에 대해서 부처가 언교言教와 의리義理를 내세워 49년 동안 교해敎海의 물결을 일으켜 중생에게 청정한 깨달음의 경지를 개시開示하여 피안彼岸에 이르게 하였으니 이것은 깨달음에 이르는 보배 뗏목이고, 깨달음의 길을 안내하는 금승金繩이라고 하였다. 편양은 결국 불법佛法에 무지하여 목말라 있던 자들이 모두 그 은택을 입고서 번성했다고 하는데, 중재中才와 하근下根이 말씀을 받들어 뜻을 이해한 것이라고[38] 하였다.

> 禪門에서 最下의 근기를 위해서 教를 빌려 와 宗을 밝히나니, 이른
> 바 性・相・空의 三宗이 그것이다. 여기에는 이치의 길(理路)과 언어
> 의 길(言路)이 있어서 듣고 이해하고 생각하며 추측하는 까닭에 圓頓
> 門의 死句가 되니, 이것은 단지 義理禪일 뿐이요 앞에서 말한 格外禪
> 이 아니다. 비록 그렇다 하더라도 이 두 가지에도 일정한 뜻이 없고,
> 단지 當人(당사자)의 機變이 어떠하냐에 달려 있을 뿐이다. 만약 사람
> 이 口言에 떨어지면 拈花微笑도 모두 진부한 언어로 전락하겠지만, 만
> 약 마음으로 터득하면 대소의 언어가 모두 實相을 말하는 것이 될 것
> 이다.[39]

인용문은 편양의 선교관에 대한 결론을 보여주고 있다. 예컨대 선문의 최하근기를 위해 교문을 빌려와 종宗을 밝힌다는 것이다. 여기에는 이치와 언어의 길이 있기 때문에 생각하고 추측하는 것 때문에 원돈문

---

[38] 鞭羊 彦機,「上高城」,『鞭羊堂集』卷3(『韓佛全』 8, 262a).
[39] 鞭羊 彦機,「禪教源流尋劍說」,『鞭羊堂集』 권2(『韓佛全』 8, 257a).

의 사구死句로 전락해버린다는 것이다. 그러나 의리선義理禪과 격외선格外禪이라는 극단적인 차이 역시 수행자의 근기에 따라 진부한 언어로 전락하거나 그 언어가 실상實相을 말하게 된다는 것이다. 선교가 기본적으로 대등한 관계로 인식했지만, 엄연히 살활殺活의 구분이 있음을 지적하였다. 그러나 살활은 궁극적으로 수행자의 근기에 따라 그 실상의 변화가 일어난다고 하였다.

2) 염불관의 전환

염불은 한국불교의 대표적인 정토신앙체계로 그 역사가 유구하다. 염불을 한국불교의 공식적인 수행체계에 편입시킨 것은 청허 휴정이었다. 선禪과 정토淨土는 사실 자력自力과 타력他力이라는 측면에서 그 실천체계가 판이하게 다르다.

> 身口意 三業을 청정히 하여 염불해야 한다. 입으로 외우고 부르며 마음으로 생각해야 한다. 생각을 잊어버리고 외우기만 한다면 道에 아무런 이익이 없다.[40]

> 아미타불 육자법문은 반드시 윤회를 벗어나는 지름길이다. 마음은 부처님의 경계를 인연하나니 항상 지녀서 잊지 않게 하고, 입은 부처님의 이름을 부르나니 분명하여 어지럽지 않게 하라. 이와 같이 마음

---

40 清虛 休靜, 『三家龜鑑』 卷下(『韓佛全』 7, 622b).

과 입이 서로 상응하는 것을 念佛이라고 한다.[41]

청허는 우선 몸과 입과 뜻을 청정히 한 다음에 염불해야 한다고 당부하고 있다. 아울러 입으로 외우기만 한 것보다는 염송念誦을 강조하였다. 때문에 윤회를 벗어나기 위한 염불은 마음과 입이 하나가 되어 부처를 생각하고 '아미타불' 명호名號를 불러야 한다는 것이다. 이른바 선정일치禪淨一致로 기존의 구원을 바라는 단순한 타력신앙과는 다르다. 그가 「염불승에게 주는 글」에서 "참선이 바로 염불이고 / 염불이 바로 참선일세. / 근본 마음은 방편을 떠나 있어서 / 밝고 밝으며 고요하고 고요할 뿐이로다."라고[42] 한 점을 통해 알 수 있다. 참선과 염불이 둘이 아님을 전제로 참선과 염불을 통해 깨달음을 얻는 것은 차별과 분별이 아닌 하나라는 것이다.[43] 이와 같은 청허의 유심정토唯心淨土에 기초한 선정일치禪淨一致의 수행체계는 편양 언기의 선양을 통해 이후 불교계의 일반적 경향으로 자리 잡았다.

　　念佛門의 공부는 行住坐臥에 언제나 西方을 향하여 彌陀의 尊顔을 瞻仰하며 잊지 않고 생각하는 것이니, 이렇게 하면 목숨을 마칠 때에 阿彌陀佛이 내려와 영접하며 蓮臺로 오르게 할 것이다.[44]

편양 언기의 염불관은 스승 청허와 다르지 않다. 마음과 입이 하나가

41　清虛 休靜, 앞의 책, 640b.
42　清虛 休靜, 「贈念佛僧」, 『清虛堂集』 卷2(『韓佛全』 7, 693a)
43　한태식, 「西山大師의 淨土觀」, 『淨土學研究』 20, 한국정토학회, 2013, 153쪽.
44　鞭羊 彦機, 「禪教源流尋劍說」, 『鞭羊堂集』 卷2(『韓佛全』 8, 257c).

되어 아미타불 명호를 불러야 한다는 청허와 같이 편양은 행주좌와行住坐臥의 매 순간마다 아미타불의 존안尊顏을 우러르며 잊지 않고 생각해야 한다고 했다.

> 부처가 法音을 직접 듣지 못한 말세의 중생을 위하여 별도로 十六觀門을 세우고는 阿彌陀佛을 끊임없이 생각하여 蓮花淨土에 往生하게 하였습니다. 또 觀音菩薩이 三十二應과 千手千眼과 八萬四千手眼으로, 六趣에 빠진 중생의 고통을 구제하는 것을 찬탄하였습니다. 그리하여 물에 빠지고 불에 타거나 獄賊·虎狼·兇險 등의 각종 환란을 당했을 때에, 至誠으로 이름을 부르며 생각을 하면 벗어나지 않음이 없게 하였습니다. 그리고 祈禱에 응하는 것으로 말하면, 혹 登科하여 祿位를 구하거나 혹 복록과 수명을 구하거나 혹 단정한 남녀를 구하거나 혹 公侯將相을 구하거나 혹은 佛國의 왕생을 구하는 사람들이 이름을 부르며 간청을 할 경우, 보살의 오묘한 지혜의 힘이 마치 밝은 거울이 물건을 비추는 것과 같아서 어떤 소원도 이루어지지 않는 것이 없게 하니, 이것을 念佛門이라고 합니다.[45]

인용문은 염불신앙에 대한 보편적인 내용이다. 예컨대 아미타불을 끊임없이 부르면 연화정토蓮花淨土에 왕생한다고 했다. 혹은 환란을 당했을 때나 복록과 수명, 출세와 같은 구원과 소원을 빌면 이루어진다고 하였다. 입으로 외우고 생각해야 한다는 선과 염불을 동일시하는 그였지만,

---

45 鞭羊 彦機, 「上高城」, 『鞭羊堂集』 卷3(『韓佛全』 8, 262b).

아미타불에게 의존하는 타력신앙의 가치 역시 부정하지 않은 것이다. 다만 편양은 이와 같은 염불은 "부처가 법음을 듣지 못하는 말세의 중생을 위해 별도로 마련한 방편方便이라고 전제하였다. 때문에 그의 궁극적인 염불은 스승 청허와 같이 유심정토唯心淨土에 기초한 선정일치禪淨一致인 것이다.

> 當機에는 원래 차별이 있을지라도 佛法에는 차별이 없으니, 樹王 보리수 아래에서 일어나지 않고서 鹿野苑에서 노닌 것이요, 二頓에서 설한 것이 바로 四諦를 설한 것이다. 그리고 보면 仙苑과 覺場이 같은 자리요, 華嚴과 四諦가 같은 설이니, 화엄이 사제보다 꼭 깊은 것도 아니요, 사제가 화엄보다 꼭 얕은 것도 아니다. 다만 근기에 따라 大小의 차별이 있을 따름이니, 이를 비유하자면 하늘이 비를 내림에 초목이 똑같이 그 은택을 받는데, 초목에 각자 長短이 있을 따름이지 내리는 그 비는 一味인 것과 같다고 하겠다. 佛說도 이와 같아서 그 가르침이 근기에 따라 다를 뿐이지, 실제로는 모두 一法인 것이다.[46]

편양 언기가 청허 휴정의 사상을 계승하여 후학들의 수행체계로 형성시킨 선교禪敎와 염불念佛을 관통시키고 있는 핵심논지이다. 이른바 저마다 지닌 근기는 차별이 있지만, 불법佛法에는 차별이 없다는 것이다. 마음과 경계가 일체가 되면 불이不二라는 것이다. 하늘이 비를 내리면 그 은택은 초목의 길이와는 상관없이 일미一味라고 비유한 것이다.

---

46 鞭羊 彦機, 「禪敎源流尋劒說」, 『鞭羊堂集』 권2(『韓佛全』 8, 256c~257a).

편양 언기의 비문을 쓴 이경석은 "임제 적전 휴정스님 입적 후에는 그의 제자 편양당이 뒤를 이었네."[47]라고 했고, 백곡 처능은 편양이 "남악 회양(南岳懷讓, 677~744)과 마조 도일(馬祖道一, 709~788)이 날뛰어 강서江西를 밟았다."고[48] 하여 임제 종통을 계승한 청허의 뒤를 이었음을 밝혔다. 이것은 편양 언기의 삼문三門에 대한 인식과 수행체계 근간이 청허 휴정의 영향을 절대적으로 계승한 것을 의미한다. 또한 편양 언기가 청허 사상을 조선후기에 국한되지 않고 현대 한국의 불교계까지 계승시킨 전달자요, 공헌자임을 천명하는 것이다.

조선시대 불교는 현대 한국불교의 사상과 수행체계, 그리고 문화형성과 계승에 직접적인 영향을 끼치고 있어 한국불교사에서 중요한 가치를 지니고 있다. 더욱이 건국직후부터 진행된 탄압과 소외 속에서 독자적인 수행체계를 마련하고, 사원경제의 자구책을 모색하여 그 정체성을 확립하고 유지해갔다는 점에서 이전 시대의 불교와는 또 다른 특징을 지니고 있다.

조선은 건국직후 주자성리학에 기초한 국가이념과 가치체계를 수립하였다. 이것은 불교를 내세주의來世主義이자 허무맹랑한 오랑캐의 종교로 낙인찍고, 고려 말 불교계의 폐단을 문제 삼아 탄압과 억압의 계기가 되었다. 태종과 세종대에는 사원 소유의 토지와 노비를 혁파하여 국가에 예속시켰고, 사찰을 축소시켰다. 이 가운데 종파의 축소와 교단 통제기구였던 승록사僧錄司의 폐지는 불교의 존립을 공식적으로 인정하지 않는 계기가 되었다. 태종대에는 11종에서 7종으로, 세종대에는 7종

---

47 李景奭, 「普賢寺鞭羊堂大師碑銘」, 『朝鮮金石總覽』 下, 아세아문화사, 883~884쪽.
48 白谷 處能, 「謹呈鞭羊大士」, 『大覺登階集』 卷1(『韓佛全』 8, 312a).

에서 선종과 교종의 양종兩宗으로 축소시켜버렸던 것이다. 이후 성종 대에는 도첩법을 정지시켜 승려가 되는 것을 금지시켜 출가자를 감소시켰다. 이후 연산군과 중종 대에는 불교가 산중승단山中僧團으로 명명될 만큼 크게 위축되었다. 연산군 대는 사찰을 철폐하여 기방妓房과 관청官廳으로 만들어버렸고, 승려들을 환속시켜 관방官房의 노비로 삼아 도승度僧도 승선僧選도 불가능해졌다. 중종 대에는 『경국대전』에서 「도승조度僧條」를 삭제하여 조선왕조에서는 불교를 공식적으로 폐기해버린 것이다. 그러나 불교계는 이와 같은 불교탄압정책에도 불구하고 사원경제의 자구책을 모색해갔다. 탁발을 비롯하여 불공재비佛供齋費의 수익, 그리고 종이생산과 같은 다양한 식리殖利행위를 통해 자생적 존립을 유지하고 있었다.

명종 대에는 폐지한 승과를 부활시키고 선종과 교종의 본사本寺를 지정했지만, 문정왕후 사후死後 불교계의 위축은 지속되었다. 왜란과 호란 이후인 광해군과 인조 대에는 승려들이 국방상의 요충지를 보수하고 궁궐중수와 같은 토목공사에 동원되기도 하였다. 그러나 역사役事에 동원된 승려들에게 식량이 지급되지 않아 자급자족하게 되었다.

한편 불교계내의 선교사상禪敎思想과 염불念佛을 포함한 수행체계修行體系는 원효와 의상으로부터 지눌과 태고 보우・나옹 혜근의 선교학 전통이 끊이지 않고 계승되고 있었지만, 명맥만을 유지하고 있었다. 아울러 선禪과 교학敎學에 대한 대립은 수행자 사이에서 그 인식과 의견이 분분하여 갈등양상이 지속되고 있었다. 청허 휴정은 이와 같은 불교계의 수행양상과 대립을 저술을 통해 비판하고 사상과 수행의 근간을 마련하고자 하였다. 그는 당시 불교계가 불이不二의 한 법法을 놓고 옳고 그름을 논쟁하고 있음을 지적하였다. 그리고 교敎 가운데 선禪이 있음을 부정하여 교학은 선가禪家 입문入門의 초구初句일뿐 궁극적인 선지禪旨는 될 수 없음을 단언하여 선주교종禪主教從의 입장을 분명히 하였다. 선지禪旨 역시 다양한 방식으로 해석하고 있음을 비판하기도 하였다. 요컨대 교외별전教外別傳은 경절문 공부를 통해 마음의 길이 다하여 끊어진 연후에야 비로소 알 수 있음을 강조하였다.

이와 같은 청허 휴정의 선교관과 수행체계에 대한 기초 확립은 그의 제자 편양 언기에 의해 조선후기 불교계에 선양되었다. 편양 언기는 우선 태고 보우를 조선불교의 임제종臨濟宗 해동초조海東初祖로 선언하였다. 이것은 고려 말부터 수립된 나옹懶翁의 법통을 부정하여 당시에도 논란의 여지가 많았지만, 스승 청허의 선사상과 임제종 법통에 대한 언급은 편양이 태고법통을 수립하는 결정적 기초가 되었다. 편양은 청허 휴정의 비문과 청허집의 서문을 다시 찬술하여 태고법통을 당시 불교계에 확고하게 선언하였다. 이것은 월저 도안(月渚道安, 1638~1715)이 중보重補한『불조종파지도佛祖宗派之圖』와 1764년 사암 채영獅巖采永이 집록集錄한『서역중화해동불조원류西域中華海東佛祖源流』를 통해 고착화되었다.

한편 편양은 청허와 같이 부처의 가르침을 중재中才와 하근下根이 이해한 바를 교문教門이라 하고, 조사祖師가 내보인 기관機關을 격외格外의 선풍禪風이라고 하였다. 편양은 선문禪門을 경절문徑截門과 원돈문圓頓門으로 분류하고 경절문의 공부는 조사의 공안公案에 대하여 때때로 깨우치며 의문을 일으키기를 성성惺惺하게 하고 서둘지도 않고 느리지도 않고 혼침昏沈과 산란散亂에 떨어지지도 않는다고 하였다. 그러므로 편양이 강조한 경절문은 언어나 문자를 여의고 수행의 단계나 점차漸次를 거치지 않고 바로 증과證果를 얻는 최고의 교법이자 수행법으로 인식한 것이다. 교학에 대한 정의 역시 확고하다. 선문禪門의 최하근기를 위해 교문教門

을 빌려와 종宗을 밝힌다는 것이다. 그러나 여기에는 이치와 언어의 길이 있기 때문에 생각하고 추측하는 것 때문에 원돈문의 사구死句로 전락해버리는 한계가 있다. 아울러 의리선義理禪과 격외선格外禪이라는 극단적인 차이 역시 수행자의 근기에 따라 진부한 언어로 전락하거나 그 언어가 실상實相을 말하게 된다는 것이다. 선교가 기본적으로 대등한 관계로 인식했지만, 엄연히 살활殺活의 구분이 있음을 지적하였다. 그러나 살활은 궁극적으로 수행자의 근기에 따라 그 실상의 변화가 일어난다고 하였다. 결국 편양 언기는 청허와 같이 선주교종禪主教從의 수행체계를 계승하였다.

염불은 한국불교의 대표적인 정토신앙체계로 그 역사가 유구하다. 염불을 선교학과 함께 조선불교의 공식적인 수행체계에 편입시킨 것은 청허 휴정이었다. 이른바 삼문三門체계가 마련된 것이다. 선禪과 정토淨土는 사실 자력自力과 타력他力이라는 측면에서 그 실천체계가 판이하게 다르다. 청허는 윤회를 벗어나기 위한 염불은 마음과 입이 하나가 되어 부처를 생각하고 '아미타불' 명호名號를 불러야 한다고 강조하였다. 이른바 선정일치禪淨一致로 기존의 구원을 바라는 단순한 타력신앙과는 다르다. 편양은 행주좌와行住坐臥의 매 순간마다 아미타불의 존안尊顔을 우러르며 잊지 않고 생각해야 한다고 했다. 아미타불을 끊임없이 부르면 연화정토蓮花淨土에 왕생한다고 했다. 혹은 환란을 당했을 때나 복록과 수명, 출세와 같은 구원과 소원을 빌면 이루어진다고 하였다. 입으로 외우고 생각해야 한다는 선과 염불을 동일시하는 그였지만, 아미타불에게 의존하는 타력신앙의 가치 역시 부정하지 않은 것이다. 다만 편양은 이와 같은 염불은 "부처가 법음을 듣지 못하는 말세의 중생을 위해 별도로 마련한 방편이라고 전제하였다. 때문에 그의 궁극적인 염불은 스승 청허와 같이 유심정토唯心淨土에 기초한 선정일치禪淨一致인 것이다.

요컨대 편양 언기는 저마다 지닌 근기는 차별이 있지만, 불법佛法에는 차별이 없다고 하여 마음과 경계가 일체가 되면 불이不二라고 규정하였다. 하늘이 비를 내리면 그 은택은 초목의 길이와는 상관없이 일미一味라고 비유한 것이다. 이것은 청허와 편양에서 비롯되고 확립된 조선불교의 선교와 염불을 관통시키고 있는 핵심논지이다. 삼문수학에 대한 청허의 기초마련과 편양의 선양은 이후 불교계에 이력履歷이라 부르는 승가僧伽교육과정의 확립으로 이어졌다. 강원講院과 선원禪院, 염불원念佛院은 오늘날까지 총림의 구성요소로 운영되고 있다.

일제강점기 조선시대 불교를 경시했던 지성知性들조차도 그 종교적 가치를 재발견하였다. 조선의 불교는 건국 이후 임진왜란까지 정부의 탄압과 소외로 그 명맥만을 유지할 뿐이었다. 사회적 위상의 하락보다 불교계 내부의 정체성을 상실하고 있는 것이 더욱 심각한 문제였다. 존립의 근거와 명분의 소멸은 자생력을 기대할 수 없기 때문이다. 청허 휴정과 편양 언기는 당시 불교계의 폐허 속에서 선禪과 교敎의 명확한 개념과 양자 간의 질서를 바로잡았다. 또한 타력신앙他力信仰으로만 인식되었던 염불念佛 역시 선禪에 기반한 주체적 신앙체계로 정립시켰다. 아울러 청허와 편양은 법통과 법맥 역시 임제종으로 확립시켰으며, 태고 보우를 해동海東 초조初祖로 확립했다.

청허 휴정과 편양 언기의 법통과 법맥 확립, 선교수행禪敎修行의 근간 정립, 수행체계 마련은 조선불교계의 존립근거를 마련한 것이기도 하였다. 이것은 한국 현대불교의 근간으로도 자리 잡고 있다.

2

청허 휴정의 불교사적 가치

---

1. 호국·호법활동의 배경

선조宣祖 때의 문신 최립(崔岦, 1539~1612)은 청허 휴정을 산중의 '절승絕
僧 중에 최고'로 꼽았고, 실학자 이익(李瀷, 1681~1763)은 '동방 석씨釋氏의
조종祖宗'으로 높이 칭송하였다. 불교에 대한 이해가 소극적이었던 동시
대 유학자들조차도 청허 휴정을 조선불교의 대표적 인물로 칭송하였다.
오늘날 대흥사는 표충사表忠祠에서 서산대제를 봉행하여 그의 충절을 기
리고 있다.

탄압과 소외가 본격화되어 간 조선불교계의 암울한 상황은 청허에게
문제의식과 극복의 화두를 던져주었다. 그의 호국과 호법운동이 조선시
대뿐만 아니라 현대 한국불교에도 지대한 영향을 미치고 있기 때문이

다. 특히 임진왜란 당시 그가 승군을 모집하여 참전한 호국불교 선양은 당시 사회로부터 불교계가 긍정적 인식뿐만 아니라 한국불교의 특성으로 확고하게 정착되는데 기여하였다. 그러나 현재와 같이 조선시대 불교사가 본격화되지 않았고, 반공反共을 국시國是로 삼았던 시절에는 청허와 사명의 호국불교는 조선시대 불교를 상징하는 전부였고, 그들의 충의忠義 역시 조선불교의 충의가 아닌 유교의 충의였을 뿐이다. 이러한 현상은 지금도 예외는 아니어서 불교에 기초한 충의는 도외시되고 있다. 한국불교의 정체성과 가치를 찾고자 했을 때 이러한 한계는 여전히 과제로 남아있다.[1]

한편 청허는 조선불교의 법통法統을 비롯한 선교학禪敎學과 수행체계 등 조선불교 중흥의 기초를 마련한 인물이기도 하다. 사실 불교사의 입장에서는 호국불교보다는 그의 호법활동이 더욱 큰 가치를 지니고 있다. 이것은 당대의 불교안정만을 계획한 것이기 보다는 이후 한국불교의 천년대계를 내다 본 결과가 되었다.[2] 현대한국불교가 전개되고 있는 원동력은 청허와 제자들의 숨결과 노고로 이루어졌다고 해도 과언이 아니기 때문이다.

청허 휴정에 대한 연구는 조선불교의 정체성을 확립하고 중흥시킨 대표적인 인물이어서 여전히 많은 관심과 연구가 진행되고 있다.[3] 2011년

1 오경후, 「사명당 유정의 忠義가 지닌 불교적 의미」, 『역사민속학』 58, 한국역사민속학회, 2020.
2 오경후, 「朝鮮後期 佛敎界의 正體性 確立과 禪敎兼修-淸虛 休靜과 鞭羊 彦機를 중심으로」, 『지방사와지방문화』 21, 역사문화학회, 2018.
3 2020년 3월 현재 한국교육학술정보원에서 제공하는 학술연구정보서비스(riss) 통계에 따르면 四溟 惟政에 관한 연구 성과가 약 511건(학위논문 25, 국내학술논문 93, 단행본 160)으로 가장 많고, 淸虛 休靜이 약 378건(국내학술논문 169, 학위논문 41, 단행본 160), 盧應堂 普

부터는 대한불교조계종 불교사회연구소가 호국불교에 대한 연구를 지속적으로 진행하고 있고, 호법활동 역시 조선중후기 불교사 연구에서 빼놓을 수 없는 주제이기도 하다.

청허 휴정의 호국과 호법활동은 조선불교사와 한국불교사에서 기념비적인 의미가 있다. 더욱이 매년 호국불교가 불교계 내외의 행사나 세미나의 주제로 다루어지고 있는 것을 보면 선양의 가치는 아무리 강조해도 지나치지 않음을 알 수 있다. 청허의 활동이 지닌 역사적 가치는 동시대뿐만 아니라 이후 불교계에도 지대한 영향을 미치고 있어 체계적으로 이해할 필요성이 있다.

청허 휴정(1520~1604)은 조선의 중종·명종·선조 년간을 살다 간 인물이다. 이 시기는 조선 조정의 불교 억압정책이 노골화되기 시작하였고, 주자성리학 이념에 입각한 불교탄압이 강화되어 불교계는 사회경제적으로 더욱 위축될 수 밖에 없었다. 학자적 관료인 사림士林이 중종 후반 중앙정계에 진출하여 정치적으로 점차 성장하여 정권을 장악하기 시작했다. 이들은 서원 건립과 성리학 이해 심화를 통해 그 입지를 공고히하였다. 더욱이 언론·경연經筵활동을 통해 국왕에게 언로言路 개방, 현인賢人 등용, 사기士氣 진작 등을 요구하면서 신료 중심의 정치 질서를 수립하고자 하였다.[4] 이것은 사림의 성리학 이념 지향이 그들의 정치적 영향력 확대의 뚜렷한 기반이었기 때문이었다. 특히 성리학 이념에 의한 도학정치道學政治라는 새로운 정치질서 수립을 명분으로 그 세력을 확대

雨가 약 28건(학위논문 3, 국내학술논문 5, 단행본 19)을 차지하고 있다. 때문에 본 주제와 관련된 연구 성과를 별도로 소개하지 않겠다.
4 김범, 「조선시대 사림세력 형성의 역사적 배경」, 『국학연구』 19, 한국국학진흥원, 2011.

해 나갔다. 군주와 백성이 천명에 따라 도를 실현하는 정치이자 이상사회를 지치至治로 규정한 것이다. 도학정치의 강조는 국왕이 먼저 수신·제가하여 그 덕을 배양하고 실천한다면 그 덕에 백성이 자연스럽게 교화될 것이라고 하는 덕치 또는 교화론이 강조되었다. 이와 같은 도학정치의 실현을 위한 노력은 기진재忌晨齋·소격서昭格署와 같은 성리학 이념에 반하는 제도를 강력하게 혁파할 것을 주장하여 기신재가 1516년(중종 11), 소격서가 1518년(중종 13)에 혁파되었다. 성리학적 이상을 현실정치에 구현하는데 적극적이었던 사림세력의 교조주의의 결과였다.

한편 척신정치戚臣政治를 청산한 사림은 동인과 서인으로 분당하는 사태를 맞았고, 남인·서인·대북·소북 등 많은 붕당의 출현을 가져왔다. 조선 최대의 외침인 임진왜란도 사림세력의 이러한 분열 속에서 맞았다. 붕당의 분열로 인한 정국의 혼란은 외침을 효과적으로 대응하지 못하였다. 더욱이 16세기 이래의 소빙기 대자연재해는 사회경제적 기반을 크게 침식하기 시작하여 생산력과 인구감소가 뚜렷하게 나타났다. 장기적인 자연재해와 그 속에서 일어난 왜란·호란과 같은 여러 차례의 전란은 농경지의 대규모적인 황폐화를 가져왔다. 16세기 양안量案이나 호적의 작성은 계속되는 자연재해와 지배층의 부패로 제대로 이루어지지 못하였다.

萬曆 임진년 4월 일본적이 대거 入寇하였다. 이보다 10년 전 栗谷 李珥선생은 … 10만의 병과 都城戍軍 2만 명을 양성할 것을 청원하였는데 … 갑신(1584) 정월 율곡이 돌아갔다. 뒤에 당국자들은 오직 偏黨을 逢迎하는 데 힘쓰고 또 역적의 술수에 빠져들어 있었으며 鹿屯島의 屯田과 海西地方의 蘆田으로 백성을 이사시키고 玉非의 자손을 추

쇄하는 일로 능사를 삼으니 팔도의 인심이 크게 이반되었고 원망하는 소리가 하늘에 사무쳤다. 서남 연해의 鮑人들은 수령이 침탈함으로써 일본에 도망해 들어가 강진의 沙火同같은 자가 곳곳에 있어도 조정이 걱정으로 여기지 않았다. 5년 뒤인 정해년(1587) 봄 3월에 왜적선 16 척이 영남 외양으로부터 곧바로 興陽 損竹島에 와 닿으니 … 조야가 크게 놀랐다 … 이 해 9월 平秀吉이 사신을 보내 화친하기를 바랐다.[5]

인용문은 임진왜란 전의 조선의 국내정세를 적나라하게 묘사하고 있다. 일본 침입의 전조가 보이자 율곡은 그 대비를 주장했지만 국가재정의 허약으로 무산되었다. 그리고 지배층은 편당을 일삼았고, 정치기강이 해이해졌으며, 피지배층에 대한 수탈과 착취는 심화되고 있었다. 급기야 일본의 실정을 파악하고 돌아온 통신사의 보고가 상반되면서 전란이 발발하였다. 왜군이 대거 쳐들어왔다는 급보를 접한 조정은 장수를 전장으로 파견했지만, 인솔한 병력은 적어 적과 싸우기에는 역부족이었고 고을 수령도 소속군사를 이끌고 경장京將이 오기를 기다리다가 군량이 떨어지고 적이 눈앞에 이르렀을 때는 싸워보지도 못하고 그대로 흩어졌다. 결국 붕당정치의 폐해가 총체적인 국가안위의 위태로움으로 이어진 것이다.

이와 같은 조선의 정치와 사회가 변화하는 가운데 불교계는 더욱 위축되어 갔다. 조선 초기 불교계는 태종과 세종 대 사원·승려·토지·노비가 대폭 축소되는 가운데 11종 →7종 →선교양종으로 종파가 파격

---

5 安邦俊, 『隱峰全書』 권6, 記事 「壬辰記事」(국사편찬위원회, 「임진왜란」, 『한국사』 29, 탐구당, 2003, 22쪽에서 재인용).

적으로 축소되면서 불교의 경제적, 인적 기반은 상당부분 해체되기에 이르렀다. 불교계내의 선교학 수행은 급격하게 퇴보해갔고, 승려의 도성출입금지는 산중승단 형성으로 귀결되었다. 급기야 연산군대에는 양종의 본사인 흥천사興天寺가 공해公廨로 전락하는 결정적인 타격을 입었고[6], 승과 또한 실시되지 못했다. 더욱이 중종 대는『경국대전』에 의거하여 사찰 신축과 중수를 금지하고[7]『경국대전』에 의거하여 도첩승度牒僧도 각도의 군액軍額에 편입하게 하였고, 또 중종은 즉위 2년에 승과를 실시하지 않아 도승度僧을 허가하지 말도록 한 지도 이미 오래되었다고 하였다. 중종은 신료들의 주청을 받아들여『경국대전』에서「도승」조를 아예 삭제해버렸다.[8] 불교의 흔적이 나라와 왕실에서 혁거되면 이단이 사라지고 성학聖學이 밝아질 것이라는 취지였다. 그러나 이와 같은 강력한 통제에도 불구하고 승려수가 증가하자 승려에게 호패를 발급하게 되었다.[9]

한편 명종 대에는 봉선사와 봉은사와 같은 능침사찰에 유생이 출입하지 못하게 하고, 유생의 경우는 일정기간 동안 과거응시를 정지시키고[10] 중종 대와는 달리 사찰에 사사전寺社田을 환급하는 등[11] 불교우호정책이 시행되었다. 급기야는 선교양종이 복립復立되기까지 하였다.

---

6 『燕山君日記』 58권, 연산군 11년 5월 29일조.
7 『中宗實錄』 18권, 중종 8년 9월 17일조.
8 『中宗實錄』 27권, 중종 11년 12월 16일조.
9 『중종실록』 80권, 중종 30년 8월 11일조.
10 『명종실록』 3권, 명종 1년 1월 6일조.
11 『명종실록』 9권, 명종 4년 8월 7일조.

良民의 수가 날로 줄어들어 군졸의 고통스러움이 지금보다 더한 때가 없다. 이것은 다른 까닭이 아니라 백성들이 4～5명의 아들이 있을 경우에는 軍役의 괴로움을 꺼려서 모두 도망하여 승려가 되는데 이 때문에 僧徒는 날로 많아지고 軍額은 날로 줄어드니 매우 한심스럽다. 대체로 승도들 중에 통솔하는 이가 없으면 雜僧을 금단하기가 어렵다. 조종조의 『大典』에 선종과 교종을 설립해 놓은 것은 불교를 숭상해서가 아니라 승려가 되는 길을 막고자 함이었는데, 근래에 혁파했기 때문에 폐단을 막기가 어렵게 되었다. 奉恩寺와 奉先寺를 선종과 교종의 본산으로 삼아서 『대전』에 따라 大禪取才條 및 승려가 될 수 있는 조건을 신명하여 거행하도록 하라."[12]

1549년(명종 5) 문정왕후는 군역軍役이 과중하여 백성이 역을 피해 승도가 되고 늘어나는 잡승雜僧을 금단하기 어려우니 통솔하는 이가 필요하다는 명분으로 봉은사와 봉선사를 선종과 교종의 본산으로 삼는다는 것이다. 문정왕후는 "선대에서 선교양종은 승려가 되는 것을 막기 위함인데 혁파했기 때문에 승려인구가 증가하는 폐단이 생겨났다."는 것이다. 신료들은 승려의 증가를 억제하는 대책으로 부적절하고 승려 일신의 영달을 도모하고 승려가 더 증가하는 길을 열어 줄 것이라고 반대하였지만[13] 양종승과兩宗僧科의 시경승試經僧 2천 5백 80명에게 도첩을 발급하였다.[14]

---

12 『명종실록』 10권, 명종 5년 12월 15일조.
13 『명종실록』 10권, 명종 5년 12월 16일조.
14 『명종실록』 14권, 명종 8년 1월 19일조.

이때에 聖朝에서 兩宗을 복구하였으므로 外人의 청에 못 이겨 억지
로 좇아서 大選의 이름을 얻은 것이 한 여름이요, 住持의 이름을 얻은
것이 두 여름이요, 傳法의 이름을 얻은 것이 3개월이요, 敎判의 이름
을 얻은 것이 3개월이요, 禪判의 이름을 얻은 것이 또 3년입니다.[15]

청허 휴정 역시 30세이던 1550년 선과禪科에 합격하였고, 대선大選을
거쳐 선교양종판사禪敎兩宗判事의 지위에 이른 것은[16] 널리 알려진 사실이
다. 적어도 조선불교계 내부에서 청허 휴정이 선교학을 중심으로 한 수
행과 학식으로 그 존재를 부각시킬 수 있던 계기가 된 것이다. 그러나
1565년 문정왕후가 승하하고, 보우의 유배 이후 선교양종은 혁파되었고,
내원당의 사사전은 속공屬公되었다. 이것은 성리학적 이념에 입각한 사
림세력의 불교억압정책으로 환원되었음을 의미한다. 이후 임진왜란이
발발하고 청허 휴정과 그의 제자들이 활약하기 전까지의 선조 대에는
다시 성리학 이념을 바탕으로 승려·사찰을 방임한 정책으로 복귀하였
다. 유생이 벽불소闢佛疏를 올렸고, 왕은 경연에서 "유교를 중하게 하고,
불교를 경輕하게 할뿐 사찰을 철훼하는 강경한 정책을 취할 필요는 없
다."고 하였다. 사실 왕은 불교계를 방임한 정책을 펼친 것이다.[17]

---

15 休靜, 「上完山盧府尹書」, 『清虛堂集』 제7권(『韓佛全』 7, 721a).
16 李廷龜, 「有明朝鮮國賜國一都大禪師禪敎都摠攝普濟登階尊者扶宗樹敎西山清虛堂休靜大師碑
  銘并序」, 『月沙集』 제45권, 碑 그러나 『清虛堂集』 제6권(『韓佛全』 7, 716c)의 그가 지은 「
  自樂歌」는 "清虛子가 嘉靖 乙卯年(1555, 명종 10) 여름에 처음 敎宗의 判事에 임명되었고,
  그해 가을에는 또 禪宗의 판사에 임명되었다. 그러다가 丁巳年(1557, 명종 12) 겨울에 印綬
  를 풀고 楓嶽山으로 들어갔으며, 戊午年(1558, 명종 13) 가을에는 지팡이를 날려 頭流山으
  로 향하였다."고 하여 비문과 시기적 차이를 보이고 있다.
17 손성필, 『16·7세기 불교정책과 불교계의 동향』, 동국대사학과 박사학위논문, 2013, 95~97
  쪽: 오경후, 「선조의 불교정책과 성격」, 『조선후기 불교동향사연구』, 문헌, 2015.

요컨대 조선의 불교계는 태종과 세종의 억불정책 단행에 이어 성종·연산군·중종 대를 거치면서 교단·사원경제·수행·신앙 등이 활성화되지 못하고 산중불교의 면모로 겨우 명맥만을 유지하였다. 청허가 살았던 동시대의 조선은 우선 불교계가 왕조교체 후 지속적으로 탄압과 소외의 길을 걷고 있었고, 자생력을 유지한 채 존립했던 시기였다. 밖으로는 주자성리학의 도학화가 진전되고 있었고, 사림파가 중앙정계에 등장하면서 붕당정치가 시작되어 붕당 간의 갈등과 대립이 심화되었다. 이것은 전란에 효과적으로 대비할 수 있는 대응자세를 갖추지 못하는 결정적인 배경이 되었다. 이와 같은 불교계 내외환경은 청허 휴정이 호국과 호법활동을 할 수 있는 근본적인 배경을 지니고 있다.

2. 호국운동과 역사적 가치

청허 휴정의 비문은 임진왜란 발발 당시 그의 활약상을 다음과 같이 묘사하고 있다.

> 임진왜란이 일어나 宣廟가 서쪽으로 피난을 하자 대사가 산에서 내려와 行在에 가서 알현하였다. 상이 이르기를, "나라에 큰 난리가 발생했는데 山人이라고 해서 어찌 스스로 편안히 있을 수가 있겠는가."하니, 대사가 눈물을 뿌리며 목숨을 바쳐 나라에 보답하고 싶다고 대답하였다. 그러자 상이 갸륵하게 여기면서 대사에게 八道禪敎都摠攝의 직책을 수여하였다. 이에 대사가 여러 上足들에게 개별적으로 명하여

僧兵을 규합하도록 하였다. 그리하여 惟政은 關東에서 일어나고 處英은 湖南에서 일어나 權公 慄과 병력을 합친 뒤 幸州에서 왜적을 섬멸하는 전과를 올렸다. 한편 대사 자신은 門徒 1천 5백인을 이끌고 중국 군사를 따라 진격해서 平壤을 수복하였다. 이때 明의 經略 宋應昌과 提督 李如松 및 三協 摠兵 이하 將佐들이 대사의 이름을 듣고서 다투어 帖을 보내 경의를 표하기도 하고 詩를 증정하여 찬미하기도 하였는데, 그 말과 예우하는 뜻이 지극히 경건하였다. 경성을 수복하고 나서 상이 장차 大駕를 돌리려 할 적에 대사가 승병 수백 인을 이끌고 扈駕하며 도성으로 돌아왔다. 그리고는 상에게 청하여 아뢰기를, "신은 나이가 많아 곧 죽을 몸이니 제자 유정 등에게 兵事를 맡겼으면 합니다." 하고, 사직하면서 돌아가게 해 줄 것을 청하자, 상이 그 뜻을 가상하게 여겨 허락하고, 인하여 國一都大禪師禪敎都摠攝扶宗樹敎普濟登階尊者라는 호를 내렸다.[18]

장유(張維, 1587~1638)가 지은 청허의 비문이다. 청허의 참전을 기록한 이정구(李廷龜, 1564~1635)의 비문[19]뿐만 아니라 일련의 글들이 대체로 동일한 내용을 수록하고 있다.[20] 전란이 발발하자 의주義州 행재소行在所로 피한 선조는 가까이 있는 청허에게 통지하여 군사를 모으게 하자는 윤

---

18 張維, 「有明朝鮮國國一都大禪師禪敎都摠攝扶宗樹敎普濟登階尊者淸虛堂大師碑銘 并序」, 『谿谷先生集』 제13권, 碑銘.

19 李廷龜, 「有明朝鮮國賜國一都大禪師禪敎都摠攝普濟登階尊者扶宗樹敎西山淸虛堂休靜大師碑銘幷序」, 『月沙集』 제45권, 碑

20 申炅, 『再造藩邦志』, 再造藩邦志 二:李肯翊, 『燃藜室記述』 제17권, 宣朝朝故事本末 「壬辰 승장 중 休靜과 惟政」

52 조선시대 불교의 호국과 호법

두수尹斗壽의 의견을[21] 받아들여 청허에게 팔도선교도총섭의 직책을 수여
하였다고 한다.

> 오랑캐 평정할 계책 없음을 잘 알지만 / 極知無策可平戎
>
> 앉아서 경도를 적의 수중에 빼앗겼네 / 坐使京都陷賊鋒
>
> 천리의 산하에는 수치심이 그치지 않고 / 千里山河羞不歇
>
> 만민의 어육 신세 참혹하기 그지없네 / 萬民魚肉慘何窮
>
> 군대를 청하면서 머리가 먼저 희어짐을 면치 못하고 / 乞師未免頭先白
>
> 격문을 받들고 부끄러워 얼굴이 붉어지네 / 奉檄還慙面發紅
>
> 사미를 보내는 것은 응당 뜻이 있나니 / 爲送沙彌應有意
>
> 훗날에 나를 전장에서 찾아 주오 / 他時覓我戰場中
>
>
> 맑고 수척한 백 살이나 되는 몸 / 靑羸已近百年身
>
> 古寺風煙에 또한 봄일세 / 古寺風烟又一春
>
> 온 세상이 다 전쟁터가 되었는데 / 寰海自成戎馬窟
>
> 오직 대사만이 아직도 한가한 사람이구려 / 惟師猶一閑人[22]

　　윤두수가 의주로 어가御駕를 호종하며 쌍익雙翼을 보내 청허의 참전을
독려하는 시의 내용이다. 왜적의 침입을 속수무책으로 당하고만 있어
그 수치심과 백성의 희생은 참혹할 수밖에 없는 심정을 읊고 있다. 특히

---

21 『선조실록』 30권, 선조 25년 9월 12일조.
22 尹斗壽, 『梧陰遺稿』 제2권, 詩 「扈駕龍灣 遣雙翼 寄休正大禪」: 윤용구, 『厚光世牒』 부록 「
　　梧陰公 尹斗壽 年譜 朝鮮朝文臣 剛直하고 主觀이 確立된 偉大한 政治家」.

"오직 대사만이 아직도 한가한 사람이구려"라는 구절은 청허의 마음을 부끄럽게 혹은 격동시켰다. 청허는 선조를 알현하고 제자 유정과 처영, 의엄義嚴 등에게 승병을 규합하도록 하고 자신도 문도 1,500명을 이끌고 평양을 수복했다고 한다. 실록은 "승통僧統을 설치하여 승군僧軍을 모집하였으며, 휴정이 여러 절에서 불러 모아 수천여 명을 얻었는데 제자 의엄을 총섭總攝으로 삼아 그들을 거느리게 하고 원수元帥에게 예속시켜 성원聲援하게 하였다. 또 격문檄文을 보내어 제자인 관동의 유정과 호남의 처영을 장수로 삼아 각기 본도에서 군사를 일으키게 하여 수천 명을 얻었다."고[23] 기록하고 있다.

이와 같이 청허가 전란 당시 승병을 모집하고 참전한 것은 사회적 인식을 전환시키는 계기뿐만 아니라 이후 전개되는 불교사에 중요한 의미를 지니고 있다.

> 비변사가 아뢰기를 "각 고을에서 군병을 뽑을 때 色吏가 농간을 부려 대부분 사실로써 하지 않는 것이 이미 고질적인 폐해가 되었습니다. 그러나 이 僧軍은 戰陣에 도움이 없지 않아 공을 세운 자가 연달았습니다. 그러니 지금 首級을 베어 바친 자에게 禪科를 주겠다는 내용으로 休靜에게 通諭하여 그로 하여금 승군을 모으게 하소서. 휴정이 보낸 승려 雙彦이 말하기를 '만약 禪宗·敎宗의 判事 두 사람을 시급히 差出하여 승군을 거느리게 한다면 형세가 퍽 수월할 것이다. 尙珠와 雙印이 현재 香山에 있으니 그들을 任使하라.'고 하였습니다. 이 두

---

23 『선조수정실록』 26권, 선조 25년 7월 1일조.

승려에게 該司에서 差帖을 만들어 주어 급히 승군을 거느리고 내려가
게 하는 것이 어떻겠습니까?"하니, 상이 따랐다.[24]

　인용문은 전란 발발 이후 승군조직의 목적으로 전공이 있는 승려와
승군을 통솔할 선교양종 판사의 필요성을 언급한 내용이다. 예컨대 선
종과 교종에서 각도에 판사 한 사람씩을 임명하여 16명의 판사가 승군
을 통솔하는 것이었다. 이 양종판사제는 청허의 요청으로 선조가 윤허
한 것이다. 그러나 양종의 부활을 우려한 신료들의 반대로 8월 7일 그
명칭이 '총섭摠攝'으로 바뀌었는데, '판사'라는 이름이 마치 선종과 교종을
설립하는 것 같아 후환이 없지 않을 듯 하여 명칭만으로 승군조직의 성
공을 권면하고자 한다면 총섭이란 호칭도 무방할 것이라고[25] 한 것이다.
　이른바 고려와 조선시대까지 지속된 승과의 시행과 승직제는 부침을
거듭하였다. 고려시대에 설치되어 영향력을 행사해 온 승록사僧錄司가
1424년(세종 6) 유신들의 상소문과 논쟁 끝에 혁파되고 선교양종도회소
禪教兩宗都會所 체제로 개편된다. 그 운영의 책임자는 판사가 맡았는데, 판
사는 3품에서 1품까지의 아문의 장관이므로 양종도회소는 3품 아문의
격을 갖는다고 할 수 있다. 승과와 주지 추천의 역할을 맡았으며 각종
불교의식을 관장하였지만, 연산군 때 철폐되었다가 명종 조 일시 부활
후 1566년(명종 21) 문정왕후文定王后 사망 후 명종의 전교에 따라 공식적
으로 완전히 혁파되었다. 그러나 임진왜란을 계기로 관官의 행정제도에
편입되어 여러 가지 역할을 수행하였다. 이로써 명종 21년 양종·승

---

24 『선조실록』 40권, 선조 26년 7월 20일조.
25 『선조실록』 41권, 선조 26년 8월 7일조.

과·승직의 제도가 한꺼번에 폐지되면서 산중승단으로 돌아갔던 조선의 불교세력을 다시 국가의 행정체제 안으로 포함시키는 도총섭제도가 시작되었다.[26]

　　대체로 都總攝이란 바로 先朝의 난리 초기에 묘당이 품지하여 僧將에게 내려준 칭호입니다. 그 뒤에 폐지하기도 하고 그대로 두기도 하면서 만일 승려에게 役事를 시킬 일이 있을 경우 總攝을 정하여 역사하는 諸僧을 관장하도록 해서 지금까지 시행하고 있음은 누군들 모르겠습니까.[27]

인용문은 선조 대부터 시행한 총섭이 지휘하는 승군을 효율적으로 운영하는 이익에 대해 언급하고 있다. 총섭제도는 선조 이후에는 남북한 산성의 수축과 의승번전의 봉납奉納, 부역의 징발 등 국가의 필요에 의하여 지속되고 확대되어 갔다. 또한 인조대 사고史庫 설치와 함께 수호사찰의 주지를 총섭으로 임명하였으며, 왕실의 원당 등으로 사세를 키운 사찰의 주지에게도 총섭으로 임명하는 첩과 함께 인신이 발급되기도 하였다. 결국 총섭제는 임진왜란부터 본격적으로 시행되었으며, 조선후기 국방문제뿐만 아니라 부역에 따른 부족한 노동력 확보와 사회경제 문제를 지속적으로 해결하는데 활용되었다. 조정에서는 총섭제의 운영을 통해 불교교단의 효율적 통제와 함께 당면한 현안을 해결하는 수단으로

---

26 전영근, 「조선시대 僧官制와 僧人人事관련 文書」, 『고문서연구』 제30호, 고문서학회, 2007, 4~11쪽.
27 『광해군일기』 22권, 광해군 1년 11월 26일조.

활용한 것이다.

한편 조선정부가 총섭제와 함께 승려를 유용한 노동력으로 확보하고자 한 근본적인 대책은 승려들에게 선과의 합격증을 지급하는 것이었다.

우리나라 군사들은 말할 수 없이 피로하여졌으며, 또 그 수효가 만 명도 채 되지 못하니 매우 한심하다. 각 도에 승려의 수효가 상당히 많지만, 모두가 세속을 떠나서 구름처럼 떠도는 무리들이라서 국가에서 사역시킬 수 없게 되었으니, 그들을 사역시킬 수 없을 바에야 한 장의 임명장을 주어 적의 수급 하나라도 얻는 것이 낫지 않겠는가. 이렇게 한다면 승려들을 다투어 분발하게 싸우게 될 것이고 승려들이 매일같이 몰려들 것이다. 이렇게 하면 의병들에게 빈 관직을 줌으로써 나라의 법을 문란하게 하는 폐단도 없을 것이고, 또 재물을 소비하여 군사를 먹여야 할 걱정도 없어질 것이다. 이는 異端을 숭상해서 禪科를 다시 회복시키려는 것이 아니라, 임시방편으로 적을 토벌하려는 술책일 뿐이다. 지난날에도 비변사와 상의하여 어떤 승려든지 적의 머리 한 급을 바치는 자에게는 즉시 선과의 합격증을 주기로 하였는데, 그 뒤에 臺諫들의 논란이 있어 임금의 체면상 잔소리를 많이 하는 것이 부당한 듯하여 대간의 의견을 따랐던 것이다. 지금 다시 생각해 보니 이 조항은 진실로 적을 토벌하는 일에 유익한 방법이므로 그만둘 수 없다. 이 일을 두고 내가 이단을 숭배하는 것이라고 한다면 듣는 자들은 코웃음을 칠 것이다. 내 생각에는 전후에 걸쳐 적의 수급을 참획한 승려에게는 각각 선과의 합격증을 주되 즉시 휴정에게 내려 보내 그로

하여금 나누어 주게 할 것이니, 이러한 뜻을 여러 도의 승려들에게 시
급히 下諭하는 것이 어떻겠는가.[28]

인용문은 선조가 승정원에 전교한 내용이다. 일본과의 전쟁이 진행되
는 상황에서 병력의 부족은 국가의 안위와 직결되는 문제였다. 승려에
게 선과첩을 지급하는 일은 부족한 군사를 보충하고, 승군의 사기를 진
작시키는 효과를 거두는 것이었다. 크고 작은 공으로 선과첩禪科牒을 받
은 승려 역시 인용문에서 언급한 관직제수의 의미뿐만 아니라 이제까지
조선의 신민臣民에서 제외된 채 살아가야 했던 소외감을 정신적으로나마
위안을 받았을 것이다. 여하튼 조정의 선과첩 발급은 승병동원의 의도
와 승려에 대한 표면적인 처우개선에서 효과를 거둔 것은 사실이다.

오늘날 국가의 일 가운데 어떤 일이 가장 급한가?" 하기에, 신이 응
답하기를, "武備일 뿐이다. …… 혹자가 또 묻기를, "그대가 오늘날의
급선무를 논하면서 무비가 가장 먼저라고 말한 것은 참으로 옳다. 그
러나 무비를 갖춤에 있어서는 반드시 사졸을 근본으로 삼는다. 우리나
라는 사졸이 아주 적고 또한 약하다. 어떻게 하면 적을 막을 수 있겠
는가?" 하기에, 신이 답하기를, "그렇지 않다. 우리나라가 비록 작기는
하지만 封疆이 수천 리나 된다. 그러니 어찌 사졸이 없는 것을 걱정하
겠는가. 그러나 束伍들은 모두 수척하고 약하여 쓸 만한 자가 없다.
그 까닭은 잘 알 수가 있다. 팔도에는 완력이 있으면서도 士族에 이름

28 『선조실록』 39권, 선조 26년 6월 29일조.

을 의탁하고는 문예도 닦지 않고 무예도 닦지 않으면서 놀고먹는 자들
이 이루 헤아릴 수 없이 많다. …… 僧軍의 경우에는, 우리나라에 이
루 헤아릴 수 없을 만큼 많은 것이 산이다. 郡에는 산이 없는 군이 없
으며, 산에는 절이 없는 산이 없으며, 절에는 승려가 없는 절이 없다.
이들을 모두 억지로 還俗하게 한다면, 군사를 이루 다 쓸 수 없을 정
도로 얻을 수 있을 것이다. 그러나 여러 대에 걸쳐서 쌓아 온 습속을
하루아침에 변혁한다면 변란이 생겨 쉽지가 않을 것이다. 그러니 사람
을 통하여 쓰는 것만 못하다. 임진왜란 때 僧將 가운데 休靜이나 處
英, 郭震卿과 같은 자들은 자신들에게 속한 무리들을 거느리고 국난에
달려 나왔다. 현재의 승려들 가운데에도 역시 이런 무리들이 어찌 없
겠는가. 만약 이런 무리들을 얻어 그 무리들을 가르쳐서 깨우치게 한
다면 승군의 힘 역시 한쪽 방면에서 쓸 수 있을 것이다."하였습니다.[29]

병자호란이 발발하던 해, 정두경(鄭斗卿, 1597~1673)이 권경(權憬, 1569~
1655)을 대신해서 올린 상소문 가운데 일부분이다. 그는 1629년 무렵 북
방의 호족胡族인 청나라가 강성해지자 「완급론緩急論」을 지어 무비武備의
급함을 강조하였다. 이 글에서 임진왜란 때 활약했던 휴정을 비롯한 승
장들이 승군을 지휘하여 전장으로 달려 나갔으므로 병자호란 당시도 승
장들로 하여금 승군을 동원하여 방비할 수 있음을 강조하였다. 청허의
전례를 들어 승군동원의 장점을 지적하며 그 효율성과 지속성을 호소한
것이다.

---

29 鄭斗卿, 「代人疏 丙子權永平憬作」, 『東溟集』 제12권, 疏箚.

요컨대 임진왜란 당시 청허의 전란참여와 승군 동원은 일시적인 것으로 끝난 것이 아니었으며, 이후에도 도총섭과 총섭의 통솔하에 전란 참여뿐만 아니라 국방, 토목공사와 같은 각종 역역力役에 중요한 자원으로 그 기능을 다하였다. 승군은 급기야 병자호란 이후부터는 남북한산성을 수호하는 정규군화 되었다. 이것이 청허 휴정이 조선의 호국불교에 끼친 첫 번째 가치라고 할만하다.

> 신수야 너도 나태하지 말고 / 秀也亦懶者
>
> 염불을 열심히 하기 바란다 / 念佛宜付囑
>
> 항상 멋대로 굴지도 말고 / 莫使長放緩
>
> 정욕에 빠지지도 말 것이며 / 無憖忿情慾
>
> 모쪼록 부끄러워하는 마음을 내어 / 須生慙愧心
>
> 한 생각이 일어날 때 곧바로 깨달을 지어다 / 念起勤卽覺
>
> 아침저녁으로 四恩을 생각하고 / 早暮念四恩
>
> 나라 위해 성실히 복을 빌 것이요 / 爲國勤資福
>
> 상하의 무리와 원만하게 어울리며 / 和同上下輩
>
> 모나지 않게 처신해야 할 것이다 / 去就勿乖角 ……[30]

　청허가 살았던 시절 불교계의 한 모습이다. "너의 스승이 여염에서 구걸하나니 애달프다 이 노승의 외로움이여."라고 읊고 있어 당시 불교계의 참혹한 현실을 이해할 수 있다. 청허는 병들어 누워있는 제자인 응선

---

30 休靜, 「寄應禪子兼示神秀沙彌」, 『淸虛堂集』 제1권(『韓佛全』 7, 669b).

자應禪子를 오랜만에 만나 애달픈 정을 나누고 끊임없이 공부할 것을 독려하였다. 참선으로 번뇌를 떨쳐버리고, 염불을 열심히 하길 바라고 있으며, "아침저녁으로 사은四恩을 생각하고, 나라 위해 성실히 복을 빌 것"을 당부하고 있다. 군주와 부모에 대한 충의를 비롯한 사은에 대한 보답이 불가佛家의 일상사임을 이해할 수 있다.

西山大師 休靜이 축원문을 지어서 승려들로 하여금 朝夕으로 외게 하였다. 萬德寺 승려 謹恩은 병약자였는데, 그가 말하기를, "서산대사가 지은 축원문 가운데 이를테면 三殿을 위한 축원과 諸宮과 百官을 위한 축원과 같은 것은 다 괜찮거니와 '도내 방백은 벼슬이 더욱 높아지라.'고 한 것은 山僧이 알 바가 아니요, '城主閣下는 善政을 행하라.'고 한 것도 축원으로 되는 바가 아닙니다. 소승은 이를 고쳐 '도내 방백은 절에 들어오지 말고, 성주 합하는 짚신을 감해 주라.'고 하겠습니다."라고 하니, 듣는 사람들이 모두 웃었다. 이 말은 비록 우스갯소리지만 민정을 엿볼 만한 것이다.……[31]

인용문은 다산이 『목민심서』에서 조선후기 사찰에서 부담해야 했던

---

31 정약용, 「場稅 關稅 津稅 店稅 僧鞋 巫女布 其有濫徵者察之」『牧民心書』戶典 6조, 제5조 平賦 - 下 - 다산은 당시 사원경제가 곤궁하여 원래 부과하지 않았던 짚신세(僧鞋)를 여러 절이 부담해야 했으며, 그것도 모자라 한 절에 떠맡긴다고 하였다. 고을 수령과 아전, 그리고 官奴들이 함부로 굴어 奉命 使臣이 한번 지나가면 그를 빙자하여 誅求하되 실제 支供은 다섯 냥인데 수 십 냥을 징수하며, 이웃 고을 수령과 서로 모여 놀 때에 끌어가는 기생이나 악공과 따라가는 아전이나 관노들이 비록 100명에 이르더라도 사람마다 한 켤레 씩의 신발을 토색하게 된다고 실상을 토로하였다. 그러므로 수령은 그 실제 지공을 조사하고 놀이를 할 경우에는 수행하는 무리들을 줄여야만 그 폐해가 심하지 않을 것이라고 하였다.

짚신僧鞋세를 지나치게 징수하고 있는가를 살펴야 할 것을 지적하고 있는 글이다. 수령들의 사찰에 대한 수찰과 착취를 풍자해 비판하고 있는 내용이다. 다산은 이글에서 "강진 만덕사의 승려 근은이 한 말을 들어보니 서산대사가 삼전三殿과 제궁諸宮, 백관百官을 위해 축원문을 지어서 아침저녁으로 외우게 했다."고 한다. 삼전은 원래 천자와 태후, 황후를 가리키지만, 흔히 주상전, 왕비전, 세자전을 말하기도 한다. 불가의 사은에 대한 관념이 유구하지만, 전란 이후 조선에서는 청허 휴정이 삼전과 제궁·백관의 안녕을 바라는 위한 축원문을 지은 것이 계기가 되어 부모와 국왕, 시주와 삼보의 은혜에 대한 적극적인 관심이 본격화된 것으로 해석할 수 있다. 불교계의 국가 관념이 이전과는 달라진 것을 의미하기도 한다. 이것이 청허 휴정이 조선의 호국불교에 끼친 두 번째 가치라고 할만하다.

　　한 고을을 다스리려면 반드시 한 고을을 다스리는 도구가 있어야 하고, 한 나라를 다스리려면 반드시 한 나라를 다스리는 도구가 있어야 하며, 천하를 다스리려면 반드시 천하를 다스리는 도구가 있어야 한다. … 불교가 중국에서부터 해동에 이른지가 1,700여 년이 된다. 돌이켜 보건대, 우리 조정에서는 유교를 숭상하고 道를 중하게 여기는 것으로 국가를 다스리는 도구로 삼아, 300의 郡縣에 모두 공자의 廟가 있어 멀거나 가까운 곳 할 것 없이 봄에는 거문고를 타고 여름에는 시를 읊어서, 異端의 학인 도교가 마침내 전해지지 않았고, 오직 승려들만 한갓 오래된 절을 지키고 있을 따름이었다. 그러나 깊은 산골짜기의 우거진 숲 속이나 큰 늪 가운데는 호랑이와 표범의 소굴이기도 하며 못된 무리들이 서식하는 곳이기도 하여 관아의 문서가 이르지도 못하며 소송이 있지도 아니하고, 군량미를 의뢰하지도 못한다. 그래서 比丘大衆으로 진정시켜 길이길이 큰 재난에서 보호받게 하니. 대체로 승려들이 참여하여 거기에 힘을 썼다. 이것이 『梵宇攷』를 짓게 된 까닭이기도 하며…[32]

정조正祖가 그의 명으로 편찬한 『범우고梵宇攷』에 제목을 달고 쓴 글이다. 『범우고』는 정조의 명령으로 전국 8도 330개 지역의 사찰을 조사하여 조선전기와 비교하여 그 증가와 감소를 정리한 책이다. 정조는 『범우고』의 맨 앞에 책을 쓴 연유에 대해 밝혔다. 즉 불교가 중국에서 전래되었지만, 조선은 유교를 숭상하여 도교는 자취를 감췄고, 불교는 스님들이 절만을 지키고 있을 정도로 이단이 쇠락했음을 말했다. 그러나 궁벽진 산골은 나라의 법령과 제도가 다 미치지 못할 뿐만 아니라 억울한 일을 당하여 소송할 수 있는 길도 없으며, 위태로운 상황에서 군대와 군량미조차도 의뢰하지 못할 지경이었다고 하였다. 다행히 승려가 존립하여 최소한의 법령과 제도가 전해지고, 스님들이 군량미를 마련하여 도적을 막고, 임진왜란과 병자호란과 같은 전란에 참여하여 나라를 재난에서 구해낸 것이라고 하였다. 때문에 정조는 불교에 대해 우호적이지는 않았지만, 조선왕조의 기틀을 마련하는데 참여한 무학대사나 청허·사명과 같은 호국승려라든가 왕실불교와 관련된 사찰에 대해서는 각별히 호의적인 태도를 보이기도 하였다. 요컨대 정조는 불교가 비록 이단이지만, 스님들이 국가운영의 기본이기도 한 예악과 교화, 풍

---

32 正 祖, 「題梵宇攷」, 『弘齋全書』 卷56, 雜著 3.

속의 유지에 힘쓰는 바가 지대하다는 것을 강조하였다. 조선불교의 호국정신을 높이 평가한 것이다.

3. 호법운동과 역사적 가치

청허의 비문은 그를 "근대에 그 유례를 볼 수 없을 정도로 종풍宗風을 진작시켰으며, 제자가 1천여 인이나 되는데 이름이 알려진 자들만도 70여 인에 달했으며, 후학을 영도하면서 일방一方의 종주宗主가 된 자들 역시 4, 5인을 밑돌지 않았으니, 정말 성대했다고 할 만하다.[33] 출가 이후 그의 인생역정이 다사다난했지만, 자신의 수행과 불교중흥을 완성시키기 위한 노고에 대한 찬사이자 결실이다. 한마디로 청허는 폐허 위에 조선불교의 정체성을 확립하기 위해 진력했다.

> 正德 戊辰(중종 3년(1508)) 가을에 금강산 妙吉祥庵으로 들어가 大
> 慧語錄을 보다가 狗子無佛性話에 疑着하여 오래지 않아 漆桶을 깨뜨
> 렸으며, 또 高峰語錄을 보다가 颺在他方이라는 말에 이르러 前解를
> 頓落시켰다. 그러므로 스승이 평생 발휘한 바는 高峰과 大慧의 宗風이
> 었다. 大慧和尙은 六祖의 17대 嫡孫이며, 고봉화상은 임제의 18대 적
> 손이다. 스승께서는 해외의 사람이면서도 5백 년 전의 종파를 은밀히

---

33 張維, 「有明朝鮮國賜國一都大禪師禪敎都摠攝扶宗樹敎普濟登階尊者淸虛堂大師碑銘 幷序」,
『谿谷先生集』 제13권, 碑銘.

이었다. 마치 程子와 朱子가 孔子·孟子의 천년 뒤에 태어났지만 그 학통을 遠承한 것과 같으니, 儒學이나 釋敎가 道를 이어 전함에는 곧 한가지이다.[34]

청허는 연희衍熙에게서 교를, 정심正心에게서 선을 닦았던 벽송 지엄이 대혜어록과 고봉어록을 보다가 돈오頓悟했으며, 이것이 계기가 되어 대혜와 고봉의 종풍을 계승했다고 하였다. 요컨대 법法을 계승했다는 것이다. 결국 청허가 강조한 것은 대혜가 육조 혜능의 17대 적손이고, 고봉이 임제의 18대 적손으로 이것은 정자와 주자가 공맹의 학통을 계승한 것과 같다는 것이다. 조선불교가 임제법통을 계승한 순간이었다. 조선불교의 장래를 위한 청허의 임제법통 인식은 확고한 것이었다.

대사가 사람들에게 言句를 보일 때에는 臨濟의 宗風을 잃지 않았으니, 이는 本原이 있기 때문이었다. 우리 동방의 太古 화상이 중국 霞霧山에 들어가서 石屋의 法嗣가 된 뒤에 이를 幻庵에게 전하였고, 환암은 龜谷에게 전하였고, 귀곡은 登階 正心에게 전하였고, 등계 정심은 碧松 智嚴에게 전하였고, 벽송 지엄은 芙蓉 靈觀에게 전하였고, 부용 영관은 西山 登階에게 전하였는데, 석옥은 바로 임제의 적손이었다. 이 8代 중에서 오직 西山이 미친 물결을 잠재우고 무너진 기강을 바로잡는 힘을 발휘하였으니, 이는 이른바 뼈대를 바꾸는 靈方이요, 눈의 백태를 긁어내는 金鎞라고 할 만하였다.[35]

---

34 休靜, 「碧松堂大師行蹟」, 『三老行蹟』(『韓佛全』 7, 752c~753a).
35 鞭羊 彦機, 「金剛山退隱國一都大禪師禪敎都摠攝賜紫扶宗樹敎兼登階普濟大師淸虛堂行狀」,

청허의 법통규정과 인식은 제자 편양 언기에 의해 구체화되었다. 언기는 임제 법통을 이은 해동 초조初祖는 태고 보우이며, 벽송 지엄을 거쳐 마침내 청허 휴정이 미친 물결을 잠재우고 무너진 기강을 바로 잡았다고 하였다. 예컨대 "선교가 어수선하게 뒤섞임에 옥석을 구분하여 가르고, 보검을 휘둘러서 칼날을 감히 범하지 못하게 하고, 입을 다물고 정관靜觀하며 불 꺼진 재처럼 되지 않게 한 것은 그 누구의 공인가. 살활殺活의 감추鉗鎚를 손에 쥐고서 많은 영재를 길러내고, 불조佛祖의 광명을 새로 밝혀 인천의 안목을 열어 준 것이 이처럼 성대한 때는 있지 않았다."고 하였다. 비록 태고법통설이 대두한 초기부터 적지 않은 혼란과 문제가 제기가 되었지만, 조선불교의 정체성이라고 할 만한 어떤 근간도 마련되지 못한 채 식은 재와 같이 무기력한 불교계에 청허가 생명력을 불어 넣었고, 그의 제자 언기와 중관 해안·월저 도안 등 청허의 제자들이 조선불교의 근간으로 정착시켰다.[36] 결국 임제법통을 확립시킨 것이 청허가 진행했던 호법활동의 첫 번째 역사적 가치라고 할만하다.

옛날에 불교를 배우는 자들은 불타의 말이 아니면 말하지 않았고, 불타의 행동이 아니면 행하지 않았다. 그러므로 그들이 보배로 여긴 것은 오직 貝葉의 靈文일 뿐이었다. 그런데 오늘날 불교를 배우는 자들이 전하며 암송하는 것은 士大夫의 句文이요, 구걸해서 지니는 것은 사대부의 詩句이다. 그리고 심지어는 붉고 푸른빛으로 그 종이를 색칠

『淸虛堂集』補遺編(『韓佛全』 7, 735b).

36 오경후, 「여말선초 臨濟禪의 법통형성과 조선후기 논쟁」, 『新羅文化』 45, 동국대신라문화연구소, 2015.

하고, 아름다운 비단으로 그 두루마리를 粧幀하는가 하면, 아무리 많아도 부족하게 여기면서 최고의 보배로 삼고 있는 실정이다. 아, 어찌하여 옛날과 오늘날에 불교를 배우는 자들이 보배로 삼는 것이 같지 않게 되었단 말인가.[37]

　『선가귀감』의 서문 가운데 일부분이다. 책을 찬술하게 된 배경이 적나라하게 소개되어 있다. 즉 불도佛徒는 옛날이나 지금이나 부처님의 말씀과 행동을 이정표 삼아 사바세계의 비바람을 견디며 살아왔다. 경전을 오직 몸 안의 보배로 삼고 복덕과 지혜를 키워나갔던 것이다. 우리나라 불교에서 신라와 고려로 대표되는 조선 이전의 시대에는 출가와 재가를 막론하고 수행과 신앙에서 그것이 이상한 것은 아니었다. 그러나 왕조가 바뀌고 국가이념이 불교에서 유교로 교체된 다음에는 그 정체성이 근본적으로 변하였다. 특히 공자와 맹자의 유교에 기초한 주자성리학이 왕과 신료들의 정신적 지주가 된 후에는 불교탄압과 소외는 정해진 이치였다. 불법을 신봉했던 수행자라 할지라도 근기가 약해서 신료와 관리가 억압하면 그 힘을 감당하지 못해 사찰의 전답과 노비를 나라에 바치거나 그것도 부족하면 환속하는 일이 이상한 것도 아닌 시대였다. 뿐만 아니라 그 혹독한 시간을 살아남기 위해 유학자나 사대부들의 변변치 못한 글이나 시를 받으려고 줄을 서거나 그들과 어울리기 위해 문인文人의 흉내를 일삼는 일로 날을 보내기도 하였다. 청허의 눈에 비친 불도들의 이 허약한 모습은 부처님 뵙기에 몹시 부끄러운 일이었고,

---

37 休靜, 「禪門龜鑑序」, 『淸虛堂集』 제6권(『韓佛全』 7, 710c).

서글픈 일이었다. 더욱이 왕조가 바뀐 지 200여 년이 지났으니 부처님의 숭고한 말씀과 행동이 공자와 맹자의 유려한 말 속에 자취를 감춘 지는 오래되었다. 청허가 『선가귀감』을 지은 것은 이 때문이었다. 청허는 부처의 수많은 법문에서 요긴한 수백 어語를 뽑아 하나의 종이에 적었으니 글은 간단하면서도 뜻은 주밀周密하니 스승을 삼아 궁구하면서 오묘한 뜻을 얻는다면 구절마다 살아있는 석가가 그 속에 있을 것이니 부디 힘쓸 것을 당부하였다.

오늘날 禪을 하는 사람들이 말하기를, "이것은 우리 스승의 법이다." 라고 하고, 오늘날 敎를 하는 사람들이 말하기를, "이것은 우리 스승의 법이다."라고 하니, 한 법을 놓고 서로 옳고 그르다고 하며 한 마리의 말을 가리키며 서로 다투는 격이다. … 오늘날 禪旨를 잘못 이어받은 사람들이 頓漸의 문을 正脈으로 삼기도 하며, 圓頓의 교를 宗乘으로 삼기도 하고, 外道의 글을 이끌고 와서 은밀한 뜻을 설하기도 하며, 業識을 희롱하는 것을 본분으로 삼기도 하고, 빛의 그림자를 잘못 인식하여 자기로 삼기도 하며, 심지어 제멋대로 눈멀고 귀 먼 棒과 喝을 행하고도 부끄러워하거나 수치스러워하지 않는데, 이는 진실로 어떻게 된 마음인가?…이제 말세에 이르러 열등한 근기는 많으나 교외별전의 근기는 아니므로 다만 圓頓門의 이치의 길(理路), 뜻의 길(義路), 마음의 길(心路), 말길(語路)로 보고 듣고 믿고 아는 것을 귀하게 여길 뿐 이치의 길이 끊어지고, 뜻의 길이 끊어지고, 마음의 길이 끊어지고, 말길이 끊어져 재미도 없고, 모색할 것도 없는 경지에서 漆桶을 깨뜨리는 徑截門을 귀하게 여기지 않으니, 그렇다면 어떻게 하는 것이 좋겠는가? 이제 선사가 팔방의 衲子의 무리를 제접할 때 요긴한 곳에 칼을 내리쳐 구멍을 뚫지 못하면, 바로 본분인 徑截門의 活句로써 저들로 하여금 스스로 깨닫고 스스로 얻게 하여야 할 것이니, 이것이 바로 종사로서 사람을 위해 해야 할 됨됨이인 것이다.[38]

청허가 제자 유정에게 보여준 『선교결禪敎訣』앞부분이다. 당시 불교계가 선교학을 둘러싸고 의견이 분분함을 극명하게 보여주는 대목이기도 하다. 청허는 당시 수행자들이 오류를 범하고 있는 것들을 지적하고 있다. 첫째, 불이不二의 한 법을 놓고 옳고 그름을 논쟁한고 있다는 것이다. 세상 사람들이 굳이 이름을 붙여 '마음'이라고 한 이유를 알지 못하고 배워서 안다고 하고 생각하여 얻는다고 주장하여 가련한 일이라고 하였다. 청허는 구체적으로 교학자敎學者들이 "교敎 가운데 선禪이 있다."고 하였는데, 이것은 성문승聲聞乘도 아니고 연각승緣覺乘도 아니고, 보살 승菩薩乘도 아니며, 불승佛乘도 아니라는 말에서 나온 것으로 선가禪家 입문의 초구初句일뿐 선지禪旨가 아니라고 단언하였다. 선주교종禪主敎從의 입장을 분명히 한 것이다. 둘째, 당시의 수행자들이 선지禪旨를 잘못 이어받아 다양한 방식으로 해석하고 있는 것을 지적하였다. 교외별전이라고 하는 것은 마음의 길이 다하여 끊어진 연후에야 비로소 알 수 있음에도 불구하고 "돈점의 문을 정맥正脈으로 삼기도 하며, 원돈圓頓의 교를 종승宗乘으로 삼기도 하고, 외도外道의 글을 이끌고 와서 은밀한 뜻을 설하기도 하며, 업식業識을 희롱하는 것을 본분으로 삼기도 하고, 빛의 그림

---

38 休靜, 『禪敎訣』(『韓佛全』 7, 657b~658a).

자를 잘못 인식하여 실체로 삼기도 하며, 심지어 제멋대로 눈멀고 귀 먼 봉棒과 할喝을 행하고 있다."는 것이다. 아울러 "원돈문의 이치의 길理路, 뜻의 길義路, 마음의 길心路, 말길語路로 보고 듣고 믿고 아는 것을 귀하게 여길 뿐 이치의 길이 끊어지고, 뜻의 길이 끊어지고, 마음의 길이 끊어지고, 말길이 끊어져 재미도 없고, 모색할 것도 없는 경지에서 칠통漆桶을 깨뜨리는 경절문徑截門을 귀하게 여기지 않는다."는 것이다. 셋째, 이와 같은 당시 불교계의 무질서한 선교관과 그 수행을 바로잡고자 "팔방의 납자의 무리를 제접할 때 요긴한 곳에 칼을 내리쳐 구멍을 뚫지 못하면, 바로 본분인 경절문의 활구로써 저들로 하여금 스스로 깨닫고 스스로 얻게 하여야 하는 것"이 본인의 의무라고 하였다. 교敎를 부정하지는 않았지만, 깨침을 향한 궁극적인 나룻배 역시 아니라고 한 것이다. 그가 부용 영관芙蓉靈觀에게 화엄을 전수받았고, 편양 언기 역시 청허로부터 화엄학을 전수받았지만[39] 후학에게는 다음과 시를 남기기도 하였다.

> 텅 비어 본래 한 물건도 없는데 / 虛寂本無物
>
> 어찌하여 대장경을 수고스럽게 轉讀하나 / 何勞轉大藏
>
> 가을 강에 비친 서늘한 달빛은 / 秋江寒月色
>
> 원래 張王의 전유물이 아닌 것을 / 元不屬張王[40]

그는 조사祖師의 관문을 뚫기 위해서 대장경을 수고스럽게 전독轉讀할 필요가 없다고 하였다. 또 다른 시에서는 종이를 뚫어 깨달음을 구함은

39 李能和,「敎林結果於雜花」,『朝鮮佛敎通史』下, 新文館, 1918, 53~55쪽.
40 休靜,「酬天敏禪子」,『淸虛堂集』제2권(『韓佛全』7, 658b).

鑽紙求眞覺 / 모래를 쪄서 밥 짓는 것과 같도다 蒸沙立妄功 / 허공 꽃을 바위 위에 심고空花栽石上 / 끓는 물을 목구멍으로 삼키도다. 燄水吸喉中 라고[41] 하였다. 요컨대 청허는 동시대 조선 불교의 정체성과 독자성이 확립되지 못해 선교학 역시 무질서하여 논쟁만 지속되고 있다고 지적하였다. 청허는『선가귀감』·『선교석禪敎釋』·『선교결禪敎訣』 등의 저술을 통해 선교학이 지닌 개념과 구분을 명확히 하고자 했다. 이정표 없이 떠다니는 조선불교의 실상을 정확하게 인식하고 화두를 강조하는 선주교종禪主敎從의 근간을 확립한 것이 청허의 호법활동이 남긴 두 번째 역사적 가치라 할만하다.

> 오래도록 소식이 끊어졌는데, 예전에 앓던 병은 완쾌되었는지 모르겠다. 무척 걱정된다. 또 그동안 참선을 했느냐, 염불을 했느냐, 大乘經典을 보았느냐, 秘密呪를 외웠느냐, 女色을 멀리했느냐, 말조심을 했느냐? 너의 나이가 벌써 서른을 넘겼는데도, 아직도 마음을 돌리지 못한 채 군중을 따라다니며 세월을 헛되이 보내고 있으니, 이것은 도대체 무슨 마음이냐? 백발이야 어찌할 수 없으니 나는 이제 그만이지만, 청춘은 다시 오지 않는다는 것을 너도 알긴 하느냐?[42]

서른이 넘은 제자가 세월을 헛되이 보내고 있는 것
이 안타까워 경책하는 글이다. 오랫동안 소식이 없는 사이에 참선·

---

41 休靜, 「天鑑禪子 求我於一言 勤勤懇懇 我先嘖自己 以及於師 師亦自責可也」,『淸虛堂集』제1권(『韓佛全』7, 676b)
42 休靜, 「寄東湖禪子書」,『淸虛堂集』제7권(『韓佛全』7, 725a).

염불·대승경전·비밀주를 닦았는지를 묻고 있다. 네 가지 수행요목은 임진왜란을 전후한 시기에 불교계에서 시행되고 있었던 수행체계임을 짐작할 수 있다. 비록 선 수행을 궁극의 수행법으로 확립했지만, 전란 전후의 시대상황과 정체성과 근간이 사라진 채 겨우 명맥만 유지하고 있었던 불교계의 상황을 감안한다면 분명 발전적인 모습이다. 수행자 모두가 경절문徑截門의 활구活句를 깨치기 쉽지 않은 점을 고려한다면 이와 같이 근기에 따른 수행법은 당시 불교계의 수행풍토에서도 바람직스러운 일이었다.

> 승려 대여섯 사람이 / 有僧五六輩
> 내 암자 앞에 집을 지었네 / 築室吾庵前
> 새벽 쇠종 소리에 함께 일어나고 / 晨鍾即同起
> 저녁 북소리에 함께 잠드네 / 暮鼓即同眠
> 시내의 달빛 함께 길어다 / 共汲一澗月
> 차를 달이며 푸른 연기 나눈다네 / 煮茶分靑烟
> 날마다 무슨 일 의논하느냐면 / 日日論何事
> 염불 그리고 참선이라네 / 念佛及叅禪[43]

청허가 두류산 내은적암에 있을 때다. 승려 대여섯 사람이 암자 옆에 집을 짓고 수행했다고 하는데 아마도 염불결사念佛結社였을 것이다. 선정 쌍수禪淨雙修다. 그러나 청허는 타력신앙인 염불수행 보다는 유심정토唯心

---

43 休靜, 「頭流內隱寂」, 『淸虛堂集』 제1권(『韓佛全』 7, 670a).

淨土·자성미타自性彌陀를 강조하였다. 청허가 백처사白處士에게 써주었던 염불문은 "입으로는 송誦한다고 하고, 마음으로는 염念한다고 하는데, 송만 하고 염을 하지 않으면 이치로 볼 때 아무 이익도 없으니, 이 점을 거듭 생각해야 할 것이다. 부처가 상근上根의 사람을 위해서는, 즉심즉불即心即佛, 마음이 곧 유심정토, 자성미타라고 설하였으니, 이른바 서방이 여기에서 멀지 않다는 것이 바로 이것이다."[44]라고 하였다. 때문에 마음이 곧 정토이며, 자성이 곧 미타여서 서방이 멀고 가까운 것은 사람에게 있지 않고, 서방이 드러나고 숨는 것은 말에 있지 뜻에 있지 않다고 하였다. 요컨대 청허는 궁극적으로 화두에 기초한 경절문 터득이 최고의 수행법이었지만, 사람의 근기에 기초해서는 참선이 바로 염불이요參禪即念佛 / 염불이 바로 참선 念佛即參禪 이었다.[45] 결국 선주교종의 근간 속에서 선·교·염불·주력 등의 수행체계를 마련한 것이 청허가 진행했던 호법활동의 세 번째 역사적 가치라고 할만하다. 그는 선이 아니라고 해서 배척하지 않았다. 근기에 따른 수행법을 인정했고, 이것은 조선불교의 수행체계를 다양화시키는 계기가 되었으며, 이를 통한 불교계의 결집과 통합의 의미도 있었다.

정조가 찬한 청허의 화상당명畫像堂銘은 그가 이룬 호국과 호법의 가치를 잘 드러내고 있다.

> 西山大師 休靜 같은 이의 사미됨은 아마 慈悲에서 안식하는 뜻에 부끄러울 것이 없을 것이다. 처음에는 錫杖을 지니고 여러 곳에 두루

---

44 休靜, 「念佛門─贈白處士─」, 『淸虛堂集』 제6권(『韓佛全』 7, 711a).
45 休靜, 「贈念佛僧」, 『淸虛堂集』 제2권(『韓佛全』 7, 693a).

참례하여 法幢을 세움으로써 人天眼目이 되어 雲章과 寶墨의 하사품이 특별히 융성하였으니, 지금까지 貞觀이나 永樂의 서문과 兜率蘭若에서 영광을 다툴 지경이다. 중간에는 宗風을 발현하여 국난을 크게 구제하고 의병을 창설하여 군왕을 구제한 元勳이 되어 요사스럽고 腥羶한 기운이 손을 따라 맑아졌으니, 지금까지 방편으로 세상을 제도한 공적은 閻浮提·無量劫에 영원히 의지할 것이다. 끝에 가서는 인연을 따라 現身하고 업보를 따라 攝身하여 因果를 찾아 上乘의 교주가 되어 매화가 익고 연꽃이 피어나 순식간에 彼岸에 이르렀으니, 지금까지 바라보면 엄연하고 가까이 가면 온화한 초상이 남아 있어 서북과 남도의 영당에서 頂禮를 받고 있다. 이러한 다음에야 비로소 三千大千을 구제하고 속세에 은혜를 베풀었다고 할 수 있는 것이다.[46]

예컨대 정조는 청허가 처음에는 출가 후 수행을 통해 불법佛法의 기치를 높이 세우고 사람과 하늘의 눈이 되었으며, 중간에는 국난을 구제하고 군왕과 세상을 구제한 공적이 영원하며, 끝에는 인연에 따라 현신하고 업보를 따라 섭신攝身하여 인과를 따라 상승의 교주가 되어 순식간에 피안에 이르렀다는 것이다. 정조가 불교는 "운천雲天과 수병水瓶의 실상의 밖에서 마음을 유람하고 취죽翠竹과 황화黃花의 정이 없는 물체에 몸을 비교하니, 마침내 우리 유학에서 고목枯木과 사회死灰라고 비난하게 되는 것이다."라고 했지만, 청허에 대해서는 매우 객관적으로 평가하였다. 자신을 독실히 하고 세상을 이롭게 하였다는 것이다.

---

46 正祖, 「西山大師畫像堂銘 幷序」, 『弘齋全書』 제53권 銘, 甲寅年(1794).

清虛子가 嘉靖 乙卯年(1555, 명종 10) 여름에 처음 教宗의 判事에 임명되었고, 그해 가을에는 또 禪宗의 판사에 임명되었다. 그러다가 丁巳年(1557, 명종 12) 겨울에 印綬를 풀고 楓嶽山으로 들어갔으며, 戊午年(1558, 명종 13) 가을에는 지팡이를 날려 頭流山으로 향하였다. 그런데 어떤 儒士가 나를 기롱하며 말하였다. "처음에 판사를 맡았을 때에는 영화로움이 더할 나위 없었는데, 지금 판사를 그만두고 나니 빈궁함이 또 더할 나위 없게 되었다. 몸이 괴롭고 마음이 울적하지는 않은가?" 내가 웃으면서 대답하였다. "내가 판사를 맡기 이전에도 一衣一食으로 금강산에 높이 누웠고, 지금 판사를 그만둔 뒤에도 일의 일식으로 두류산에 높이 누웠다. 그리고 앞으로도 나의 생애는 평생토록 山林에 있지 塵世에는 있지 않다. 그런 까닭에 得失과 喜悲는 밖에 있을 뿐 나의 안에는 있지 않으며, 進退와 榮辱은 몸에 있을 뿐 나의 性에는 있지 않다.[47]

청허가 1557년 판사직을 그만두고 지리산으로 향할 때 유학자가 "몸이 괴롭고 마음이 울적하지 않는가하고 비웃으며 희롱했다."고 한다. 그러자 청허는 "득실得失과 희비喜悲는 밖에 있을 뿐 나의 안에는 있지 않으며, 진퇴進退와 영욕榮辱은 몸에 있을 뿐 나의 성性에는 있지 않다."고 하였다. 외물外物이 다가오면 순순히 응하고, 외물이 떠나가면 편안히 잊는 것이니, 스스로 자심自心을 쉬고 스스로 자성自性에 맞출 것을 알았던 청허에게는 세간의 벼슬이라고 하는 것이 어떤 변화도 일으키지 않았다.

---

47 休靜, 「自樂歌」, 『清虛堂集』 제6권(『韓佛全』 7, 716c).

청허의 이와 같은 수행상은 30여 년 후인 1593년 선조의 환도還都 후 연로함을 이유로 사직하면서 돌아가게 해 줄 것을 청하여 묘향산으로 돌아가 무심하게 한가롭게 지내는 도인일 따름이었다. 청허의 충의가 유교만의 충의가 아닌 자비에 바탕한 충의이자, 수행에 기초한 충의여서 그에게 산림이나 진세塵世에 대한 구분은 없었다.

　조선의 불교는 건국 이후 그 탄압과 착취가 지속되면서 저자거리에서 자취를 잃어갔고, 산중에서 비승비속으로 존립했다. 선종과 교종의 우위를 다투는 싸움은 여전했지만, 정체성을 찾고자 하는 노력은 찾아 볼 수 없었다. 조선불교사에서 청허 휴정의 가치가 세세생생 빛날 수밖에 없는 이유가 여기에 있다, 정조가 지적했듯이 청허는 "몇 알의 염주로 면벽하거나 벽돌을 갈아서 거울을 만드는 따위를 자비라 하지 않았으며, 탑묘를 많이 건축하고 경률이나 많이 쓰는 것으로 자비"라 하지 않았다. 전란에 참전했을 때는 자신이 호국불교의 화신이자 이후 조선의 부족하고 허술한 국방과 수취체제를 보완하는 승군조직을 체계화시키는 초석이 되었다. 아울러 승가가 조석으로 사은에 보답하도록 축원문을 만들어 잠시 잊혔던 불가의 대사회적 본분을 회복하고자 하였다. 때문에 정조는 "불교는 이단이고, 승려 스스로가 세간의 비난을 초래했다."고 했지만, 궁벽한 산골에 처했으면서 조선의 예악과 교화, 풍속을 유지하는데 그 공로가 지대했다고 칭송하기도 하였다.

　한편 청허 휴정은 법통을 확립하여 조선불교의 뿌리를 모른 채 존립했던 당시 승가의 무지無知를 바로잡았다. 임제법통을 확립하여 조선불교의 정체성을 세운 것은 법통논쟁에 우선하는 것이었다. 선주교종禪主敎從에 근거한 선교통합의 결실 역시 청허가 조선불교에 기여한 역사적 가치라고 할 만하다. 그는 교학을 배척하지 않았다. 사교입선捨敎入禪을 강조했고, 경절문의 활구로써 종도宗徒들이 스스로 깨닫고 스스로 얻게 하였다. 그는 참선 수행을 최고의 수행법으로 강조했지만, 염불도 주력도 인정했다. 저마다 근기의 다름을 인정한 것이다. 이와 같은 청허의 포용성은 조선불교의 다양성을 드러내는 것이기도 했지만, 교계의 분열을 하나로 결속시키는 역사적 가치 역시 돋보였다. 청허 휴정은 해동의 절승이자 동방 석씨의 조종이었다.

3

조선중후기 사명대사 인식과 평가

1. 머리말

사명당四溟堂 유정(惟政, 1544~1610)은 조선시대뿐만 아니라 오늘날까지도 '승병장僧兵將'이나 '구국의 영웅'으로 알려져 있다. 임진왜란과 이후 그의 활약은 역사적 사실을 넘어 신이한 능력을 지닌 구비설화의 주인공으로까지 자리 잡고 있다. 그런가하면 실록의 선조宣祖와 사대부士大夫들은 사명당을 바라보는 시선이 서로 달랐다. 이것은 사명당의 공적과는 무관하게 조선불교의 사회적 위상이나 이후 시기의 불교계 동향을 냉정하게 살필 수 있는 기준이 되기도 했다. 이와 같이 그에 대한 동시대의 인식과 평가는 일관되지 않았고, 정작 본인은 유가적儒家的 입장의 충의忠義와 구국의 영웅이라는 세상의 칭송과는 무관하게 수행자의 입장이었다.

사명당만큼 전란 이전과 이후의 삶이 다른 수행자도 드물다. 출가자와 전장을 누비는 장수라는 상반된 삶을 살았다. 그렇다면 세상 사람들이 기억하는 만큼 그 역시 전장戰場과 공명심功名心에 취해있었을까. 사대부와 유학자의 싸늘한 시선 속에서 '구국의 영웅'이라는 평가에 흡족했을까. 그의 행적을 유가적 충의에서만 해석해도 되는가. 사명당 자신의 전란에 대한 시선과 본분사에 대한 검토 역시 필요하다. 사명당 연구는 그동안 불교사상적 측면보다는 임진왜란사[1] 그리고 사후 선양사업[2] 구비문학[3] 분야에서 연구되고 있는데, 대한불교조계종의 호국불교선양사업은 사명당을 '의승장義僧將'으로 고착화시키는데 중요한 역할을 하였다.[4] 이와 같은 사명당에 대한 인식과 선양은 그의 활약사실과 그리고 사명당의 사후 조선후기 추모사업의 결과로 해석해도 무리한 것은 아니다. 또한 사명당의 임란 당시 활동과 사후死後 해인사 홍제암과 밀양 표

---

1 사명당기념사업회, 『사명당 유정』−그 인간과 사상과 활동, 지식산업사, 2000. 이 책은 사명당기념사업회에서 개최한 세 차례의 사명당학술회의 발표논문을 집대성한 결과물이다. 27편의 논문들은 사명당의 불교사상과 임란 당시의 활약, 사후 추모사업, 구비설화에 이르기까지 종합적으로 검토하고 있어 사명당 연구의 길라잡이 역할을 하고 있다.

2 이철헌, 「사명당 유정에 대한 밀양 유림의 평가와 추모사업」, 『한국불교학』59, 한국불교학회, 2011; 이철헌, 「표충사에 대한 유교계와 불교계의 인식」, 『불교학보』64, 동국대불교문화연구원, 2013.

3 신동흔, 「사명당 설화에 담긴 역사인식 연구−역사인물 설화의 서사적 문법을 통한 고찰」, 『古典文學硏究』38, 한국고전문학회, 2010; 민덕기, 「사명당에 대한 역사적 전승−그의 渡日 관련 설화를 중심으로」, 『전북사학』29, 전북사학회, 2006; 김승찬, 「사명당 구비서사물의 연구」, 『인문논총』Vol.56 No.1, 부산대학교, 2000.

4 2017년 9월 22일은 btn 불교TV와 조계종의 업무협약에 따라 동국대불교학술원·중앙승가대 불교사학연구소가 공동으로 세미나를 개최하기도 하였다.(『사명대사의 호국활동과 현대적 계승』, 세미나자료집, 2017)

충사를 사례로 자비慈悲와 충의忠義라는 이중성으로 그를 평가하기도 하였다.[5]

이 글은 조선 중후기 사명당에 대한 인식과 평가를 객관적으로 검토하고자 한다. 『선조실록』·『광해군일기』, 유학자의 문집文集, 그리고 사명당의 문집인 『사명집四溟集』과 『분충서난록奮忠紓難錄』의 내용을 분석하여 사명당에 대한 인식과 평가를 검토하고자 한다. 그에 대한 세상의 상반된 평가와 전란에 참여한 자신에 대한 관찰과 번민 역시 사명당을 종합적, 객관적으로 평가할 수 있는 계기가 될 것이다.

2. 사명당에 대한 실록實錄의 양면성

사명당은 1592년 건봉사에서 승병 150명을 모아 출병한 이후 1593년 여러 차례 전공을 세웠다하여 3월에는 선교종판사禪教宗判事를, 4월에는 당상관직堂上官職을 제수하였다.[6] 선조는 그에게 당상관직을 제수하여 승군의 사기를 높이고자 하였다.

> 또한 선조께서 사명대사를 差備門에 불러들이고 하교하여 말씀하시
> 기를 … 옛날 劉秉忠과 姚廣孝는 모두 산에 사는 승려로서 남다르고
> 특수한 공훈을 세워서 그의 이름을 후세에 전하고 있음이로다. 이제

---

5 정출헌, 「사명당에 대한 사대부들의 기억과 그 시대적 맥락」, 『古典文學研究』 45, 한국고전문학회, 2014.
6 『선조실록』 36권, 선조 26년 3월 27일조; 4월 12일조.

나라의 정세가 이와 같으니 그대가 만약 환속하여 속인이 된다면 마땅
히 백리를 다스릴 지방관의 직책을 맡길 것이라. 그리고 三軍의 將帥
를 제수할 것이니 또한 이것이 아름다운 일이 아니겠는가.[7]

　인용문은 신유한申維翰이 편집한 『분충서난록』의 일부분이다. 사명당
은 1594년 4월과 7월 두 차례에 걸쳐 왜장 가등청정加藤淸正과의 회담내
용을 토대로 9월에 제반 개혁안이 포함된 상소문을 올렸다. 선조는 사
명당을 차비문差備門에 불러 환속하여 나라에 충성할 것을 권했다. 사명
당이 사양하자 선조는 동년 11월에 첨지중추부사僉知中樞府事에 제수하였
으며[8] 1602년 조정에서 전후 일본의 정탐을 위해 파견할 때는 동지중추
부사同知中樞府事직에 제수하면서 부친은 가선대부 한성좌윤漢城左尹에 추
증되었다. 그리고 1605년에는 사절단으로 일본에서 돌아오는 길에 48척
의 배로 1,391명의 피로인을 귀국시켰다. 선조는 그를 가의대부행용양
위대호군嘉義大夫行龍驤衛大護軍으로 올리고 부친은 자헌대부형조판서資憲大
夫刑曹判書, 어머니는 정부인貞夫人에 추증되었으며, 조부는 통정대부승정
원좌승지通政大夫承政院左承旨 겸兼 경연참찬관經筵參贊官에 추증되었으며, 조
모祖母는 숙부인淑夫人에 추증되고, 증조부는 통훈대부통례원좌통례通訓大
夫通禮院左通禮에 추증되고, 증조모는 숙인淑人에 추증되었다. 또한 어마御馬
와 저사표리紵絲表裏를 하사하여 표창하였다.[9] 이상이 선조가 행한 사명
당의 전란회복에 기여한 공로에 대한 답례였다.

---

7 『松雲大師奮忠紓難錄』 「甲午九月馳進京師上疏言討賊保民事疏」(『韓佛全』 8, 92c).
8 『선조실록』 57권, 선조 27년 11월 1일조.
9 海眼, 「有明朝鮮國慈通廣濟尊者四溟堂松雲大師行蹟」, 『四溟堂大師集』 卷7(『韓佛全』 8, 74c).

이와 같은 사명당의 공로인정은 신료들의 건의가 아닌 선조의 명으로 이루어졌다. 선조는 사명당이 공로를 세울 때마다 "공로에 따라 중한 상을 주라고 했으며, 승군이라 하여 시상을 늦추어 그들의 마음을 실망시키지 말라."고 비망기備忘記를 내렸다.[10] 그런가 하면 사명당을 장수로 쓸 만한 사람이라 하고, 의엄義嚴과 함께 "국사國事에 충성을 다하고 있으니 후하게 대우하지 않을 수 없다."고[11] 하였다.

> 그대는 산에 사는 승려로서 大義에 분발하여 의병을 일으켜 왜적을 토벌해서 많은 전공을 세웠으며, 지금도 왜적과 對壘하여 對陣하고 있으면서 때로는 왜적의 소굴에 출입하여 모든 위험을 모두 겪었으니 나라를 위하는 충성이 지극함이로다. 내가 그대를 가상히 여기는 것이 바로 이것이라.[12]

『분충서난록』의 내용은 선조가 사명당을 높이 평가하는 이유를 소개하고 있다. 사대부나 백성이 아닌 천민으로 여겨왔던 승려의 신분으로 승병을 이끌고 왜적을 토벌하고, 두 차례나 적진에 들어가 강화講和협상에 참여하는 등 그 기여가 남달랐기 때문이다. 특히 왜장 가등청정의 조선에 보배가 있는가라는 질문에 그대의 머리가 조선의 보배라는 답변은 승군뿐만 아니라 일본군도 탄복케 하는 조선의 기백을 보여주었던 대목이었다. 선조는 사명당의 가계家系와 주석처, 그리고, 전란이 일어난 후

---

10 『선조실록』 42권 선조 26년 9월 8일조.
11 『선조실록』 83권 선조 29년 12월 5일조.
12 『松雲大師奮忠紓難錄』「甲午九月馳進京師上疏言討賊保民事疏」(『韓佛全』 8, 92b).

무슨 인연으로 의병을 일으켜 장수가 되었는가 등 여러 가지를 묻기도 하였다. 선조의 뒤를 이은 광해군 역시 사명당이 "선조 때 몸을 잊어버리고 난을 구하기 위해 뛰어 들었으니 참으로 의승義僧이라할 만하다."고[13] 하였다.

선조는 승병의 산성축조와 수호, 둔전의 경작, 승병의 처리문제 등을 사명당의 건의에 따라 시행하였다. 또한 이 시기 총섭제 시행과 승과첩 지급은 불교계를 국가의 행정체제 안으로 포함시켜 통제 관리하는 계기가 되었다. 원래 승장僧將에게 주었던 호칭이었지만, 이후에는 산성의 수축과 방어, 부역징발과 그 관리를 맡았다. 이 총섭제의 운영은 불교교단의 효율적 통제와 함께 사회경제와 관련된 현안을 해결하는 수단으로 활용하였다. 선과첩 지급 역시 부족한 군사를 보충하고, 승군의 사기를 진작시키는 효과를 거두었다.[14]

한편 사명당에 대한 사대부의 인식과 평가는 선조와 광해군과는 다르다.

a. 국가에서 武士를 배양해서 班秩을 높여주고 후하게 녹봉을 주어서 아끼지 않고 대우했는데도 강적이 충돌해 온 때를 당하여 날래고 건장한 장수들은 정신이 아득하여 두려움에 떤 것은 물론 구구한 斬獲의 공도 도리어 죽을 날이 멀지 않은 늙은 승려에게서 나왔으니 이것이 어찌 무사들만의 수치이겠는가.[15]

---

13 『광해군일기』 33권, 광해군 2년 9월 28일조.
14 오경후, 「朝鮮後期 佛敎政策과 性格硏究－宣祖의 佛敎政策을 中心으로」, 『한국사상과문화』 58, 한국사상문화학회, 2011, 177~189쪽.
15 『선조실록』 37권 선조 26년 4월 12일조.

b. 不共戴天의 원수와 講和하는 것만도 이미 수치스러운 일인데, 또
일개 沙門의 힘을 빌려 일을 이루려고 하다니, 肉食者의 꾀가 비루하
다 하겠다.[16]

　　인용문은 사명당이 여러 차례 전공戰功을 세워 선조가 군직軍職을 제수
하자 실록을 기록한 사관史官의 평가이다. a는 전란 초기인 1593년 평양
성을 탈환하고, 퇴각하는 왜군을 관군과 공동으로 수락산 승첩을 거두
어 선교종판사禪敎宗判事에 제수되었을 때의 평가다. b는 1604년 7월 일본
과의 강화를 위해 대마도 사신파견을 앞두고 비변사가 사명당을 사신으
로 파견하는 당위성을 선조에게 아뢰는 상황이다. 사명당이 가등청정에
게 보여 준 기백과 일본을 탈출한 포로들이 일본인도 사명당을 존경한
다는 것이다. 이에 대해 사관史官은 국가가 무사양성을 위해 벼슬과 녹
봉을 후하게 대우해주었음에도 불구하고 정작 외침의 상황에서는 장수
다운 용맹은커녕 두려움으로 도망가기에 급급하여 적을 물리치는 전공
역시 사명당과 승군에게 빼앗기고 있다는 것이다. 아울러 일본과의 강
화講和 역시 수치스러운 것도 부족하여 일개 승려인 사명당에게 맡긴다
는 비변사의 생각이 비루하다는 것이다. 당시의 문신이었던 이수광(李睟
光, 1563~1629) 역시 일본으로 떠나는 사명당에게 주는 시에서 사관史官
과 유사한 심경을 읊고 있다.

　　　성세에 이름난 장수가 많다지만 / 盛世多名將

---

16 『선조실록』 172권, 선조 37년 3월 14일조.

기이한 공로는 오직 노사뿐이라오 / 奇功獨老師

배는 노련의 바다를 치달리고 / 舟行魯連海

혀는 육생의 말을 쏟아 내리라 / 舌騁陸生辭

변덕스런 왜놈들 만족을 모르니 / 變詐夷無厭

기미하는 일이 위태할까 두렵다오 / 羈縻事恐危

허리에 걸린 한 자루 장검이여 / 腰間一長劍

오늘 남아를 부끄럽게 하는구나 / 今日愧男兒[17]

　　1597년 가등청정이 일본에서 서생포로 돌아와 사명당과 면회를 요청하자 사명당은 회담을 마친 직후 재란再亂의 위험을 느끼고는 선조에게 상소문을 올렸다. 첫째, 적병의 수가 1만 명에 지나지 않으니 조선도 군병을 조발調發한다면 4~5만 명을 밑돌지 않을 것이다. 둘째, 시간을 허비하지 않고 우리 수군으로 하여금 일본의 원정군의 길을 차단하고 육로로 덮쳐 적의 소굴을 친다면 승산이 있다. 셋째, 조야朝野의 상하가 대책도 없이 강화만을 기다려서는 안 된다. 넷째, 신하들에게 명을 내려 한 번의 진격으로 자웅을 결정짓게 해야 한다는 것을 강조한 것이다. 사관은 이 상소문에 대해 "유정이 일개 중으로서 동반東班의 관직을 제수받기까지 하였으니 관작의 외람함이 심하다."라고 하면서도 "묘당廟堂의 여러 신하들이 한 결 같이 위축되어 더러는 강화의 의논을 빌어 기미책羈縻策을 꾀하고 더러는 훈련을 핑계하여 뒷날을 도모하자고 하는 등 구차스레 그럭저럭하는 사이에 6년이 벌써 지났는데, 한 사람도 의리에 의거하여 진취

---

17 李睟光, 「贈四溟山人往日本」, 『芝峯集』 제3권.

進取하려는 계획을 바쳤던 자는 없었다."고 하였다. 결국 사관은 사명당이 승려이지만, "그의 상소가 말이 조리가 있고 의리가 발라서 당시의 병통을 적중시켰다고 지적하고는 이 때문에 특별히 기록한다."고 하였다. 그 말까지도 폐하지는 않겠다는 의도이다.[18] 사실 사관의 이 사론史論은 사명당에 국한된 것만은 아니다. 1602년 조선 조정에서 전후 일본의 동태를 파악하기 위한 논의가 있었을 때 "체찰사體察使 이덕형李德馨이 우리나라 관원官員의 이름으로 보내면 말을 만들기가 어려울 것이니 전에 아뢴 대로 유정惟政의 이름으로 써서 보내는 것이 마땅하다."고[19] 했으며, 1604년 비변사는 "유정은 일개 중이고 또 국서國書도 지니지 않았으므로 협박을 받아 가게 되더라도 조가朝家에서 차송差送한 것과는 실로 구별되니 만일 임시하여 기미를 살펴 잘 응변應變한다면 대단한 해害는 받지 않을 듯합니다."라고[20] 하였다. 조선 조정이 일본과의 재개를 바라면서도 그 피해를 모면할 수 있는 '산승山僧' 사명당을 선택한 것이다.[21] 요컨대 사관과 이수광은 당시 조선 조정의 이와 같은 구차함을 두고 지적한 것이다.

3. 유학자의 인식과 평가

유성룡은 사명당이 "시에 매우 능하였고 진초眞草를 잘 써서 총림叢林

---

18 『선조실록』 87권, 선조 30년 4월 13일조.
19 『선조실록』 145권, 선조 35년 1월 17일조.
20 『선조실록』 175권, 선조 37년 6월 8일조.
21 채상식, 「사명대사의 일본행과 이에 대한 양국의 태도」, 『한국민족문화』 27, 한국민족문화연구소, 2006, 137쪽.

에 이름이 났다."고 [22] 하였다. 사명당은 18세가 되던 해인 1561년(명종 16) 선과禪科에 응시하여 장원급제하였고, 봉은사에 머물면서 많은 유자儒者와 교유하였다.[23]

> 辛酉年에 禪科에 급제하였다. 화려한 명성이 점차 드러나매, 당시의
> 學士 大夫와 詩人으로서, 가령 朴思菴(朴淳)·李鵝溪(李山海)·高霽
> 峰(高敬命)·崔駕運(崔慶昌)·許美淑·林子順(林悌)·李益之(李達)와
> 같은 사람들이 모두 대사와 즐겁게 지내면서 시문을 주고받아 詞林에
> 전파되었는데, 사람들이 이를 미담으로 여겼다.[24]

사명당은 출가 전 황여헌黃汝獻에게 『맹자』를 배웠고, 노수신盧守愼에게서 사자四子를 배우고, 또 이백李白과 두보杜甫의 시를 배웠는데, 이로부터 문장이 날로 더욱 발전하였다. 내전內典 역시 해박하여 배우고자하는 이들이 산문山門에 문전성시를 이루었다고 한다. 인용문에 거론된 인물들은 젊은 시절부터 그 교분을 두터이 하여 훗날 사명당이 강화교섭 차 일본에 갈 때 그를 염려하고 칭송하는 시를 읊기도 하였다. 특히 하곡荷谷 허봉許篈은 사명당과의 교분이 남달라 그 관계가 동생 허균許筠에게까지 이어진다. 허균은 1586년 형 허봉과 봉은사를 찾았다. "밤에 (봉은사) 매당梅堂에서 묵었는데, 그(사명당)의 시를 또 꺼내어 보았더니, 그 격조가

---

22 柳成龍, 「松雲」, 『西厓先生別集 제4권 雜著.
23 조선중후기 봉은사를 중심으로 한 불교계와 유학자의 교류는 활발했다.(오경후, 「朝鮮時代 奉恩寺의 佛敎的 位相과 文化價値」, 『정토학연구』 28, 한국정토학회, 2017.)
24 허균, 「有明朝鮮國慈通弘濟尊者四溟松雲大師石藏碑銘幷序」, 『四溟堂大師集』 卷7(『韓佛全』 8, 75c~76a).

마치 거문고 소리와 같이 청고淸高하였다."고[25] 술회하였다. 이와 같이 사명당은 젊은 시절부터 유학자들과 시를 매개로 교유했고, 그가 지은 수천 수는 허봉의 집에 맡겨 놓았지만, 전란에 불타버리기도 하였다.[26]

유학자의 문집에 수록된 사명당에 대한 기억은 대체로 임진왜란 당시의 전공戰功이었다. 임진왜란 초기 승병을 일으키라고 통문을 돌렸던 유성룡은 "지난 해(1604) 조정에서 일본으로 가 유람하는 체하며 적중의 소식을 탐지해 오라는 명이 내렸을 때 사람들이 모두 위험스럽다고 여겼으나 송운은 서슴지 않고 어려워하는 빛도 없이 나섰다가 이에 이르러 일을 수행하고 돌아왔던 것이다."라고[27] 칭송하였다. 정경운鄭慶雲이 쓴 임진왜란 기록인 『고대일록孤臺日錄』 역시 "1604년 8월에 일본으로 가서 8개월 동안 노력하여 성공적인 외교성과를 거두었고, 전란 때 잡혀간 3000여 명의 동포를 데리고 1605년 4월에 귀국하였다."고[28] 찬술하고 있다. 이후 이긍익(李肯翊, 1736~1806) 역시 사명당이 가등청정에게 너의 목이 조선의 보배라고 한 말을 언급하면서 "왜병의 방비가 심해 사명당이 이런 말을 할 수 없었고, 잘못 전해진 말일 것"이라는 세간의 소문을 전하기도 하였다.[29] 세상 사람들은 사명당의 행동을 믿기 어려워했다는 것이다. 이유원(李裕元, 1814~1888) 또한 왜인들이 사명당을 신명神明처럼 공경했으며, 예의를 더하여 후히 대접했다고 기록하고 있다.[30] 사명당과

---

25 許筠, 「四溟集序」, 『惺所覆瓿藁』 第26卷 附錄 2 序.
26 許筠, 「四溟集序」, 『惺所覆瓿藁』 第26卷 附錄 2 序.
27 柳成龍, 「松雲」, 『西厓先生別集』 제4권 雜著.
28 鄭慶雲, 「惟政」, 『孤臺日錄』 附錄 人名錄.
29 李肯翊, 「壬辰 僧將 중 休靜과 惟政」, 『燃藜室記述』 제17권 宣祖朝故事本末.
30 李裕元, 「惟政의 通信」, 『林下筆記』 제19권, 文獻指掌編.

동시대를 살았거나 뒷날을 살았던 인물들은 임진왜란 당시 충의忠義의 상징으로 사명당을 기억하고 있다.

그러나 사명당을 달리 인식하는 유학자들도 있었다.

> 병신년 겨울에 내가 槐院에 있을 때, 公事로 인하여 領相 西厓를 찾아뵈었는데, 師가 높은 고깔에 긴 수염으로 함께 앉아 있다가 반가이 손목을 잡고 옛날을 이야기하였다. 이에 함께 客舍로 돌아와 당시의 時務를 談論하였는데, 慷慨한 기개로 손뼉을 치면서 利害를 타진하는 것은 옛날 義俠의 풍도가 있고, 안장에 기대어 左右를 돌아보면서 妖氣를 쓸어버리려는 의지는 또 늙어서도 壯健한 모습을 한 老將과도 같기에 내가 더욱 敬重해 하면서 '그의 詩文은 餘事에 불과하다. 그의 재주가 국난을 구제할 만한데, 아깝게도 잘못 佛門에 투신했다.'고 여기었다.[31]

1596년 허균이 승문원承文院의 관원으로 있을 때 사명당을 만나고 난 이후의 술회다. 당시는 사명당이 두 차례의 적진을 다녀온 후 대구 팔공산성을 축성하는 중 유성룡이 사명당을 찾아와 시를 지어 위로해주던 때였다. 허균의 눈에 비친 사명당은 수행자가 아닌 의협義俠의 풍도風度를 지닌 노장老將의 모습이었다. "그의 재주가 국난을 구제할 만한데, 아깝게도 잘못 불문佛門에 투신했다."고 한 것은 사명당이 수행자의 본분을 잊고 있는 것에 대한 비판으로 보이지만, 실제는 염려하고 있는 것이다.

---

31 許筠, 「四溟集序」, 『惺所覆瓿藁』 第26卷 附錄 2 序.

삼십 년 만에 그대를 반가이 만나니 / 三十年前青眼舊

구중궁궐에서 자니의 영광 떨어졌네 / 九重天上紫泥榮

솔은 홀로 빼어나 절개 온전히 지키고 / 松因獨秀能全節

구름은 절로 한가히 날아 정이 있어라 / 雲自閑飛却有情

출가한 승려는 사업이 없다 말하지 말라 / 休道出家無事業

나라 일에 힘씀이 공명 위한 건 응당 아니지 / 不應徇國爲功名

가을바람 속 관동 길에 석장을 짚고 / 秋風杖錫關東路

산 속으로 가시어 밝은 달을 구경하소 / 好向山中弄月明[32]

   사명당과 이산해는 젊은 시절부터 그 교분이 두터웠다. 시에 반영된 사명당이 절충장군折衝將軍이 된 것은 1594년이고, 사명당이 승과에 급제하여 봉은사에 머물면서 유학자와 교유한 것이 1561년 이후이니 이산해의 말대로 30년 만에 만난 셈이다. 그는 '송운松雲'을 운으로 시구를 지어 수행자의 풍모를 읊고, 사명당이 공명심을 위해 충의忠義를 내세운 것은 아니라고 지적하였다. 이산해는 "산 속에서 밝은 달을 구경하라."고 하여 궁극적으로 사명당이 수행자의 본분을 지키고 살아갈 것을 바라고 있는 것이다. 정탁鄭琢은 이산해의 시에 차운하여 사명당에게 작별시를 읊기도 하였다.

지팡이 하나로 애써 만백성을 위로하고도 / 一錫勞勞慰萬生

마의는 영광의 비단옷으로 바꾸지 않았네 / 麻衣不換繡衣榮

---

32 李山海, 「산으로 돌아가는 山人 惟政에게 주다.」, 『鵝溪遺稿』 제4권 雙門錄.

타고난 참된 성품 본래 망녕됨이 없었으니 / 自來眞性本無妄

어찌 못된 왜적이 마음을 괴롭힐 수 있겠는가 / 那裏毒蛟能情惱

세 치 혀는 소진을 부끄럽게 만들었고 / 三寸恥存蘇子舌

한마디 말은 문득 자로의 명성을 얻었네 / 一言還得季由名

공을 이뤘다고 속세의 벼슬에 얽매일까 보냐 / 功成肯被塵纓絆

절간을 찾아가서 불법을 밝히려 하네 / 欲訪香燈佛日明[33]

　이밖에 윤두수는 사명당이 그의 문안을 묻자 "전복戰服벗고 가사를 걸쳤지만, 남쪽 해변에 풍기風氣가 악화되어 산중의 고홍도 오래가지는 못할 듯하다."고[34] 전장으로 가야하는 사명당을 염려하였으며, 조호익 역시 "세간世間에서는 그 이름이 황금보다 중하건만 물외物外에 노는 선심禪心 밝은 해가 길구나"[35]라고 하여 사명당의 근심을 대변하고 있다. 요컨대 사명당을 바라보는 유학자들의 시선은 사명당의 용맹과 충의를 칭송하고 기리는 한편, 그가 공명을 위한 것이 아닌 중생구제의 뜻이 있었고, 전장의 한복판에서도 산중을 그리워했던 수행자로 기억하고 있었던 것이다.

---

33 鄭琢, 「次鵝溪韻贈別松雲」, 『藥圃集』 제1권 詩.
34 尹斗壽, 「山人 惟政의 문안 기별에 답하다」, 『梧陰遺稿』 제2권.
35 曺好益, 「僧將 惟政에게 주다」, 『芝山集』 제1권, 詩 七言律詩.

4. 自述—수행과 구국사이에서

사명당은 임진왜란이 발발하자 문도들에게 "여래如來가 세상에 나온 것은 원래 중생을 구호하기 위해서이다."라고 하였다. "왜적을 물리치는 것이 자비의 가르침을 저버리지 않는 것"[36]이라고 하였다.

> 그러나 저 송운이 배운 것은 어떤 것이었던가. 우리 儒者가 君親을 저버리고 倫常을 등진다고 나무라는 것이 아니었던가. 그런데도 창졸 간에 소매를 걷어붙이고서 擧義하였고, 危難의 즈음에 칼날을 무릅쓰 고 節義를 온전히 하였다. 그가 임금에게 충성하고 인륜에 독실한 것 이 이와 같았으니, 이는 바로 秉彝(양심)를 똑같이 받고 태어나서 꼭 그렇게 하려고 하지 않아도 그렇게 하게 된 것이다. 그러니 佛氏가 말 하는 바 眞心과 眞性이라는 것도 번쩍번쩍 빛나는 곳에 있는 것이 아 니고 바로·여기에 있음을 알 수 있는 것이다. 그리고 보면 송운과 같 은 분은 참다운 여래라고 말해도 좋을 것이요, 또 우리 儒道 속의 인 물이라고 말해도 좋을 것이다.[37]

1738년 영의정 송인명宋寅明이 찬한 『분충서난록』 발문의 일부분이다. 그는 임진왜란이 발발하자 조헌이나 고경명은 성현의 글을 읽고 천리天 理와 인륜을 중요하게 여겼기 때문에 의병장으로 거병할 수 있었지만,

---

36 허균, 「有明朝鮮國慈通弘濟尊者四溟松雲大師石藏碑銘并序」, 『四溟堂大師集』 卷7(『韓佛全』 8, 76b).
37 宋寅明, 「奮忠紓難錄跋」, 『松雲大師奮忠紓難錄』(『韓佛全』 8, 107b).

사명당은 충과 효를 저버린 부류라고 규정하였다. 그러나 유학자들이 비난했음에도 불구하고 사명당은 거병하였고, 절의를 온전히 했다는 것이다. 송인명은 사명당이 군왕에게 충성하고 인륜에 독실한 것이 인륜과 병이秉彝의 도리 때문으로 해석하였고, 불교의 진심眞心과 진성眞性 역시 그와 같은 이치로 해석하였다. 결국 송인명은 사명당을 '진여래眞如來'라고 하였다. 사명당조차도 선조에게 올린 상소문에서 "먹물 옷을 입은 승려가 되어 스스로 속세를 버리고 소외되었으나 한 끼의 공양을 먹을 때마다 어찌 한시라도 군부君父를 잊을 수 있었겠습니까."라고[38] 하였다.

> 벌써 하늘은 이미 추워지고
> 흰 눈은 한없이 내림이로다.
> 붉은 머리와 왜적들의 옷이니
> 종횡으로 계속 잇달아 감이로다.
> 우리 백성들을 魚肉으로 만드니
> 도로에 송장이 서로 베고 뒹굴고 있음이로다.
> 슬프고 슬픔을 또한 통곡함이니
> 날은 저물어 가고 푸른 산은 무성함이로다.
> 요해는 어느 곳이요 하니
> 그리운 임 계신 곳을 바라보니 하늘 끝이 아득함이로다.[39]

사명당의 문집은 어가의 행렬이 의주로 향했다는 말을 듣고 통곡하면

---

38 『松雲大師奮忠紓難錄』「甲午九月馳進京師上疏言討賊保民事疏」(『韓佛全』8, 90c).
39 惟政,「聞龍旌西指痛哭而作」,『四溟堂大師集』卷1 辭(『韓佛全』8, 48c).

서 읊은 사辭가 여러 수 보인다. 선조에 대한 염려와 어육魚肉이 되고 있는 백성들 때문에 비통한 심정을 그대로 읊고 있다. 이것은 수행자가 갚아야 하는 부모·임금·스승·백성의 은혜, 즉 사은四恩에 대한 보답을 전제로 하고 있다. 임금을 포함한 중생구제가 수행자의 도리라는 것이다.

> 이런 다섯 가지의 행복을 모두 갖추었으니 마땅히 새나 짐승과 같이 헛되이 죽고 살아서는 안될 것이다. 서원하건대 우리 벗들은 다시 지난날의 저축한 것을 아끼지 말고 天地와 聖賢들의 지극한 은혜에 보답하는 동시에 나라를 위해 기원하고 백성을 위해 기원해서 천하가 태평하기를 이루게 함이로다. 이와 동시에 또한 무량한 未來劫의 세상에서도 영원히 형과 아우가 될 인연을 이루어야 함이로다. 서원하건대 우리 좋은 벗들은 다시 머리를 조아려 스스로 생각함이로다.[40]

인용문은 사명당이 18세에 선과禪科에 급제하고, 유학자들과 교유하면서 20여 세에 동년배의 출가자와 갑회甲會를 결성하면서 찬술한 맹세이기도 하다. 그는 갑회문에서 다섯 가지 행운을 전제하였다. 첫째 20여 세가 되도록 살아남은 행운, 둘째, 창황蒼黃한 시대에 어버이가 남겨주신 몸을 잃지 않은 것, 셋째, 불법佛法을 만난 것, 넷째, 회원들이 선산仙山에 거하면서 법회에 동참하여 담소하며 함께 노닐고 있는 것, 다섯째, 이목耳目이 총명하고 남자의 모습을 갖추어 사람들의 버림을 받지 않은 것이다. 그가 살았던 시기가 정치나 사회경제적으로 안정된 시기가 아니어

---

40 惟政, 「甲會文」, 『四溟堂大師集』 卷6 雜文(『韓佛全』 8, 65c).

서 온전한 삶과 죽음에 대한 문제가 유난히 빈번하게 등장하고 있다. 따라서 사명당은 자신의 수행을 통해 나라와 백성들이 살기 좋은 태평성대가 이어지기를 기원하고 있다.

이후 사명당은 직지사와 봉은사 주지소임을 맡았지만, 기간은 짧았다. 청허 휴정의 문하에서 정진하였다. 석장비石藏碑에 의하면 1575년부터 왜란이 일어났던 1592년까지 약 17년의 세월은 사명당에게 젊은 시절 갑회문의 서원을 실천하기 위한 시간이었고, 깨달음을 얻기 위해 김강金剛·팔공八公·청량淸涼·태백太伯 등 여러 산들을 유력遊歷했던 시간들이었다.

> 癸卯年(1603, 선조 36) 가을에 스님이 조정에서 물러나기를 청하여
> 上院菴의 옛 은거지로 돌아갔다가 鑑湖의 별장으로 나를 방문하였다.
> 그때 나는 세상에서 외톨이가 되어, 우선 內典을 가져다 보면서 호장
> 한 마음을 달래며 세월을 보내고 있었으므로, 그 집안에서 말하는 明
> 心見性의 대목에 대해서 나름대로 관견을 갖고 있었다. 그래서 시험
> 삼아 한두 가지를 擧似했더니, 스님이 融會貫通하고 超悟朗詣하여 曹
> 溪와 黃梅의 가법을 참으로 얻고 있었다. 나는 그때에야 비로소 스님
> 이 眞宗의 妙諦를 투철하게 깨우치고 拈花의 密傳을 곧바로 이어받았
> 으며, 난세를 구제한 것도 그 하나의 계통에서 나온 것임을 비로소 알
> 았다. 그리고 스님은 며칠 동안 묘제에 대해서 터놓고 얘기하였으므로
> 내가 듣지 못했던 것을 더욱 듣게 되었다. 이로부터 스님이 京輦(경성)
> 에 오기만 하면 번번이 서로들 왕래하면서 늦게야 알게 된 것을 유감
> 스럽게 생각하였다.[41]

1612년 허균이 쓴 『사명당집』 서문의 일부분이다. 1596년 무렵 허균이 본 사명당은 수행자이기보다는 전장의 장수였다. 때문에 사명당을 수행자로 기억한 허균은 "애석하게도 불문佛門에 발을 잘못 들여 놓은 것"으로 오해하기도 하였다. 그러나 국서國書를 받고 일본으로 가기 1년 전인 1603년 사명당은 금강산 유점사에서 스승 청허 휴정을 뵙고, 강릉에서 허균을 만났다. 당시 허균은 불교를 믿는다는 이유로 파직당해 불가佛家에서 마음을 밝히고 자기 성품이 있는 곳을 나름대로 볼 수 있는 관견管見을 얻을 수 있었다. 허균은 7~8년 전 전장을 누비던 사명당만을 기억하여 수행의 깊이를 시험했지만, 사명당의 수행은 선리禪理를 자세히 이해하고 꿰뚫어 통달함을 초월하여 분명히 깨달은 바가 있어서 6조 혜능과 5조 홍인의 가풍을 확실히 증득하고 있음을 알았다고 한다. 결국 허균은 사명당이 참되고 오묘한 종지를 바르게 깨닫고 꽃을 들어 비밀히 傳法하신 뜻을 이어 받았으며, 난세亂世를 구제한 것도 진종眞宗의 묘체妙諦와 념화拈花의 밀전密傳을 깨달은 실마리가운데 하나로 이해하였다. 세간은 사명당의 행적을 두고 유가儒家의 충의忠義로만 해석하고, 후대의 학자들조차도 사명당의 호국불교를 유가의 입장에서만 해석하고자 하였다.[42] 그러나 허균이 지적한 바와 같이 사명당의 출가 후 생애와 행적의 근간은 불조佛祖의 혜명慧命을 잇고, 중생을 구제하겠다는 20대의 갑회문에서 보인 서원이었다. 비록 전장과 적진을 누비면서 나라의 안위를 지키고자 하였지만, 사은四恩에 보답하고자 했던

---

41 許筠, 「四溟集序」, 『惺所覆瓿藁』 第26卷 附錄 2 序.
42 정출헌, 「사명당에 대한 사대부들의 기억과 그 시대적 맥락」, 『古典文學硏究』 45, 한국고전문학회, 2014. 정출헌 뿐만 아니라 사명당 관련 대부분의 연구 성과는 전란 당시 활약의 근간을 불교적 시각으로 바라보는 것에 소홀히 하고 있는 것이 사실이다.

수행자로서의 본분에서 비롯된 것이었다.

> 병든 몸 객관에서 어금니까지 아프다니 / 局賓館痛生牙
>
> 앉아서 세어 보니 평생 좋은 일 없었다네 / 算平生百不嘉
>
> 머리 깎고 중 되어도 항상 길에 있었고 / 髮作僧長在路
>
> 세상 본받아 수염 남겨도 집은 없었네 / 鬚效世且無家
>
> 烟霞의 산중 생활도 설어서 익히기 어려웠고 / 霞事業生難熟
>
> 存省하는 공부에도 채찍을 가하지 못했다오 / 省工未未加
>
> 진퇴의 두 길 모두 그르치고 말았는데 / 退兩途俱錯了
>
> 흰머리로 어이하여 또 배를 탔는지 / 白頭何事又乘槎[43]

　사명당이 1604년 사신으로 대마도에 갔을 때 읊은 시다. 자신의 생애를 압축해 놓은 듯하다. 출가했지만, 있어야 할 산중에 있지 못하고 항상 길에 있었다는 것이다. 많은 공적을 쌓아 세인들의 귀감이 되었지만, 정작 심신心身을 풀어 놓을 거처가 없었고, 견성見性을 위한 수행역시 온전하지 못했다는 것이다. 『사명당집』은 이와 같은 사명당의 회한이 빈번히 보인다. 비록 서원에 따라 세간의 풍진 속에 자신을 맡겼지만, 본분사에 대한 염려는 한 순간도 놓치지 않았다. 때문에 그는 또 다른 시에서 "머리는 희어도 마음은 희지 않고 / 모습은 말랐어도 도는 마르지 않았다."라고[44] 읊고 있다. 62세로 머리는 희고 몸은 보잘것없이 말랐지만, 도심道心은 쇠퇴하지 않았다는 것이다. 사명당

---

43 惟政, 「在馬島客舘左車第二牙無故酸痛伏枕呻吟」, 『四溟堂大師集』 卷7(『韓佛全』 8, 68c).
44 惟政, 「赤關海夜泊」, 『四溟堂大師集』 卷7(『韓佛全』 8, 69c).

에 대한 인식과 평가에서 어쩌면 우리가 놓치고 있었던 부분인지도 모른다.

이상으로 사명 유정에 대한 인식과 평가를 객관적으로 검토하였다. 사명당에 대한 그동안의 인식은 조선이 왜란을 극복하는데 혁혁한 전공을 세운 장수의 이미지를 부각시켰다. 또한 이것은 유가적 충의의 입장만으로 해석하였다. 사실 사명당은 수행자였지만 장군의 모습을 하고 있었고, 두 차례나 적진에서 담판을 했으며, 일본에 끌려간 포로를 송환했다. 돌아와서는 팔도의 요충지에 산성을 쌓고 방비하였다. 동시대인들은 사명당이 전장에서 활약한 공로로 당상관에 제수되고, 그의 조상들이 증직贈職된 것만을 기억했다. 조선후기에는 사당까지 건립하여 그의 공적을 칭송하였다. 그러나 선조는 그의 기백과 용맹함을 벼슬로 환속시키고자 하였고, 신료들은 자신들의 구차함을 인정하면서도 그를 천한 승려로 묘사하였다. 그런가 하면 유학자들은 사명당의 전공戰功을 칭송하면서도 수행자의 본분을 염려하기도 하였다.

한편 사명당은 전란 당시 승려를 대상으로 거병하고, 적장과의 담판과 사신으로 일본에 들어가 포로를 송환시킨 것은 사은四恩에 보답해야 한다는 수행자의 의무에서 비롯된 것이라고 하였다. 그는 일찍이 동년배 출가자와 갑회를 결성하면서 수행자는 나라와 백성이 편안한 태평성대가 될 수 있도록 기원할 것을 맹세하였다. 혹자는 사명당이 살육으로 얼룩진 전장과 공명에 취해 수행자의 본분을 망각했을 것으로 염려하였다. 그러나 사명당은 전란 이전이나 전란 도중 적진의 한복판에서도 자신의 본분을 잊지 않았다. 중생구제를 위해 전장에 묶여 있었지만, 속절없이 귀밑머리만 희어져가는 것을 한탄하며 산중을 그리워

했다. 요컨대 사명당의 충의는 그동안의 지배적 해석과는 달리 불교정
신에 바탕을 두고 있었다.

4

사명당 유정의 忠義가 지닌 불교적 의미

---

1. 「滑稽圖」와 「奮忠紓難錄」의 간극

한국 불교학계가 사명 유정(四溟惟政, 1544~1610)을 바라보는 시각은 지극히 단선적이다. 반공反共을 국시國是로 삼아 애국과 애족을 강조했던 60~70년대부터 조선시대 불교는 호국불교로만 인식되었고, 그 이유는 청허 휴정과 사명 유정이 이순신과 함께 호국과 충의의 대표적인 인물로 정착되었기 때문이었다. 이후 두 인물을 바라보는 태도는 지금까지도 변함이 없고 앞으로도 지속될 것이다. 이 태도는 학계 역시 다르지 않다. 특히 사명 유정은 그의 수행이나 사상과 같은 불교학적 가치보다는 호국사상과 호국불교 선양사업의 대표적인 인물로 굳건히 자리 잡고 있다.

학계의 사명당 연구는 기념사업회나 표충사表忠寺・직지사直指寺 등 일부 연고사찰에서 진행하고 있는 추모사업과 호국불교를 강조하는 국가 사회적 시각과 다르지 않다. 사명당의 충의와 불교적 정체성이 지닌 다양한 전체상을 검토하는 연구보다는[1] 임진왜란 당시의 활동이나 사후 표충사 건립과 같은 추모사업, 그리고 조정과 유가적 입장에서 진행된 사명당의 충의 등이 규명되고 있을 뿐이다.[2] 이와 같은 연구가 사명당이 지닌 가치를 규명하기 위해 지속성을 지녀야 한다는 점에서는 충분히 공감한다. 그러나 연구경향은 여전히 나라와 국왕에게 임하는 도리를 지칭하는 호국護國과 유가적 충의忠義의 측면에서만 사명당을 이해하는 한계를 지니고 있는 것도 사실이다. 충의는 국가와 유가적 측면에서만 살필 수 있는 것이 아니어서 그에 대한 사명당의 입장 역시 불교나 혹은 수행자의 처지에서 검토하는 것도 중요한 과제라고 생각한다.

그동안 국가나 유가적 의미에서, 그리고 호국의 차원에서만 맹목적으

---

1 일찍이 김동화는 사명 유정이 조선불교 내에서 기여한 불교사상적, 호국의 불교적 가치를 광범위하게 규명하여 사명당 연구의 초석을 제공하였다.(김동화, 「사명대사의 사상」, 『불교학보』 8, 동국대학교 불교문화연구원, 1971.) 김동화의 연구 이후 사명 유정의 불교적 면모에 대한 검토는 다음과 같다. 이영자, 「유정의 선교관」, 『한국선사상연구』, 동국대학교 불교문화연구원, 1984; 정병조, 「사명당 유정의 사상과 불교사적 위치」, 『사명당 유정』-그 인간과 사상과 활동, 지식산업사, 2000; 정병조, 「사명대사유정의 정토사상」, 『불교연구』 17, 한국불교연구원, 2000; 오준호, 「사명유정연구」, 동국대박사학위논문, 2000; 한보광, 「사명당유정의 정토사상」, 『정토학연구』 16, 한국정토학회, 2011; 한상길, 「사명당유정의 사문상」, 『정토학연구』 28, 한국정토학회, 2017; 오경후, 「조선중후기 사명대사 인식과 평가」, 『보조사상』 53, 보조사상연구원, 2019; 오경후, 「조선중후기 선교학과 사명 유정의 교학관」, 『원불교사상과 종교문화』 81, 원광대학교 원불교사상연구원, 2019.
2 사명당기념사업회, 『사명당 유정』-그 인간과 사상과 활동, 지식산업사, 2000; 이철헌, 「표충사에 대한 유교계와 불교계의 인식」, 『불교학보』 64, 동국대불교문화연구원, 2013; 민덕기, 「사명당에 대한 역사적 전승-그의 渡日 관련 설화를 중심으로」, 『전북사학』 29, 전북사학회, 2006; 동국대불교학술원・중앙승가대 불교사학연구소, 『사명대사의 호국활동과 현대적 계승』 세미나자료집, 2017.

로 검토되어 왔던 사명당의 충의忠義를 불교적 측면에서 살필 필요가 있다. 충의가 지닌 본질과 출발은 국가 사회적 측면 이전에 유교와 불교사상에 기초한 수양이나 수행적인 측면에서 찾을 수 있고, 사명당이 인식했던 충의 역시 동시대 유학자들이 인식했던 그것과 다르지 않았다. 사명당이 찬술한 글이나 유학자들이 사명당을 평가한 글은 이것을 어렵지 않게 살필 수 있다. 유가儒家의 전유물로만 인식되었던 충의가 불교와 유교의 수행과 수양에서 핵심적인 요소였음을 규명하고자 한다. 이 글이 충의 이해에 대한 내연과 외연을 확대시키고, 사명당과 전란에 대한 그동안의 이해가 다양해지는 계기가 되기를 바란다.

『송운대사분충서난록松雲大師奮忠紓難錄』은 사명 유정이 임진왜란 중에 일본의 가등청정加藤淸正과의 수차례에 걸친 외교회담을 일기체 형식의 기록으로, 처음부터 서책의 형식을 취하지는 않았다. 1739년 밀양 표충사에서 간행된 이 책은 보고서와 상소문뿐만 아니라 일본 불교계의 장로들에게 보낸 서신과 조선의 신료와 유자, 그리고 『밀주지密州誌』와 같은 지방의 사적기事跡記, 『지봉유설芝峯類說』이나 『어우야담於于野談』 등에 실렸던 글들을 수록하고 있다.

"송운 대사의 임진왜란 관련 사적을 野史와 小記에서 뒤섞어 뽑아 놓은 것이 있으나 모두 疎略하여 완비되지 못해서, 대사의 忠義 大節을 세상에 드러내 밝힐 수가 없었으므로 내가 항상 병으로 여겼다. 그러던 차에 대사의 법손인 南鵬이, 대사가 손수 기록한 일기를 가지고 나에게 와서 보여 주었는데, 그 이름을 '滑稽圖'라고 하였다. 대개 이 기록은 兵火로 불탄 나머지 거의 없어지고 남은 가운데에서 얻은 까닭에 다시 정리해 볼 수도 없었고, 또 그 이름을 붙인 것이 걸맞지 않기에 내가 제목을 고쳐서 '奮忠紓難錄'이라고 하였다. …"[3]

  1738년(영조 14) 김재로(金在魯, 1682~1759)가 쓴『분충서난록』의 서문이
다. 사명당의 법손法孫 태허 남붕(太虛南鵬, ?~1777)이 전란 당시 대사의 기
록을 보존했다가 판각하기 위해 영의정을 지낸 김재로에게 보여주었고,
김재로는 사명당이 명명한 '골계도滑稽圖'라는 제목이 못마땅해 '분충서난
록奮忠紓難錄'으로 고쳐지었다고 한다. 비록 체계적이지 못하고 그 편린만
을 모아놓은 일기가 중심이었지만, 그 가치가 중요하다고 판단한 것이
다. 특히 김재로는 "임금과 어버이를 버리고 인간 세상을 도피하여 전례
典禮는 도외시하고 공적空寂만을 귀하게 여겨 유가儒家에서 심각하게 거부
하며 배척하는 불가佛家의 하찮은 일개 승려가 산림에서 몸을 빼어 불법
佛法을 부르짖으며 왜적을 토벌하였고, 또 은밀히 조정의 유지有旨를 받
들고 적진에 들어가서 허실을 탐색한 것이나 난리가 진정되자 임금의
명을 받들고 멀리 거친 바다를 건너간 뒤에 저장抵掌하고 입담立談하며
교만한 남쪽 오랑캐를 굴복시켜 변방을 안정시키고 국가를 편안하게 하
였으니, 그 충성과 그 공적이 어찌 너무나도 위대하지 않겠는가."하고
사명당의 공훈을 높이 평가하였다. 이것이 김재로가 골계도滑稽圖를『분
충서난록奮忠紓難錄』으로 명명한 이유이기도 하다.
  한편 사명당은 왜 전란중의 기록을 골계도라고 했을까. '골계滑稽'는
실답지 못한 해학적인 말재주나 부리는 것을 말한다. 사실과는 달리
말을 유창하게 잘하여 그르다는 것도 옳은 것 같고 옳다는 것도 그른

---

3 金仲禮,「奮忠紓難錄序」,『松雲大師奮忠紓難錄』(『韓佛全』8, 79b).

것같이 느껴질 정도로 혼란스럽다는 것이다. '골계滑稽'는 일찍이 사마천의 『사기史記』「열전列傳」[4] 편명으로 알려진 용어이다. 등장인물인 제齊의 순우곤淳于髡, 초楚의 우맹優孟, 진秦의 우전優旃은 익살이나 재치 있는 말, 웃음과 유머로 통하기 때문에 「골계열전」은 열전 중에서 형식상 유전類傳으로 분류된다. 유전類傳은 특정 부류의 사람들을 작가가 임의의 기준에 따라서 모아 서술한 것이기 때문에, 분류의 과정에서 이미 다른 열전에 비해 가치관이 강하게 개입된다. 일반적인 경우와는 다르게 유전의 경우에는 논찬이 권두와 권말에 모두 보이는 것도 다른 편에 비해 작가의 해석이 강하게 개입되었다는 또 다른 증거이다.[5] 요컨대 골계는 『사기』의 열전 편명이지만, 사실과 거리가 먼 해학에 불과하다는 것이다. 비록 사명당이 자신이 참여한 전란을 한낱 해학이라고 평가 절하한 것은 아니지만, 수행자였던 그가 최우선적으로 강조하고 싶었던 관심사는 되지 못했다.

사실 사명당의 전란 참여와 그 공훈을 두고 세간에서는 희비가 엇갈렸다.

> 나의 생이여 / 吾生也
>
> 아 이제 그만 두자꾸나 / 吁嗟已矣夫
>
> 나의 나이 예순 하고 둘 / 行年六十二
>
> 태반을 길거리에서 보냈다네. / 太半在長途
>
> 머리는 희어도 마음은 희지 않고 / 髮白非心白

---

4 司馬遷, 『史記』 권126, 「滑稽列傳」 66.
5 양중석, 「≪史記·滑稽列傳≫에 관한 諸評價」, 『중국문학』 50, 한국중국어문학회, 2007, 52쪽.

모습은 말랐어도 도는 마르지 않았다오 / 形枯道不枯

이 한 몸 하늘과 함께 멀리 왔나니 / 一身天共遠

장한 뜻 달과 같이 고독하여라 / 壯志月同孤

우주도 크기가 가을 터럭 같다 할까 / 宇宙秋毫大

난리통에 만사가 우습게 보이지만 / 干戈萬事迂

長風을 타고픈 거친 膽氣로 / 長風饒膽氣

말없이 菖蒲를 짚고 있노라 / 無語倚菖蒲"[6]

1604년 2월 사명당이 스승 서산대사가 입적하여 묘향산으로 분상하던 도중 조정의 연락을 받고 상경하여 일본 경도京都로 갔고, 이듬해인 1605년 피로인被擄人을 송환했던 해에 일본 적관赤關의 바다에서 하룻밤을 보내며 읊은 시이다. 출가 이후 대부분의 생애를 전장과 적진을 오가면서 보냈고, 나이 62세가 된 당시에도 역시 길거리에서 보냈다고 술회하고 있다. 비록 모습은 말랐어도 도심道心은 마르지 않았다고 위안하고 있지만, 자신의 본분을 다하지 못한 것을 한탄하고 있는 모습이다. 그 전해인 1604년 대마도 객관에서 어금니가 아파 신음하면서 읊은 시 역시 자신의 생애를 묘사하였다. 예컨대 "머리 깎고 승려가 되었어도 항상 길에 있었고, 존성存省하는 공부에도 채찍질을 가하지 못했음"을 한스러워 했다.[7] 사명당과 젊은 시절부터 교분이 있었던 이산해(李山海, 1539~1609) 역시 산으로 돌아가는 사명당의 수행자다운 풍모를 읊고 공명심功名心만을 위해 충의忠義를 내세운 것은 아니라고 지적하였다[8] 또한 죽도

---

6 惟政, 「赤關海夜泊」, 『四溟堂大師集』 7(『韓佛全』 8, 69b~c).

7 惟政, 「在馬島客館左車第二牙無故酸痛伏枕呻吟」, 『四溟堂大師集』 7(『韓佛全』 8, 68c).

竹島에 있을 적에 한 늙은 유자儒者가 산승山僧이 일에 쫓겨 쉬지도 못한 다고 기롱하기에 시를 지어서 답한 일도 있었다.

> "西州에서 태어난 임씨 집안의 후예로서 / 西州受命任家裔
> 가세가 점점 기울어 몸 둘 곳이 없었다오 / 庭戶堆零苟不容
> 나고 자란 은혜 저버리고 태평성대 도망쳐서 / 無賴生成逃聖世
> 바보 같은 생각으로 구름과 솔에 누웠지요 / 有懷愚拙臥雲松
> 산하를 가고 머무는 데 일곱 근 누더기요 / 山河去住七斤衲
> 우주가 편하든 위험하든 석 자의 지팡이뿐 / 宇宙安危三尺笻
> 이것이 우리 空門의 본분의 일이거늘 / 是我空門本分事
> 무슨 魔障이 있어서 동서로 달리는지 / 有何魔障走西東"[9]

사명당은 자신의 본분이 전란에 참여하여 왜적을 진압하고, 피로인 을 송환하는 등 적지 않은 공훈을 세웠지만, 이것은 공문空門의 본분이 아닌데 세간사 일로 동분서주하고 있음을 안타까워하였다. 한때 사명 당을 전장戰場의 장수로 오해한 허균 역시 그를 다시 만났을 때는 "스님 이 융회관통融會貫通하고 초오랑예超悟朗詣하여 조계曹溪와 황매黃梅의 가법 家法을 참으로 얻고 있었다. 나는 그때에야 비로소 스님이 진종眞宗의 묘체妙諦를 투철하게 깨우치고 염화拈花의 밀전密傳을 곧바로 이어받았으 며, 난세를 구제한 것도 그 하나의 계통에서 나온 것임을 비로소 알았 다."고[10] 하여 사명당이 공명심功名心에 눈 먼 장수가 아닌 수행자임을

---

8 李山海, 「산으로 돌아가는 山人 惟政에게 주다」, 『鵝溪遺稿』 제4권 雙門錄.
9 惟政, 「在竹島有一儒老 譏山僧不得停息 以拙謝之」, 『四溟堂大師集』 7(『韓佛全』 8, 68b.)

확인하였다.

> "우리들의 생이 減劫을 만난 탓으로, 襁褓를 벗어나지도 못한 채 일
> 찍 죽는 경우가 절반을 차지하는데, 우리들은 20여 세의 나이가 되도
> 록 살고 있으니, 이것이 첫 번째 행운이다. 우리들이 于學이 되기 전부
> 터 이런 蒼黃한 시대를 만났는데도, 끝내는 어버이가 남겨 주신 몸을
> 잃지 않았으니, 이것이 두 번째 행운이다. 塵墨劫 이래로 흩어져서 諸
> 趣를 돌아다니다가, 鍼芥가 서로 만나는 것처럼 이 正法을 만났으니,
> 이것이 세 번째 행운이다. 火宅의 하루살이요 泡幻의 신세라서, 한 달
> 중에 입을 벌리고 웃을 수 있는 것이 몇 번도 안 되는데, 우리들이 함
> 께 仙山에 거하면서 법회에 동참하여 담소하며 함께 노닐고 있으니,
> 이것이 네 번째 행운이다. 사람이 세상에 태어나서 눈멀고 귀먹고 벙
> 어리가 되는 등 어버이가 주신 몸을 제대로 보전하여 돌아가는 자가
> 거의 드문데, 우리들은 이목이 총명하고 남자의 전형을 갖추어 사람들
> 의 버림을 받지 않으니, 이것이 다섯 번째 행운이다."[11]

사명당이 20세에 동년배의 출가자와 맹세한 글이다. 그는 이 다섯 가
지의 행복을 모두 갖추었으니 천지와 성현들의 지극한 은혜에 보답하는
동시에 나라를 위해 기원하고 백성을 위해 기원해서 천하가 태평하기를
이루게 할 것을 맹세한 것이다. 과거에 급제하여 입신출세하여 왕을 섬
기고 태평성대를 구가하리라는 동시대 유자들의 맹세와는 질적으로 다

---

10 許筠, 「四溟集序」, 『惺所覆瓿藁』 第26卷 附錄 2 序.
11 惟政, 「甲會文」, 『四溟堂大師集』 卷6 雜文(『韓佛全』 8, 65b~c).

르다.

한편 동시대 유가와 불가를 막론하고 그가 전장戰場과 공명功名에 취해 수
행자의 본분을 망각했다고 비난하는 무리들도 있었다. 우선 『선조실록』의 사
관史官은 1593년 사명당이 평양성을 탈환하고 퇴각하는 왜군을 섬멸하여
선교종판사禪敎宗判事에 제수되었을 때 전공戰功이 "죽을 날이 멀지 않은
늙은 승려에게서 나왔으니 나라에서 양성하고 녹봉을 후하게 주는 무사
武士들이 수치스럽다."고[12] 했다. 1604년 7월 조선이 일본과의 강화를 위
해 사명당을 파견하기로 했을 때는 "불공대천不共戴天의 원수와 강화하는
것만도 이미 수치스러운데 또 일개 사문沙門의 힘을 빌려 이루려고 하다
니 육식자肉食者의 꾀가 비루하다."고[13] 하였다. 그런가 하면 유성룡
(1542~1607)은 1604년 "적진의 동태를 파악해 오라는 명이 내렸을 때 모
두 위험스럽다고 여겼으나 송운만은 어려워하는 빛도 없이 나섰다가 일
을 수행하고 돌아왔다."고[14] 칭송했으며, 이긍익(1736~1806)은 사명당이
가등청정에게 그대의 목이 조선의 보배라고 했다는데, 이것은 "왜병의
방비가 심해 사명당이 이런 말을 할 수 없었고, 잘못 전해진 말일 것"이
라는 세간의 소문을 전하기도 하였다.[15] 허균(1569~1618) 역시 한때 "강개
한 기개로 손뼉을 치면서 이해를 타진하는 것은 옛날 의협의 풍도가 있
고, 안장에 기대어 좌우를 돌아보면서 요기妖氣를 쓸어버리려는 의지는
또 늙어서도 장건한 모습을 한 노장老將과도 같기에라고 하면서 재주가
국난을 구제할 만한데 아깝게도 잘못 불문佛門에 투신했다."고[16] 하여 수

---

12 『선조실록』 37권 선조 26년 4월 12일조.
13 『선조실록』 172권, 선조 37년 3월 14일조.
14 柳成龍, 「松雲」, 『西厓先生別集』 제4권 雜著.
15 李肯翊, 「壬辰僧將중 休靜과 惟政」, 『燃藜室記述』 제17권 宣祖故事本末.

행자의 본분을 잊고 있는 것에 대해 오해를 하기도 하였다.

그러나 사명당은 이와 같은 세간의 평가에도 불구하고 중생구제를 위해 전장에 묶여 있었지만, 속절없이 귀밑머리만 희어져가는 것을 한탄하며 산중을 그리워했다. 때문에 그가 '골계도滑稽圖'라 한 것은 자신의 전란 참여를 한동안 세상을 희롱한 것으로 가볍게 묘사한 것은 아니었지만, 수행자의 본분은 아니었음을 의미하기도 한다. 요컨대 사명당의 충의는 그동안의 지배적 해석과는 달리 불교정신에 바탕을 두고 있었다.[17]

2. 유교적 의미에서 본 사명당의 忠義

사명당이 전란 당시 보여준 충의忠義는 동시대뿐만 아니라 그 이후에도 호의적이지 않다. 유가儒家에서는 기대하지도 않았던 이단異端이 보여준 의외의 행위였으며, 불가佛家에서는 본분을 망각한 처사로 냉소적이었다. 그러나 사명당의 충의의식을 객관적으로 검토하고 평가하려는 움직임도 있었다. 사명당의 5대 법손 태허 남붕은 1738년 상소하여 표충사表忠祠를 중창하고, 1739년에는 사명당이 찬술한 전란기록인 『분충서난록』을 간행하였다. 당시 사명당의 충의를 칭송했던 유자들의 기록 가운데는 충의를 유가적으로 해석한 글들을 찾아 볼 수 있다.

---

16 許筠, 「四溟集序」, 『惺所覆瓿藁』 제25권 附錄2 序.
17 오경후, 「조선중후기 사명대사 인식과 평가」, 『보조사상』 53집, 보조사상연구원, 2019. 172
    쪽.

"임진왜란 때에 의병을 일으켜 국난에 몸을 바친 重峯(趙憲)이나 霽峯(高敬命) 등과 같은 여러 先正들은 바로 평일에 聖賢의 글을 읽은 분들이니, 天理와 民彝(인륜)의 중함에 대해서 평소에 강구한 것이 있는 만큼 탁월하게 수립할 수 있었던 것도 당연하다고 할 것이다. 그러나 저 송운이 배운 것은 어떤 것이었던가. 우리 儒者가 君親을 저버리고 倫常을 등진다고 나무라는 것이 아니었던가. 그런데도 창졸간에 소매를 걷어붙이고서 擧義하였고, 危難의 즈음에 칼날을 무릅쓰고 節義를 온전히 하였다. 그가 임금에게 충성하고 인륜에 독실한 것이 이와 같았으니, 이는 바로 秉彝(양심)를 똑같이 받고 태어나서 꼭 그렇게 하려고 하지 않아도 그렇게 하게 된 것이다. 그러니 佛氏가 말하는 바 眞心과 眞性이라는 것도 번쩍번쩍 빛나는 곳에 있는 것이 아니고 바로 여기에 있음을 알 수 있는 것이다. 그리고 보면 송운과 같은 분은 참다운 여래라고 말해도 좋을 것이요, 또 우리 儒道 속의 인물이라고 말해도 좋을 것이다."[18]

인용문은 우의정 송인명이 쓴 『분충서난록』의 발문 가운데 일부분이다. 조선의 신료나 유자들이 불교를 비판한 이유와 사명당의 충의가 공맹孔孟의 학을 배운 그들로서는 이해할 수 없지만, 깊이 생각해보니 그들이 추구하는 도道와 멀지 않음을 지적하고 있다. 때문에 그는 사명당을 "우리 유도儒道 속의 인물이라고 말해도 좋을 것이다."라고 하였다. 요컨대 송인명의 지적은 유교의 충의가 불교의 충의가 다르지 않다는

---

18 宋寅明, 「奮忠紓難錄跋」(『韓佛全』 8, 107a~b).

것이다.

사명당이 7세에 조부로부터 『사략史略』을 배웠고, 13세에 유촌柳村 황
여헌(黃汝獻, 1486~?)에게서 『맹자』를 배운 것이나, 1561년(명종 16) 선과禪
科급제 후 당시의 학사學士와 대부大夫, 시인詩人으로 명망있던 박사암朴思
菴(朴淳)·이아계李鵝溪(李山海)·고제봉高霽峰(高敬命)·최가운崔駕運(崔慶昌)·
허미숙許美淑(許筬)·임자순林子順(林悌)·이익지李益之(李達)와 같은 사람들이
모두 대사와 즐겁게 지내면서 시문을 주고받아 사림詞林에 전파되었는
데, 사람들이 이를 미담으로 여겼다는 것은[19] 널리 알려진 사실이다.

> "언젠가는 荷谷(許筬)과 韓退之의 시문 중에서 가장 긴 글을 한 번
> 보고 외우기로 내기를 하였다. 그런데 대사가 착오 없이 암송을 하자,
> 하곡이 바로 손으로 쓴 寫本을 대사에게 내주기도 하였다. 奇高峯(奇
> 大升)이 말하기를, "이런 것을 믿고서 自足한다면 학문이 분명히 발전
> 하지 않을 것이다. 쓸데없는 일에 허비한다면 애석한 일이다."라고 하
> 니, 대사가 송구한 심정으로 가르침을 받들고서 부지런히 힘쓰며 조금
> 도 게을리 하지 않았다. 그리고는 穌齋(盧守愼) 상공에게서 四子를 배
> 우고, 또 李白과 杜甫의 시를 배웠는데, 이로부터 문장이 날로 더욱 발
> 전하였다."[20]

허균이 쓴 사명당의 비문은 사명당이 유학을 연찬하고 유가儒家의 학

---

19 許筠, 「有明朝鮮國慈通弘濟尊者四溟松雲大師石藏碑銘幷序」, 『四溟堂大師集』 卷7(『韓佛全』
　　8, 75c~76a).
20 許筠, 위의 글.

사學士와 대부大夫, 시인詩人과 교유한 사실이나 당대의 문신이자 학자였던 노수신(盧守愼, 1515~1590)에게서 『노자老子』·『장자莊子』·『열자列子』·『문자文子』의 사자四子와 이백과 두보의 시를 배운 사실을 남기고 있다. 그가 배우고 익힌 유학 지식이 단순한 교양수준이 아니어서 불전佛典을 익히고자 했던 자들 또한 구름처럼 모여들었다고 한다. 이와 같은 사실로 미루어보았을 때 사명당은 비록 승려이기는 했지만, 출가전후로 유학적 소양을 꾸준히 배양시키고 있었음을 알 수 있다.

사실 유학자들이 맹렬히 비난했던 불가의 충의忠義에 대한 변명은 조선 초기만 하더라도 득통 기화(得通己和, 1376~1433)가 『현정론顯正論』을 통해 적극적으로 변론했다. 기화는 "승려 또한 한 나라의 백성으로써 군국에 충성하고 있다."고[21] 하였다. 예컨대 불도佛徒는 아침저녁으로 행해지는 예불禮佛에서 축원祝願하므로서 군국君國에 충성하며, 석가釋迦가 부모에게 행한 효孝를 예시, 그리고 세간世間의 사중은四重恩에 대한 승가僧伽의 직무를 논증하여 불교의 사회적 기여를 피력했던 것이다. 이후 보우普雨·휴정休靜·백곡白谷 등 사명당을 전후 한 시기 조선의 대표적인 승려들은 한결 같은 입장을 취하고 있었다. 그러나 송인명(1689~1746)과 같이 당시 조선의 신료나 유학자들은 불교계의 주장을 승려들이 탄압을 피하기 위한 변명으로 이해하거나 교리 자체를 이해하는 수준은 아니었다.

"우리 당의 선비들이 승려(浮屠)들을 공격할 때 반드시 말하길 "저들은 머리를 깎고 먹물 옷을 입으며, 인성과 천리를 여의고 오륜과 삼

---

21 己 和, 「顯正論」(『韓佛全』 7, 219a).

강도 저버리니, 우리와 함께 할 수 없는 이교도이다. 마땅히 내쳐야 할 대상이지, 절대 함께 할 수는 없다."라고 한다. 무릇 오륜과 삼강에 있어서 임금과 스승만큼 중대한 것이 없고, 인성과 천리는 충성과 신의에서 벗어나지 않는다. 저들이 비록 머리를 깎고 먹물 옷을 입었을지라도 그 스승과 제자가 진실로 신심을 가지고 서로 주고받음이 있으며, 미루어 임금과 신하의 대의에까지 나아가 각각 그 충절을 다하였다면, 다른 사람들은 이와 같은 자를 이교도라고 탓하겠지만, 나는 우리 당의 사람으로 내세울 것이다."[22]

이조판서와 우의정을 지낸 조재호(趙載浩, 1702~1762)가 찬술한 「홍제당기弘濟堂記」의 일부분이다. "승려들이 인성人性과 천리天理를 여의고 오륜五倫과 삼강三綱을 저버린다."는 지적은 그만의 생각이 아니다. 불교에 대한 이해를 갖지 못했던 동시대 유자儒者들의 보편적인 생각이었던 것이다. 그렇게 무부무군無父無君으로 생각했던 승도僧徒들이 "스승과 제자가 진실로 신심을 가지고 서로 주고받음이 있으며, 임금과 신하의 대의에까지 나아가 그 충절을 다했다."고 하니 당황스러웠다. 즉 이교도異教徒요, 이단異端으로 생각했던 무리들이 전란에 참여하여 임금과 백성을 위해 싸우고 희생당하니 '우리 당[吾黨]의 사람'으로 내세우기까지 한 것이다. 조선전기의 대표적인 배불론자였던 정도전(1342~1398)조차도 "불가佛家는 출가出家, 기친棄親하는 것임에도 불구하고 사제간師弟間에 은의恩義가 독신獨慎하여 인인仁人, 의사義士보다도 나은 경우가 있는데 이는 이 마

---

22 趙載浩,「嶺南密州府靈鷲山表忠祠弘濟堂記」,『밀양표충사시첩』, 동국대출판부, 2017, 75쪽.

114 조선시대 불교의 호국과 호법

음속에 의리義理가 본래 구족하여 사라지지 않는 까닭"[23]이라고 했다. 임금과 부모, 스승과 제자간의 마땅히 지켜야 할 도리는 불가라고 해서 다르지 않다는 지적이다. 조재호는 오히려 "'유관儒冠을 쓰고서 성현을 받들어 높이며 서로 스승과 제자라고 부르는 자'들은, 평소 강론하고 토의할 때는 스스로 성리性理에 밝다고 하는데 성리는 더욱 어두워지고, 또 윤리를 바르게 한다고 하는데 윤리는 날로 어지러워져서, 결국엔 성취한 바가 도리어 이교도에게서 나왔다."고[24] 지적하기까지 하였다. 유자儒者들이 말로만 떠들고 실천함이 없이 한낱 거칠고 서툰 지식을 가지고 서로 속이려 했기 때문이라고 하였다.

> "세상사람 모두가 통곡했던 임진년에
>
> 동해에서 함성 치며 한 척 배 타고 가셨네.
>
> 부처님의 법력으로 바람으로 비 몰고
>
> 弘濟의 법력으로 神力으로 해를 하늘에 걸었네
>
> 인륜 벼리 의지해서 온 우주를 지탱하니
>
> 유와 불의 가르침이 다르다고 누가 말하나.
>
> 석장 짚고 훌쩍 날아 남쪽으로 돌아가니
>
> 지혜 달과 흐린 구름 꽤 오래된 인연이네"[25]

남붕에게 시를 써준 신사헌申思憲 역시 사명당의 전란 참여와 진압을

---

23 鄭道傳, 「贈祖明上人詩序」, 『三峯集』 卷3.
24 趙載浩, 앞의 책.
25 申思憲, 「次表忠祠韻 贈鵬上人」, 『밀양표충사시첩』, 동국대출판부, 172쪽.

칭송하고 궁극적으로 유교와 불교의 가르침이 다르지 않음을 강조하였다. 사실 충의忠義는 성실함과 정의로움으로 상징할 수 있다. 그 대표성을 지니고 있는 충忠은 자형字形으로 중中과 심心의 합자合字로서 인간의 마음 가운데를 가리킨다. 『설문해자說文解字』는 "충忠은 경敬이며, 마음을 다하는 것을 충忠이라 한다.[忠敬也, 盡心曰忠]" 문자적인 뜻의 충은 자신의 중中인 정신을 충실하게 해서 행동한다는 충실의 의미이다. 따라서 충은 "자기와 다른 사람에 대해서 성실誠實을 다하는 것"이다.[26]

충의 개념은 대체로 세 가지로 해석할 수 있다. 첫째, 충의 문자적 해석은 중中과 심心의 합자로서 그 의미는 중심이다. '가운데 마음'이란 마음이 어디에도 치우치거나 옮겨가지 않고 온전한 채로 있음을 말한다. 중中의 마음이란 의식의 주인공인 정신이 생각이나 감정, 무의식, 잠재의식에 의해 지배되지 않고 온전히 '현존하는 상태'라고 표현할 수 있는데 이를 '중심'이라 한다. 둘째, 충忠은 경敬이라고 말할 수 있고 '마음을 다하는 것'을 충忠이라 한다. 그 '마음을 다하는 것'이란 '자신의 정신인 중中'을 충실히 하는 것이므로 '마음을 다하는 것'으로 해석된다. 따라서 '마음을 다한다는 것'은 '자기를 다하는 것'으로서 진심盡心, 진기盡己로 표현할 수 있다. 셋째, 충忠은 자기와 다른 사람에 대해 성誠을 다하는 것이다. 자신의 '중'인 정신에 충실하여 마음을 다할 때 즉 자기를 다할 때, 자기와 다른 사람에게 가장 진실하고 성실誠實할 수 있으므로 충忠은 '자기와 다른 사람에 대해 성誠을 다하는 것'이라 할 수 있다. 요컨대 충忠의 개념은 중심中心, 진기盡己, 성誠으로 해석할 수 있고, '경敬'이라고도 하

---

26 유교사전편찬위원회, 『유교대사전』, 박영사, 1990, 1593쪽.

116 조선시대 불교의 호국과 호법

였다.[27]

결국 충은 본래 유학의 정체성의 근거인 중中사상에서 출발하였다. 중中이란 인간의 마음의 체體인 정신 또는 마음의 본래성으로서, 마음이 어디에도 머물거나 치우치지 않는 깨끗한 마음의 상태를 의미한다. 『중용中庸』에서는 이를 '미발지위중야未發之爲中也'라 하여 중中하나 만으로도 중심中心의 의미가 있다. 중심中心은 중中과 심心의 합자로서 마음이 감정이나 생각에 머물지 않고 어디에도 치우침이 없는 진실무망眞實無妄한 상태로서 이것이 충이다. 마음이 중심中心일 때 100% 진기盡己할 수 있고, 성誠할 수 있으므로 중심中心으로서의 충은 진기盡己, 성誠과 같은 맥락으로 해석되어진다. 이와 같은 공맹시대孔孟時代의 본래적 의미의 충忠은 후세에 내려오는 동안 그 개념이 축소되거나 바뀌어 특정대상(君主)에게 충성忠誠을 다하는 것으로 개념이 변질되기도 했지만, 그 의미의 출발점이나 본질은 수양과 수행에 기반하고 있다. 결국 충은 사회, 정치적인 관계에 있어서 군주에 대한 신하의 일방적 덕목이기 이전에 개인적인 윤리실천의 주체로서 인仁을 실천하는 덕목으로 해석되어졌다. 공자는 인仁의 근본 조건을 충忠이라고 보았다. 이와 같은 유교적 의미의 충은 불교의 근본사상과 일맥상통한 면이 적지 않다.

"그가 맨손으로 勤王하여 萬死에 나아가되 7척의 자기 몸을 아랑곳하지 않고, 刀山劍樹를 평지처럼 여긴 것을 본다면, 이것이 바로 禪定이 아니겠는가. 그가 至誠으로 임금에게 보답하고 하늘에 복수하기를

---

27 이은현, 『중심으로 해석한 충의 의의』, 대구교육대학교 교육대학원 초등교육학과 석사학위논문, 2010, 6~7쪽.

맹서하며, 宗社를 걱정하고 生靈을 구휼하여 중흥의 계책을 힘껏 협찬한 것을 본다면, 이것이 바로 眞慧가 아니겠는가. 그가 한 척의 돛단배로 滄海를 건너가서 蠻王의 죄를 차례로 힐난하며, 포로로 잡혀간 수천 명의 백성을 고래와 악어의 입에서 구출한 것을 본다면, 이것이 바로 大慈悲가 아니겠는가. 이것이야말로 無上菩提般若의 宗法인 것이니, 雷霆도 범할 수 있고 金石도 뚫을 수 있으며, 무쇠 이마(鐵額)의 蚩尤도 감히 강함을 다투지 못하는 것이 바로 이 물건인 것이다."[28]

사명당을 찬탄했던 유자들의 글과 시 역시 사명당의 충의가 중심中心, 진기盡己, 성誠, 그리고 '경敬'을 담고 있었다고 해석하였다. 신유한은 사명당이 실천한 충의忠義의 구체적인 면모를 불교의 선정禪定·지혜智慧·자비慈悲로 비교하여 설명하였다. 그는 궁극적으로 "생각(一念)의 인과因果로 인해 부처도 되고 중생도 되는 것이니, 그렇다면 그 법이 오륜과 무엇이 다르며, 그 마음이 백성과 무엇이 다르겠는가."라고 하여 충의가 지닌 본질이 유교와 불교가 다르지 않다고 하였다. 그러므로 송인명도 사명당의 절의節義를 보고 "불씨佛氏가 말하는 바 진심眞心과 진성眞性이라는 것도 번쩍번쩍 빛나는 곳에 있는 것이 아니고 바로 여기에 있음을 알 수 있다."고 말한 것이다. 유자들이 강조한 충과 불교의 진심眞心과 진성眞性이 일맥상통함을 말한 것이다.

요컨대 사명당의 충의는 유가의 그것과 다르지 않았고, 유가 역시 사명당이 보여 준 충의의 풍모를 객관적으로 평가한 것이다. 불교이해의

---

28 申維翰, 「新刻松雲大師奮忠紓難錄跋」, 『松雲大師奮忠紓難錄』(『韓佛全』 8, 108a~b.)

수준이나 당시 불교계에 대한 호好와 부호不好의 여부에 따라 사명당의 충의 역시 시간의 평가가 달라졌던 것이다.

3. 忠義의 불교적 의미

허균은 사명당의 전란 당시 활동과 의미를 다음과 같이 정리하였다.

"아는 사람들은 스님의 淸贍함을 상찬하여 이르기를 "오호라! 스님의 生涯는 侶擾한 시대에 태어나 戎馬가 핍박하여 국가가 强賊과 대적해 싸우는 亂時를 당하였으므로 法室을 宣揚하여 미혹한 중생의 번뇌를 털어 없애주고, 씻어주는 일을 제대로 할 겨를이 없었다."고 하였다. 스님을 깊이 알지 못하는 사람들 중에는 사명스님이 중생으로 하여금 迷津인 此岸에서 彼岸으로 건네주는 일을 등한히 하였고, 區區하게 나라를 위하는 일에만 급급하였다고 비판하지만, 그들이 어찌 나라를 침범한 惡魔를 죽이고, 國難을 구제하는 것이 곧 불교의 한량없는 功德을 짓는 일인 줄 알 수 있겠는가! 유마거사의 無言이 바로 不二法門에 들어가는 것이어늘, 어찌 요란스럽게 말로 訓導할 필요가 있으랴!"[29]

사명당의 전란 참여를 두고 떠돌았던 세간의 여론이다. 난세를 당하여

---

29 許筠, 「四溟松雲大師石藏碑」, 『四溟堂大師集』卷7(『韓佛全』 8, 75c~76a).

나라를 위하는 일에만 급급했을 뿐 수행과 중생을 구제해주는 수행자로서의 본분은 소홀했다는 것이다. 그러나 허균은 사명당이 나라를 침범한 악마를 죽이고 국난을 구제한 것이 불교의 공덕임을 강조하였다. 국난을 극복하는 것이 곧 중생을 구제하는 수행자의 본분이라는 것이다.

한편 허균이 유마거사維摩居士의 불이법문不二法門을 언급한 것은 표면적인 의미뿐만 아니라 사명의 충의가 지닌 불교적 의미를 이해하는데 실마리를 제공하고 있어 주목할 만하다. 이른바 '유마維摩의 무언無言'이다.

> "夫子가 말하지 않으려 한 곳이요 / 夫子不言處
>
> 淨名이 아무 말도 하지 않은 때라 / 淨名無語時
>
> 우레 치며 천지를 진동시키면 / 雷聲動天地
>
> 돌멩이가 훈지를 연주하리라 / 頑石吹塡篪"[30]

시는 사명당이 불법佛法의 현지玄旨를 참구參究하는 사람에게 준 시의 일부분이다. 공자가 말하지 않고자 한 경계와 유마의 침묵을 동일한 선상으로 이해하였다. 『논어論語』「양화陽貨」편은 공자가 "나는 말을 하지 않으려 한다.[予欲無言]"라고 하자, 자공子貢이 "말씀을 하지 않으시면 저희가 어떻게 도를 전하겠습니까?"라고 하니, 공자가 "하늘이 무슨 말을 하던가. 그럼에도 불구하고 사시四時는 운행하고 만물은 자라난다.[天何言哉 四時行焉 百物生焉]"라고 대답하였다. 이를 두고 주자朱子는 "배우는 이들이 대부분 말로만 성인을 관찰하려 하고, 천리의 유행하는 실상이 말을 기

---

30 惟政, 「贈參玄上人」, 『四溟堂大師集』卷7(『韓佛全』8, 73a).

다리지 않고도 드러나는 것임을 살피지 못한다. 이 때문에 한갓 그 말만
을 알고 그 말의 연유를 알지 못한다. 그러므로 공자께서 이렇게 말씀하
여 깨우쳐주신 것이다."라고 해석하였다.[31]

> "우리들이 각기 자신이 본 것을 말하였습니다. 이번에는 仁者가 말
> 씀하실 차례입니다. 어떤 것들을 보살이 不二法門에 들어감이라고 하
> 겠습니까. 이에 유마는 묵묵히 말이 없었다. 문수보살은 찬탄하였다.
> 훌륭하고 훌륭하십니다. 문자와 언어까지 있지 아니함, 이것이 참으로
> 不二法門에 들어가는 것이기 때문입니다."[32]

사명당이 시에서 언급한 정명淨名은 인도 비야리국毘耶離國의 장자長者
로서 부처의 속제자俗弟子였다는 유마거사維摩居士를 가리킨다. 그가 중생
의 병이 다 낫기 전에는 자신의 병도 나을 수 없다면서 드러눕자, 석가
모니가 문수보살文殊菩薩 등을 보내 문병케 하였는데, 여러 문답이 오가
던 끝에 문수가 불이법문不二法門에 대해서 물었을 때 유마가 말없이 아
무런 대답도 하지 않자, 문수가 탄식하며 "이것이 바로 불이법문으로 들
어간 것이다.[是眞入不二法門也]"라고 했다. 요컨대 모든 말길이 끊어진 자리
에서 일어나는 진정한 경계는 사유와 언어를 통해서는 도달할 수 없고,
외부적인 어떤 감각으로도 이를 수 없는 궁극적인 경지를 유마의 침묵
이고, 공자가 말하지 않고자 한 경지라는 것이다. 천지우주天地宇宙가 모
두가 다 하나의 진리眞理라는 뜻이다. 불교를 기반으로 유교의 궁극적인

---

31 『論語』「陽貨」.
32 『維摩經』, 「入不二法門品」(『大正藏』卷14, 551c)

경지를 아우르는 것이기도 하다. 이것은 앞장에서 이미 언급한 바와 같이 마음이 감정이나 생각에 머물지 않고 어디에도 치우침이 없는 진실무망眞實無妄한 상태로서의 충忠의 경지이며, 진기盡己・성誠・경敬을 포괄하는 경지이다.

> "저희가 삼가 생각건대, 眞도 眞이 아니고 像도 像이 아니니, 佛의 體는 본디 言思를 초월하고, 色을 色으로 알고 空을 空으로 아니, 범부의 情은 形相에 의지해야 한다고 여겨집니다. 만약 眞을 인하여 像을 설하지 않는다면 어떻게 그 像에 나아가 眞을 알 수 있겠습니까. 그런 까닭에 三世의 여래와 시방의 보살들이 身이 없지만 身을 나투어 일체 色相을 드러내 보여 주는 것이요, 像이 아니지만 像을 만들어 十種의 形儀를 지어서 보여 주는 것입니다."[33]

인용문은 화엄해회華嚴海會의 여러 불보살을 도상圖像으로 조성하고 경찬慶讚하는 글이다. 사명당은 이 글에서 본래 "眞도 眞이 아니고 像도 像이 아니니, 佛의 體는 본디 言思를 초월하고, 色을 色으로 알고 空을 空으로 알고 있지만" 범부의 정情은 형상에 의지해야 한고 전제하였다. 때문에 "만약 眞을 인하여 像을 설하지 않는다면 어떻게 그 像에 나아가 眞을 알 수 있겠습니까."라고 하였다. 범부는 진도 진이 아니고 상도 상이 아닌 것을 알 수 없다는 것이다. 때문에 "삼세三世의 여래와 시방의 보살들이 신身이 없지만, 신身을 나투어 일체 색상色相을 드러내 보여 주

---

33 惟政, 「畫諸佛菩薩慶讚疏」, 『四溟堂大師集』 卷6(『韓佛全』 8, 63c~64a).

는 것이요, 상像이 아니지만 상像을 만들어 십종十種의 형의形儀를 지어서 보여 주는 것"이라고 하였다. 요컨대 진과 상을 규정할 수 없지만, 현상계와 본체, 또는 현상과 현상이 서로 대립하는 모습을 그대로 지니면서도 서로 융합하여 끝없이 전개되는 약동적인 큰 생명체라고 설명하고 있는 것이다. 특히 범부들의 신앙심을 위해서는 형상이 필수적이기 때문이다. 다음 인용문은 충의가 지닌 본질뿐만 아니라 불교적 의미를 더욱 구체적으로 이해하는데 도움을 줄 것이다.

"위대하도다. 頓敎인 화엄의 세계여. 그 體는 본래 생성하는 것이 아니어서 시작도 없고 끝도 없으며, 그 用은 실로 소멸하는 것이 아니어서 이루어지는 것도 아니고 무너지는 것도 아니다. 그래서 衆敎의 근본이 되고 萬法의 으뜸이 되는 것이다. 하늘도 이 때문에 청명하고, 땅도 이 때문에 편안하며, 산천도 이 때문에 치솟고 흐르며, 금수도 이 때문에 날고 달리며, 나아가 초목이나 곤충까지도 이 때문에 움직이고 쉬게 되나니, 이것이 이른바 "만물의 體가 되어 빠뜨리는 것이 없고, 일체의 性이 되어 어긋나지 않는다."라고 하는 것이다. 우리 부처님이 설한 것도 대개 이것을 설한 것이요, 五十三善知識이 사람들에게 보여 준 것도 대개 이것을 보여 준 것이다. 나아가 임금은 인자하고 신하는 충직하며, 아버지는 자애하고 자식은 효도하며, 형은 우애하고 아우는 공순하며, 지아비는 온화하고 지어미는 순종하는 것도 모두 이것을 얻어서 그렇게 되는 것이다. 이를 통해서 확대하여 채워 나가면, 만물 모두가 毘盧遮那의 眞體가 될 것이요, 이를 유추해서 시행해 나가면 걸음마다 普賢菩薩의 妙行이 될 것이니, 이것을 듣는 자는 부처를 이루고, 隨喜하는 자는 범부를 벗어날 것이다. 그러나 그 재질이 天縱을 뛰어넘고 지혜가 生知를 넘어선 사람이 아니라면, 그 누가 바른 信心을 내고 큰 서원을 발하여 이 뜻을 크게 드날릴 수가 있겠는가."[34]

사명당이 『화엄경』을 인출印出하고 붙인 발문跋文의 내용이다. 돈교頓敎는 점진하여 오랜 시간의 수행을 거치지 않고 곧바로 깨달음의 경지에 도달하는 교법을 말한다. 즉 『화엄경』의 궁극적인 지향점은 현상계의 일체 모든 법이 그대로가 모두 진리眞理라고 보는 법계설法界說에 있다. 법계 즉 진리는 정적인 것이 아닌 무한하게 움직이는 것이니 이것을 법계연기法界緣起라고 한다.[35] 사명당은 화엄이 중교衆敎의 근본이 되고 만법의 으뜸이 되는 이유는 바로 체體와 용用이 본래 생성하고 소멸하지 않고, 시작도 끝도 없는 것이어서 이루어지는 것도 아니고 무너지는 것도 아니기 때문이라고 하였다. 결국 화엄세계는 "만물의 체體가 되어 빠뜨리는 것이 없고, 일체의 성性이 되어 어긋나지 않는다."라고 하였다는 것이다. 때문에 부처님이 설한 것도 이것이요, 선지식이 사람들에게 보여준 것도 이것이라는 것이다.

한편 "나아가 임금은 인자하고 신하는 충직하며, 아버지는 자애하고 자식은 효도하며, 형은 우애하고 아우는 공순하며, 지아비는 온화하고 지어미는 순종하는 것도 모두 이것을 얻어서 그렇게 되는 것이다."라고 하였다. 흔히들 유가적 경세經世의 기초인 엄격한 강상綱常의 도리 역시

---

34 惟政,「華嚴經跋」,『四溟堂大師集』卷6(『韓佛全』8, 62a~62b)
35 오경후,「조선중후기 선교학과 사명 유정의 교학관」,『원불교사상과 종교문화』81, 원광대학교 원불교사상연구원, 2019, 272쪽에서 재인용.

법계연기의 차원에서 설명하였다. 즉 강제強制하지 않는 자연스러운 도리로 해석하였다. 『충경忠經』은 그 의미를 더욱 구체화시키고 있다.

"옛날 지극한 이치가 실현되었을 적에는 위아래가 한 덕이 됨으로써 하늘의 훌륭하신 뜻을 밝히었는데, 이것이 忠의 도인 것이다. 하늘이 위를 덮고 있고, 땅이 만물을 싣고 있는 가운데 사람들이 살아가는 데에 있어서 충보다 위대한 것은 없는 것이다. 忠이란 것은 中의 뜻이니, 지극히 공평하고 사사로움이 없는 것이다. 하늘은 사사로움 없이 사철을 돌아가게 하고 있고, 땅은 사사로움 없이 만물을 생존케 하고 있으니 사람도 사사로움이 없으면 크게 형통하고 바르게 되는 것이다."[36]

『충경』은 충忠이 '지극히 공평하고 사사로움이 없는 중中'의 의미임을 밝히고 있다. 마음에 지극히 사사로움이 없고 공평하며 중中을 유지하는 것이라 하였다. 그러므로 '충忠이란 것은 그 마음을 하나로 하는 것'이라고도 볼 수 있다. 후한後漢 때 허신許愼의 『설문해자說文解字』에서는 "충忠이란 경敬을 뜻한다. 마음을 다하는 것을 충忠이라 한다. 심心에서 뜻을 취하였고 중中에서 음을 취하였다."고[37] 설명하고 있다.

『충경忠經』에서는 먼저 충忠이란 중中의 뜻이라 해설하고 있는데, 중中이란 가장 알맞고 가장 올바른 중정中正의 뜻을 지니고 있다. 중정中正하

---

36 김학주 역, 『忠經』, 「天地神明章」, 명문당, 2006, 41쪽 참조.
37 이은현, 『중심으로 해석한 충의 의의』, 대구교육대학교 교육대학원 초등교육학과 석사학위논문, 2010, 9쪽에서 재인용.

다는 것은 공평무사公平無私를 말하는데 그것은 하늘의 뜻과 자연의 기본 섭리에서 법도를 취한 것이라는 것이다. 그 때문에 사람이 충忠이란 덕목을 실현할 때 그에겐 사사로움이 없으므로 마음과 행동이 하늘의 뜻에 합치되어 모든 일이 잘 형통되고 올바르게 된다는 것이다.[38] 즉 충忠이란 마음에 사사로움이 하나도 없는 마음의 中을 유지하는 것이다. 마음에 사사로움이 없는 중中의 상태는 정성스러이 하나 되게 하는 것과 같다. 따라서 중中은 중심中心이라고 할 수 있고, 충忠은 중中의 의미이므로 중심中心이다.[39]

요컨대 사명당이 강조한 충의忠義는 현상계의 일체 모든 법이 그대로가 모두 진리眞理라고 보는 법계연기法界緣起를 기초로 하고 있으며, 유가에서 강조하는 충忠의 본질과 배치되지 않는다. 지극히 공평무사하여 하늘과 땅의 이치에서 벗어나지 않아 임금은 인자하고, 신하는 충직하다는 것이다. 때문에 그가 전란당시 보여준 충의忠義 역시 조선의 '생민生民'을 구하고자 했던 자비심 역시 불가적佛家的 의미의 충의忠義였던 것이다.

임진왜란 당시 사명 유정의 활동과 공적은 동시대와 사후死後 수많은 사람들뿐만 아니라 국가적 관심사이기도 하였다. 이단異端으로 여겼던 불도佛徒였고, 무부무군無父無君의 무위도식자가 전장과 적진을 종횡무진하며 그 진압에 힘쓴 것을 두고 혹자는 유자로서의 수치심을, 혹자는 그 영웅적인 처사를 흠모하였다. 칭찬보다는 시기질투의 전형적인 세간의 인심이 기다리고 있었다. 그런데 정작 본인은 회의적이었다. 법당이 아닌 길거리에서 서 있는 자신을 보았고, 존성存省하는 공부에 전념하지 못

---

38 김학주, 앞의 책, 44쪽.
39 이은현, 앞의 논문, 9쪽.

126 조선시대 불교의 호국과 호법

했음을 한탄했다. 유자儒者가 산승山僧이 세간의 일로 분주함을 지적했을 때는 동서로 달리고만 있는 자기를 보면서 매우 부끄러워했다. 그러나 사명당의 행적을 칭송했던 사대부들도 있었다. 아마도 이제까지 자신들에게 비난받고 살았던 천한 무리가 누란의 위기를 당해 전란을 진압하고 생민을 구하고자 진력하였기 때문이었다. 그들의 전유물로만 여겼던 충의忠義의 표상이 되었기 때문이었다. 이것이 '골계도滑稽圖'가 『송운대사분충서난록松雲大師奮忠紓難錄』으로 바뀐 이유이기도 하다.

사명당에게 우호적이었던 사대부는 창졸간에 승병을 일으켜 임금에게 충성하고 인륜에 독실했다하여 사명당을 참다운 여래如來이며, 유도儒道 속의 인물이라고 하였다. 또한 인성人性과 천리天理를 여의고 오륜五倫과 삼강三綱을 저버린 이교도異敎徒이지만, 그 충절을 다하여 '우리 당의 사람'으로 내세우기도 했다. 충의는 유교와 불교를 길라놓거나 차별화할 수 없다는 논리다. 때문에 사명당이 전란 당시 보여준 공적을 두고 선정·자비·지혜와 비교하기도 하였다.

한편 사명당은 일찍이 창황한 시대에 몸을 온전히 한 것이며, 불법佛法을 만난 것을 다행스럽게 생각하여 천지와 성현들의 지극한 은혜에 보답하고 나라와 백성을 위해 기원해서 천하가 태평하기를 맹세했다. 수행자의 본분을 잃지 않고 살고자 했던 것이다. 맹세는 선조宣祖의 칭송과 당상관堂上官 제수, 세간의 칭송도 변하게 할 수 없었다. 때문에 충의 역시 불법佛法에 기초하여 해석했다. 예컨대 공자가 '말하지 않는 것'이나 유마의 '불이법문不二法門'은 어디에도 치우침이 없는 진실무망眞實無妄한 진리의 경지이며, 임금은 인자하고 신하는 충직한 것도 이 경지를 얻어서 이렇게 된다는 것이다. 즉 충의는 공자와 유마가 침묵한 경지에서 비롯된 것이며, 이것은 강상綱常을 강제하지 않는 자연스러운 도리로 구현된다는 것이다. 이른바 "三世의 여래와 十方의 보살들이 身이 없지만, 身을 나투어 일체 色相을 드러내 보여 주는 것이요, 像이 아니지만 像을 만들어 十種의 形儀를 지어서 보여 주는 것"으로 해석한 것이다.

학계는 이제까지 사명당을 스승 청허당과 함께 호국의 화신化身으로만 이해했을 뿐이다. 그조차도 유가의 전유물로만 평가하였다. 사명당은 후학들이 생각하고 평가한 만큼 자신의 전란 당시 공적과 세간의 칭송에 대해서는 만족하지 않았을 것 같다. 수행자로서의 자비심의 기치아래 일어서기는 했지만, 본분을 지키지 못한 채 길거리에서 방황하고 동분서주하는 동안 귀밑머리만 희어지는 것을 한스러워했다. 이것은 충의를 불교의 근본 대의를 기초로 해석하고 있다는 점에서 어렵지 않게 살필 수 있다.

5

사명 유정의 교학관

---

1. 조선중기 불교계의 동향과 禪教學

사명 유정(1544~1610)은 조선을 대표하는 고승高僧들 가운데 한 사람이다. 동시대 유자儒者들조차 칭송이 자자하여 유교와 불교를 초월하고 있었다. 특히 불교가 겪고 있었던 시대상황을 생각한다면 주목할 만한 인물임에는 틀림없다.

조선 건국과 함께 본격화된 불교탄압과 소외는 불교의 명맥을 유지하는 것조차 어렵게 만들었다. 조선불교는 성리학의 가치체계가 확립되었던 성종成宗 대 이후 연산군燕山君과 중종中宗 대를 거치면서 더욱 위축되었고, 조선중기와 후기는 두 차례의 전란과 자연재해의 결과 인구가 감소하고 사회경제가 피폐해져갔다. 이에 따라 사원에 대한 수탈 역시 빈번해져 갔고, 승려는 부족한 노동력을 보충하는 무리로 전락하여 환속할 정도로 암울한 상황이 지속되었다.

사명 유정은 난세를 살다갔다. 불교탄압이 지속되고 있었지만, 명종明宗 대 불교가 짧은 중흥의 기회를 맞이했을 때는 선과禪科에 급제하고, 선종의 주지로 추대되기도 했지만, 임진왜란 당시에는 참전과 일본과의 강화講和, 포로석방으로 일생의 대부분을 전장戰場에서 보냈다. 그는 출가하여 수행과 유유자적한 도인의 삶을 절실하게 원했지만, 시대는 그의 소박한 꿈을 허락하지 않았다. 문집을 비롯한 기록에 보이는 그의 염원은 불법佛法을 수호하는 것이 우선이었고, 도탄에 빠진 백성을 구제하는 것이었다. 때문에 그의 수행과 불교사상은 그가 살았던 시대와 무관한 것이 아니어서 나라와 백성이 그에게는 수행만큼이나 중요한 화두였다.

사명당의 선교학禪敎學에 대한 이해 역시 불교가 직면한 시대를 벗어나지 않았다. 밖으로는 불교탄압이 지속되었고, 전쟁이 일어났지만, 안으로는 불교중흥의 기운이 있었고, 전란이후 청허와 그 문도들은 피폐해진 불교를 체계화시키기 위해 진력했다. 법맥法脈과 선교학禪敎學에 대한 정의를 확립하기 시작했다. 결국 사명당의 선교학에 대한 이해는 불교탄압과 조선의 위기 극복을 위한 노력과 불가분의 관계를 지니고 있다.

사명 유정의 교학관 연구는 전란 당시 사명당의 활약상에 대한 연구보다는 소략하다. 일찍이 김동화는 보우普雨와 사명당의 스승 신묵信黙의 관계라든가 법명만 알려졌던 신묵의 실체를 밝혔고, 사명당의 문집에 나타난 법화法華와 화엄관華嚴觀을 분석하여[1] 후학들의 연구에 큰 영향을 미쳤다. 더욱이 그는 사명당의 선교관이 선주교종禪主敎從의 입장과는 거리가 멀다하여 동시대 일반적인 선교관과는 차별화를 지니고 있다고 하였다.

이글은 김동화를 비롯한 선학先學들의 연구 성과를[2] 기초로 조선 중후기 불교계의 선교경향을 살피고, 사명 유정의 교학관이 지닌 현실적 배경과 그 본질을 시대와 불교계의 상황 속에서 살피고자 한다.

2. 조선중기 불교계의 동향과 禪敎學

조선 건국 이후 유교이념의 표방은 불교의 탄압으로 이어졌다. 종파가 11종에서 7종으로 축소되었고, 다시 선교양종으로 정리되었다. 더욱이 건국 초의 부족한 경제와 국역자원 보충을 위한 조정朝廷과 유가儒家의 사찰과 승려에 대한 수탈과 착취는 불교계의 내외적 발전을 저해하는 결과를 초래하였다. 그러나 명종대 보우의 불교중흥을 위한 노력으로 불교계는 회생의 기회를 마련하였다.

오늘날 禪을 하는 사람들이 말하기를, "이것은 우리 스승의 법이다."
라고 하고, 오늘날 敎를하는 사람들이말하기를, "이것은 우리 스승의

---

1 김동화, 「사명대사의 사상」, 『불교학보』 8, 동국대학교 불교문화연구원, 1971.
2 김동화의 연구 이후 사명 유정의 교학관과 관련된 성과는 다음과 같다.
오준호, 『사명유정연구』, 동국대박사학위논문, 2000; 한보광, 「사명당유정의 정토사상」, 『정토학연구』 16, 한국정토학회, 2011; 한상길, 「사명당유정의 사문상」, 『정토학연구』 28, 한국정토학회, 2017; 정병조, 「사명대사유정의 정토사상」, 『불교연구』 17, 한국불교연구원, 2000; 이철헌, 「四溟堂 惟政의 禪思想」, 『한국선학』 1, 한국선학회, 2000; 이영자, 「유정의 선교관」, 『한국선사상연구』, 동국대학교 불교문화연구원, 1984; 정병조, 「사명당 유정의 사상과 불교사적 위치」, 『사명당 유정』 - 그 인간과 사상과 활동, 지식산업사, 2000.

법이다."라고 하니, 한 법을 놓고 서로 옳고 그르다고 하며 한 마리의 말을 가리키며 서로 다투는 격이다. …오늘날 禪旨를 잘못 이어받은 사람들이 頓漸의 문을 正脈으로 삼기도 하며, 圓頓의 교를 宗乘으로 삼기도 하고, 外道의 글을 이끌고 와서 은밀한 뜻을 설하기도 하며, 業識을 희롱하는 것을 본분으로 삼기도 하고, 빛의 그림자를 잘못 인식하여 자기로 삼기도 하며, 심지어 제멋대로 눈멀고 귀먼 棒과 喝을 행하고도 부끄러워하거나 수치스러워하지 않는데, 이는 진실로 어떻게 된 마음인가? … 이제 말세에 이르러 열등한 근기는 많으나 교외별전의 근기는 아니므로 다만 圓頓門의 이치의 길(理路), 뜻의 길(義路), 마음의 길(心路), 말길(語路)로 보고 듣고 믿고 아는 것을 귀하게 여길 뿐 이치의 길이 끊어지고, 뜻의 길이 끊어지고, 마음의 길이 끊어지고, 말길이 끊어져 재미도 없고, 모색할 것도 없는 경지에서 漆桶을 깨뜨리는 徑截門을 귀하게 여기지 않으니, 그렇다면 어떻게 하는 것이 좋겠는가? 이제 선사가 팔방의 衲子의 무리를 제접할 때 요긴한 곳에 칼을 내리쳐 구멍을 뚫지 못하면, 바로 본분인 徑截門의 活句로써 저들로 하여금 스스로 깨닫고 스스로 얻게 하여야 할 것이니, 이것이 바로 종사로서 사람을 위해 해야 할 됨됨이인 것이다.[3]

인용문은 청허 휴정의 핵심적인 선사상이 정리되어 있는 『선교결禪敎訣』 앞부분으로, 제자 사명 유정四溟惟政에게 보인 글이다. 당시 불교계가 선교학을 둘러싸고 의견이 분분함을 극명하게 보여주는 대목이기도

---

3 清虛 休靜, 『禪敎訣』(『韓佛全』 7, 657b~658a).

하다. 청허는 당시 수행자들이 오류를 범하고 있는 것들을 지적하고 있다. 첫째, 불이不二의 한 법을 놓고 옳고 그름을 논쟁하고 있다는 것이다. 세상 사람들이 굳이 이름을 붙여 '마음'이라고 한 이유를 알지 못하고 배워서 안다고 하고 생각하여 얻는다고 주장하여 가련한 일이라고 하였다. 청허는 구체적으로 교학자敎學者들이 "교敎 가운데 선禪이 있다." 고 하였는데, 이것은 성문승聲聞乘도 아니고 연각승緣覺乘도 아니고, 보살승菩薩乘도 아니며, 불승佛乘도 아니라는 말에서 나온 것으로 선가 입문의 초구初句일뿐 선지禪旨가 아니라고 단언하였다. 선주교종禪主敎從의 입장을 분명히 한 것이다. 둘째, 당시의 수행자들이 선지禪旨를 잘못 이어받아 다양한 방식으로 해석하고 있는 것을 지적하였다. 교외별전敎外別傳이라고 하는 것은 마음의 길이 다하여 끊어진 연후에야 비로소 알 수 있음에도 불구하고 "돈점頓漸의 문을 정맥正脈으로 삼기도 하며, 원돈圓頓의 교敎를 종승宗乘으로 삼기도 하고, 외도外道의 글을 이끌고 와서 은밀한 뜻을 설하기도 하며, 업식業識을 희롱하는 것을 본분으로 삼기도 하고, 빛의 그림자를 잘못 인식하여 실체로 삼기도 하며, 심지어 제멋대로 눈멀고 귀먼 봉棒과 할喝을 행하고 있다."는 것이다. 아울러 "원돈문圓頓門의 이치의 길(理路), 뜻의 길(義路), 마음의 길(心路), 말길(語路)로 보고 듣고 믿고 아는 것을 귀하게 여길 뿐 이치의 길이 끊어지고, 뜻의 길이 끊어지고, 마음의 길이 끊어지고, 말길이 끊어져 재미도 없고, 모색할 것도 없는 경지에서 칠통漆桶을 깨뜨리는 경절문徑截門을 귀하게 여기지 않는다."는 것이다.

셋째, 이와 같은 당시 불교계의 무질서한 선교관과 그 수행을 바로잡고자 "팔방의 납자衲子의 무리를 제접할 때 요긴한 곳에 칼을 내리쳐 구멍을 뚫지 못하면, 바로 본분인 경절문徑截門의 활구活句로써 저들로 하여금 스스로 깨닫고 스스로 얻게 하여야 하는 것"이 본인의 의무라고 하였다. 요컨대 청허는 조선후기 불교의 정체성과 독자성이 확립되지 못해 그 수행체계 역시 무질서하여 논쟁만 지속되고 있다는 지적이다. 때문에 그는 『선가귀감禪家龜鑑』·『선교석禪敎釋』·『선교결禪敎訣』 등의 저술을 통해 선교학이 지닌 개념과 구분을 명확히 하고자 했고, 불교계에 임제종지臨濟宗旨를 정착시키고 선양하고자 했던 것이다.

청허의 이와 같은 선주교종의 입장은 단순히 선교학에 국한되지 않는다. 건국 초부터 진행된 불교탄압과 연산군과 중종 대를 거치면서 공식적으로 폐기된 조선불교를 재건하고 체계화시킬 의도를 지니고 있었다. 선주교종을 기반으로 한 삼문三門수학의 수행체계 확립, 임제종臨濟宗 법통에 기반한 태고太古법맥의 정통성 선언 등은 이후 불교계의 금과옥조가 되어 조선불교의 정체성이 되었다.[4]

한편 당시 불교계가 의 선주교종禪主敎從 경향은 비록 공식적인 수행기조이자 사교입선捨敎入禪의 수행법과 과정으로 정착되었지만, 선교일치禪敎一致 경향 역시 존재했다.

> 부처님은 보리수 도량에 앉아 바른 깨달음을 이루시어 頓敎를 설하시니 곧 凡是聖의 宗이다. 이 宗門은 양양하게 西天에 넘쳤고, 달마가 소림의 방에 앉아 上根을 기다려 一禪을 전하였으니 이것이 곧 心卽佛의 宗旨이다. 이 종지는 동진 땅을 메웠다. 그러므로 敎는 오로지 一禪의 頓敎이며, 禪은 원래 頓敎의 一禪이다. 선과 교가 圓融하고 말하

---

4 오경후, 「朝鮮後期 佛敎界의 正體性 確立과 禪敎兼修」, 『지방사와 지방문화』 제21권 1호, 역사문화학회, 2018.

고 침묵하는 일이 자재한 것이다. 이로 말미암아 선의 강물과 교의 바다가 서로 섞여 통하게 되니, 敎主는 禪師와 함께 하나로 화목하게 되고 문마다 모두 피차가 서로 통하며, 마음마다 모두 안팎에 가로막힘이 없어 서로 돕고 서로 구제한 것이 한두 세대의 일이 아니었고 즐거움도 함께하고 근심도 함께 한 것이 무릇 많은 사람이었다.[5]

보우는 부처가 깨닫고 설한 돈교頓敎는 차례를 거치지 않고 처음부터 깨달음의 경지를 설한 가르침으로 교敎이며, 범시성凡是性의 종宗으로 규정하였다. 아울러 달마가 이 종문을 상근기에게 전한 것이 선禪이며, 심즉불心卽佛의 종宗으로 규정하였다. 때문에 교敎는 일선一禪의 돈교頓敎이며, 선禪은 원래 돈교頓敎의 일선一禪이라 하여 양자의 연원을 하나로 파악하였다. 그에게 선과 교는 강물과 바다가 서로 섞여 통하는 것과 같고 강사講師와 선사禪師는 피차가 서로 통하여 서로 돕고 구제한 것이 한 두 세대의 일이 아니어서 동고동락했음을 강조하였다.

보우의 이와 같은 선교설 역시 "교는 얕고 선은 깊다고 함부로 지껄이는 머리 빈 나그네들이 망령되이 뇌까린다."고[6] 지적하며 비판하였다. 청허의 선주교종의 입장과는 근본적으로 다르다. 이에 대해 김동화는 보우의 선교설에 대해 다음과 같이 정리하였다.

  이제 보우대사의 이론은 禪敎一致가 아니라 禪敎一體라는데 있는
  것 같다. 일치와 일체는 의미가 다르나, 일치라 하면 교종 선종이 목적

---

5 普雨, 「敎宗判事錄名篇」, 『虛應堂集』 下(『韓佛全』 7, 550b~c).
6 普雨, 「寄鑑禪人幷答禪敎深淺之問」, 『虛應堂集』 上(『韓佛全』 7, 539c).

을 향해 가는 방법은 다르지만은 결국 그 목적하는 바는 일치한다는 의미일 것이나 이제 대사의 일체설의 의의는 교와 선은 후에 分해진 것이고 원래가 一佛의 所說이니만큼 동일한 佛敎요 佛法이다. 그러니 이에서 어찌 高下와 優劣을 가릴 수 있겠느냐는 주장이다.[7]

김동화는 선과 교가 궁극으로 가는 과정과 방법은 다르지만 그 목적하는 바가 같아 대체로 일치一致하며, 궁극적으로는 일불一佛이 설한만큼 동일한 불교요 불법이어서 '선교일체禪敎一體'라고 주장하였다. 그러나 김동화가 정작 주목한 것은 보우가 기본적인 선교관 외에 동시대 불교계의 상황을 직시하고, 선종과 교종의 실권을 장악하고 있었던 인물이라는 점이다. 예컨대 보우가 강학講學을 주도하여 후학들에게 불법을 가르쳤고, 승과僧科를 부활시켰던 인물이었던 만큼 "국토國土에 불일佛日이 재휘再輝하도록 노력한 것이 보우대사이었던 만큼 대사의 처지로서는 선종禪宗 교종敎宗보다도 불교佛敎 불법佛法이 앞서게 되었던 것이 아닐까."라고[8] 하였다.

> 최상의 道는 원래 너와 나의 차별 없는데 / 至道從來無彼我
>
> 어찌하여 그대들은 종문 갖고 다툴 수 있겠는가. / 奈何君輩鬪宗能
>
> 먼저 두 절에 은총내린 일 모두가 임금님의 德化인데 / 先恩兩寺皆王化
>
> 아난과 가섭 한분의 스승 의지하였네. / 難葉同師一佛乘
>
> 敎가 곧 禪이며 선이 곧 교이며 / 敎卽是禪禪卽敎

---

7 김동화, 앞의 글, 125쪽.
8 김동화, 앞의 글, 125~126쪽.

얼음은 당연히 원래 물이고 물은 원래 얼음이라. / 氷應元水水元氷

禪과 敎진실로 둘이 없음을 알고자 한다면 / 欲知禪敎眞無二

수미산 최상층을 보아두어라. / 看取須彌寂上層[9]

　보우의 선교관을 알 수 있는 시이지만, 선과 교의 우열을 다투는 부류
들을 꾸짖는 시이기도 하다. 우선 그는 최상의 도는 차별이 없다고 하였
다. 아난과 가섭 또한 한 부처님의 제자요, 물과 얼음이 하나이듯 선·
교는 서로 다르지 않으며, 수미산의 꼭대기가 하나이듯 부처님의 가르
침 또한 방편으로는 여러 길이 있을지라도 그 정상은 하나임을 강조하
였다. 그런데 봉은사와 봉선사를 선종과 교종의 본산本山으로 삼고 '대선
취재大禪取才'를 위한 강학과 승과를 실시하였는데, 이 모든 것이 임금님
의 덕화라고 강조하였다.

　문정왕후는 신료와 유생들의 반대에도 불구하고 선교양종禪敎兩宗을
복립復立하고, 『경국대전』의 도승법度僧法에 의거, 도첩제를 부활하여
1552년(명종 7)에는 선종에서 462명을 선발하기도 하였다. 아울러 선종
도회소 봉은사와 교종도회소 봉선사에서 승과제를 시행하여[10] 대선大選
에서 합격한 승려들은 지방의 각 고을의 사찰에서 주지로 임명되었다.
부활된 도승과 승과제 이후 1552년(명종 7)에는 전국 336개 사찰이 공식
적으로 인정되기도 하였다.[11]

　보우는 문정왕후의 신임과 후원아래 이와 같은 불교중흥의 기틀을 마

　9　普雨, 「示兩宗掌務」, 『虛應堂集』 下(韓佛全7, 562c).
10　『明宗實錄』 권13, 7년 4월 갑자조.
11　『明宗實錄』 권13, 명종 7년 2월 신유조.

런한 것이다. 선교양종 복립과 승과제 시행은 단순한 승려인구의 증가만을 의미한 것은 아니다. 탄압과 소외로 질적으로 하락된 승려들의 자질은 강경講經을 비롯한 수행여건의 향상으로 선교학의 활성화를 이룩할 수 있었고, 승과제에서 합격한 승려들을 전국의 사찰에 주지로 파견하여 추락한 불교의 존립과 그 가치를 환기시킬 수 있었다. 결국 불교중흥을 위해 진력했던 보우의 입장에서 선과 교는 일치의 수준을 넘어 일체가 이루어져야 했다. 때문에 당시 불교계의 상대적이고 대립적인 우월주의를 내세운 갈등은 보우에게 한심스러운 것이었고, 궁극적으로 불교중흥을 가로막는 장애물이 될 수밖에 없었다. 결국 선과 교에 대한 입장은 보우와 휴정이 다르지 않았다. 다만 그들이 맞이하고 있었던 시대상황과 그들이 직면한 불교계의 당면문제를 해결하기 위한 과정에서 나타난 차이로 해석할 수 있다.

3. 사명 유정의 禪敎수학과 인식

1596년 허균은 승문원承文院의 관원으로 있을 때 사명당을 만났다. 사명당이 두 차례의 적진을 다녀온 후 대구 팔공산성을 축성하는 중 유성룡이 사명당을 찾아와 시를 지어 위로해주던 때였다. 당시 허균의 눈에 비친 사명당은 수행자가 아닌 의협義俠의 풍도風度를 지닌 노장老將의 모습이었다. "그의 재주가 국난을 구제할 만한데, 아깝게도 잘못 불문佛門에 투신했다."고 하였다.[12] 사명당이 수행자의 본분을 잊고 있는 것에 대해 지적한 것이다. 허균은 사명당과 교분이 남달랐던 형 하곡荷谷 허봉許

筠과 1586년 봉은사에서 사명당과 인연을 맺어 그 관계가 돈독해졌다.

> 癸卯年(1603) 가을에 스님이 조정에서 물러나기를 청하여 上院菴의
> 옛 은거지로 돌아갔다가 鑑湖의 별장으로 나를 방문하였다. 그때 나는
> 세상에서 외톨이가 되어, 우선 內典을 가져다 보면서 호장한 마음을
> 달래며 세월을 보내고 있었으므로, 그 집안에서 말하는 明心見性의 대
> 목에 대해서 나름대로 관견을 갖고 있었다. 그래서 시험 삼아 한두 가
> 지를 擧似했더니, 스님이 融會貫通하고 超悟朗詣하여 曹溪와 黃梅의
> 가법을 참으로 얻고 있었다. 나는 그때에야 비로소 스님이 眞宗의 妙
> 諦를 투철하게 깨우치고 拈花의 密傳을 곧바로 이어받았으며, 난세를
> 구제한 것도 그 하나의 계통에서 나온 것임을 비로소 알았다. 그리고
> 스님은 며칠 동안 묘제에 대해서 터놓고 얘기하였으므로 내가 듣지 못
> 했던 것을 더욱 듣게 되었다. 이로부터 스님이 京輦(경성)에 오기만 하
> 면 번번이 서로들 왕래하면서 늦게야 알게 된 것을 유감스럽게 생각하
> 였다.[13]

1612년 허균이 쓴 『사명당집』 서문의 일부분이다. 사명당은 국서國書
를 받고 일본으로 가기 1년 전인 1603년 금강산 유점사에서 스승 청허
휴정을 뵙고, 강릉에서 허균을 만났다. 당시 허균은 불교를 믿는다는 이
유로 파직당해 불가佛家에서 마음을 밝히고 자기 성품이 있는 곳을 나름
대로 볼 수 있는 관견管見을 얻을 수 있었다. 허균은 7~8년 전 전장을 누

---

12 許筠, 「四溪集序」, 『惺所覆瓿藁』第26卷 附錄 2 序.
13 許筠, 위의 글.

비던 사명당만을 기억하여 수행의 깊이를 시험했지만, 사명당의 수행은 선리禪理를 자세히 이해하고 꿰뚫어 통달함을 초월하여 분명히 깨달은 바가 있어서 6조 혜능과 5조 홍인의 가풍을 확실히 증득하고 있음을 알았다고 한다. 허균은 사명당이 참되고 오묘한 종지를 바르게 깨닫고 꽃을 들어 비밀히 전법傳法하신 뜻을 이어 받았으며, 난세亂世를 구제한 것도 진종眞宗의 묘체妙諦와 염화拈花의 밀전密傳을 깨달은 실마리가운데 하나로 이해하였다.

사명당이 유학과 불교에 조예가 있었다는 것은 널리 알려진 사실이다. 사명당은 출가 전 황여헌黃汝獻에게 『맹자』를 배웠고, 노수신盧守愼에게서 사자四子를 배웠으며, 또 이백李白과 두보杜甫의 시를 배웠는데, 이로부터 문장이 날로 더욱 발전하였다. 내전內典 역시 해박하여 배우고자하는 이들이 산문山門에 문전성시를 이루었다고 한다. 이후 "김천 황옥산黃獄山의 직지사直指寺로 가서 신묵화상信黙和尚을 은사로 하여 머리를 깎고 스님이 되었다. 처음부터 선전중禪典中『경덕전등록景德傳燈錄』을 열람하다가 얼마 되지 않아 이미 오묘한 종지宗旨를 깨달았으므로 여러 노숙老宿들이 모두 찾아와서 배우고 질문質問하였다."고[14] 한다.

사명당은 1561년(명종 16) 명정왕후와 보우가 부활시킨 선과禪科에 합격했다.

승려 處能은 「봉은사중수기」에서 말하였다. "國初에는 선교 양종을 능침의 窆皇(종묘 앞문) 밖에 설치하였다. 특별히 승과를 설치해 國試

---

14 許筠, 「有明朝鮮國慈通弘濟尊者四溟松雲大師石藏碑銘幷序」, 『四溟堂大師集』 7(『韓佛全』 8, 75c~76a.

의 사례와 같이 동일한 날에 開場하였다. 夏官을 파견해 시험을 치러 경전에 능통한 승려를 선발하되, 특히 갑·을·병 3등급의 科를 주었다. 이를 大選이라 불렀는데, 대선은 곧 유가의 大科이다. 다음으로는 시나 글을 지어 발탁된 자를 參學이라 불렀는데, 참학은 곧 유가의 小科이다. 대선으로 말미암아 다시 합격한 자를 中德이라 불렀는데, 중덕은 곧 유가의 重試이다. 靖陵에 있는 절을 봉은사라 하니 곧 선종이며, 光陵에 있는 사찰을 봉선사라 하니 곧 교종이다. 선은 文에 견주고 교는 武에 견주어 선교가 병행하도록 하니, 우리의 도가 일어나 매우 융성하였다."[15]

명종대 부활한 승과와 그 합격자에 대한 처우를 묘사한 글이다. 대체로 선종은 『전등록』과 『선문염송』으로 시험을 보았고, 교종은 『화엄경』으로 시험을 보았다고 한다. 이와 같은 시험과목은 당시 승려들이 경론 과목을 차례로 공부한 이력에서 비롯되었을 것이다. 예컨대 『십계十戒』, 『송주誦呪』, 『반야심경般若心經』, 『예참禮懺』, 『초심문初心文』, 『발심문發心文』, 『자경문自警文』, 대혜선사大慧禪師의 『서장書狀』, 고봉선사高峰禪師의 『선요禪要』, 『선원제전집도서禪源諸詮集都序』, 『법집별행록法集別行錄』, 즉 『절요節要』, 『능엄경楞嚴經』, 『기신론起信論』, 『금강반야경金剛般若經』, 『원각경圓覺經』, 『화엄경華嚴經』, 『선문염송禪門拈頌』, 『전등록傳燈錄』과[16] 같은 이력 과목은 승과에 응시하지 않더라도 수행요건이었을 것이다.

사명당에게 선교학을 가르쳤던 스승 신묵 역시 승과에 합격하여 승계

---

15 李能和, 「明宗復禪科明心宗」, 『朝鮮佛敎通史』 下.
16 李能和, 「兩宗禪敎宗趣和會」, 『朝鮮佛敎通史』 下.

僧階가 대선大選이었고, 거듭하여 중덕重德이 되었다.[17] 신묵이 회암사와[18] 봉은사의 주지가[19] 될 수 있었던 것도 승과에서 합격하고 중덕重德이 된 것에서 비롯된 것이다. 사명당 역시 "보우가 승과에 응시하고자 한 승려들을 위하여 봉은사에서 사방의 승려들을 모아 불경佛經을 강론講論했을 때"[20] 참여했고 청허의 문하에서도 선교학을 수학했다. 예컨대 "공문空門의 중망衆望을 받아 선종사찰禪宗寺刹의 주지 추천을 받았으나, 굳게 사양하고, 석장錫杖을 짚고 떠나 묘향산妙香山으로 들어가서 비로소 청허좌하淸虛座下에서 법문을 청하였다. 서산은 심지법문心地法門을 제시하여 바로 성종性宗의 도리道理를 전수傳授하므로 서산은 청허의 언하言下에 대오大悟하고 곧 언어문자言語文字인 군언群言을 모두 쓸어버리고 한습閑習도 함께 끊어버렸다. 종래從來에 사가詞家들과 교류하여 유희遊戱하면서 기언묘구綺言妙句로 말잔치를 벌리던 모든 것을 참회하는 마음으로 정리하고 안심安心과 정성定性에 뜻을 집중하여 3년 동안 고행정진苦行精進하여 정법正法의 골수를 얻었다."고[21] 하였다.

　　슬프다. 이백년을 내려오면서 佛法이 더욱 쇠잔하여 선과 교의 무리들이 각각 견해를 달리하고 있다. 敎를 宗旨로 내세우는 사람들은 오

17　이와 같은 사실은 일찍이 김동화에 의해 규명되었다.(김동화, 앞의 글, 111~112쪽)

18 『명종실록』 명종 20년 5월 20일조.

19　盧守愼, 「奉恩寺次韻住持信黙」, 『蘇齋集』 권5.

20　柳成龍, 「記乙丑儒生上疏事」, 『西厓先生別集』 권4 雜著.
　　文定頗信佛法 有僧人普雨者 因緣誑惑 爲禪敎宗判事 常居奉恩寺 立禪敎科 每當式年 聚四方僧徒 講佛經 入格者 禮曹給帖 略如文武科出身 謂之大禪 差送各道寺刹 名曰住持

21　許筠, 「有明朝鮮國慈通弘濟尊者四溟松雲大師石藏碑銘幷序」, 『四溟堂大師集』 卷7(『韓佛全』 8, 75c~76a.

직 찌꺼기만 탐닉하여 헛되이 바닷가의 모래만 셀 뿐, 다섯 敎門 위에 사람의 마음을 바로 가리켜 스스로 깨치는 길이 있는 것을 알지 못한다. 禪을 宗旨로 내세우는 사람들은 스스로 자기의 천진한 성품만을 믿어 修證하지 않고 단박 깨친 뒤에 비로소 발심하여 온갖 행을 닦고 익히는 뜻도 알지 못한다. 그리하여 선과 교가 뒤섞이고 넘쳐 모래와 금을 가리지 못하는 것이다.[22]

인용문은 사명당이 스승 청허의 저술『선가귀감』에 붙인 발문의 일부분이다. 당시 불교계의 선교학 경향에 대한 입장은 스승 보우의 입장과 동일하다. 예컨대 교문敎門은 사람의 마음을 가리켜 스스로 깨쳐 들어가는 길이 있는 것을 알지 못하고, 선문禪門은 천진한 성품만을 믿고 수증修證하지 않는다는 것이다. 더욱이 선문은 "단박 깨친 뒤에 비로소 발심하여 온갖 행을 닦고 익히는 뜻도 알지 못한다."하여 돈오頓悟 이후에 점수를 통해 완전한 깨침에 이르지 못한다고 지적하였다. 결국 당시 불교계의 선교가 자가의 우위만을 강조하여 모래와 금을 가리지 못한다는 것이다.

사명당은 당시 불교계의 선교갈등에 대해서는 스승 휴정과 동일한 지적을 하였지만, "법은 명칭이 없으므로 언설로 어찌할 수가 없고, 법은 형상이 없으므로 마음으로 어찌할 수가 없다. 언설로 말하려고 하면 본심으로부터 멀어지고, 본심에서 멀어지면 세존의 염화와 가섭의 미소도 다 진부한 말이 되어 끝내 쓸모조차 없게 된다."는[23] 휴정의 입장과는 뚜렷한 차이를 보이고 있다. 선교일치를 내세웠던 대의大義는 통일하지만,

---

22 惟政,『禪家龜鑑』跋(『韓佛全』7, 646a).
23 休靜,『禪家龜鑑』(『韓佛全』7, 635c).

휴정이 '선주교종禪主敎宗'이라는 조선불교의 정체성을 확립시키고자 했던 태도와는 확실히 다르다. 오히려 보우의 입장과 같은 맥락을 지니고 있다고 할 수 있다.

이와 같은 사명당의 선교관은 당시 조선불교계의 처지와 조선이 직면한 난세와 불가분의 관계를 지니고 있다. 아울러 사명당의 현실적 선교관이 반영된 결과이다. 이를 뒷받침할 수 있는 글이 남아있다.

> 우리들의 생이 減劫을 만난 탓으로, 襁褓를 벗어나지도 못한 채 일찍 죽는 경우가 절반을 차지하는데, 우리들은 20여 세의 나이가 되도록 살고 있으니, 이것이 첫 번째 행운이다. 우리들이 15살이 되기 전부터 이런 蒼黃한 시대를 만났는데도, 끝내는 어버이가 남겨 주신 몸을 잃지 않았으니, 이것이 두 번째 행운이다. 塵墨劫 이래로 흩어져서 諸趣를 돌아다니다가, 바늘과 겨자씨가 서로 만나는 것처럼 이 정법을 만났으니, 이것이 세 번째 행운이다. 火宅의 하루살이요 물거품과 허깨비의 신세라서, 한 달 중에 입을 벌리고 웃을 수 있는 것이 몇 번도 안 되는데, 우리들이 함께 仙山에 거하면서 법회에 동참하여 담소하며 함께 노닐고 있으니, 이것이 네 번째 행운이다. 사람이 세상에 태어나서 눈멀고 귀먹고 벙어리가 되는 등 어버이가 주신 몸을 제대로 보전하여 돌아가는 자가 거의 드문데, 우리들은 이목이 총명하고 남자의 모습을 갖추어 사람들의 버림을 받지 않으니, 이것이 다섯 번째 행운이다. 이 다섯 가지 행운을 갖추고 있으면서, 금수처럼 헛되이 살다가 죽어서는 안 될 일이다. 바라건대 우리 벗들은 다시 그동안 모아 놓은 것을 아끼지 말고서 천지 성현의 망극한 은혜를 갚도록 할 것이요, 국가와 백

성의 안녕을 기원하며 천하의 태평을 이룰 것이요, 이와 함께 무량한 세월에 걸쳐서 우애하는 형제로서의 인연을 계속 맺을 것이다. 바라건 대 우리 좋은 벗들은 다시 고개 돌려 스스로 생각해 볼지어다.[24]

사명당이 20세여 세에 동년배의 출가자와 갑회甲會를 결성하면서 지은 글이다. 그는 갑회문에서 다섯 가지 행운을 전제하였다. 첫째 20여 세가 되도록 살아남은 행운, 둘째, 창황蒼黃한 시대에 어버이가 남겨주신 몸을 잃지 않은 것, 셋째, 불법佛法을 만난 것, 넷째, 회원들이 선산仙山에 거하 면서 법회에 동참하여 담소하며 함께 노닐고 있는 것, 다섯째, 이목耳目 이 총명하고 남자의 모습을 갖추어 사람들의 버림을 받지 않은 것이다. 그가 살았던 시기가 정치나 사회경제적으로 안정된 시기가 아니어서 온 전한 삶과 죽음에 대한 문제가 유난히 빈번하게 등장하고 있다. 따라서 사명당은 자신의 수행을 통해 나라와 백성들이 살기 좋은 태평성대가 이어지기를 기원하고 있다. 더욱이 불교의 탄압과 수탈이 가중되고 있 던 시기를 살면서 불법佛法을 만난 것에 대해 크게 안도했다. 때문에 그 에게 불교는 조선에서 존립을 넘어 중흥이 화두였다. 이와 같은 사명당 의 입장에서 선교갈등과 우위는 불법의 본질을 벗어날 뿐만 아니라 세 상에도 아무런 이익이 되지 않음을 염려한 것이다. 요컨대 사명당의 선 교관은 선교가 지닌 본질적 측면뿐만 아니라 그가 살고 있던 난세의 불 교계와 나라와 백성을 위한 현실적 입장이 포괄적으로 담겨있었다.

---

24 惟政, 「甲會文」, 『四溟堂大師集』 제6권 雜文(『韓佛全』 8, 65c).

4. 『사명대사집』에 나타난 교학관

허균은 사명당이 난세를 당하여 본분사를 잊고 있다고 판단하였지만, "진종眞宗의 묘체妙諦를 투철하게 깨우치고, 염화拈花의 밀전密傳을 곧바로 이어 받았다."고 하였다.

> 아는 사람들은 스님의 淸贍함을 상찬하여 이르기를 "오호라! 스님의 生涯는 佽擾한 시대에 태어나 戎馬가 핍박하여 국가가 强賊과 대적해 싸우는 亂時를 당하였으므로 法室을 宣揚하여 미혹한 중생의 번뇌를 털어 없애주고, 씻어주는 일을 제대로 할 겨를이 없었다."고 하였다. 스님을 깊이 알지 못하는 사람들 중에는 사명스님이 중생으로 하여금 迷津인 此岸에서 彼岸으로 건네주는 일을 등한히 하였고, 區區하게 나라를 위하는 일에만 급급하였다고 비판하지만, 그들이 어찌 나라를 침범한 惡魔를 죽이고, 國難을 구제하는 것이 곧 불교의 한량없는 功德을 짓는 일인 줄 알 수 있겠는가! 유마거사의 無言이 바로 不二法門에 들어가는 것이어늘, 어찌 요란스럽게 말로 訓導할 필요가 있으랴!²⁵

인용문은 허균이 찬술한 사명당 석장비의 일부분이다. 그는 사명당을 아는 이나 모르는 이들 모두가 "法室을 宣揚하여 미혹한 중생의 번뇌를 털어 없애주고, 씻어주는 일을 제대로 할 겨를이 없었다."거나 "중생으

---

25 許筠, 「有明朝鮮國慈通弘濟尊者四溟松雲大師石藏碑銘幷序」, 『四溟堂大師集』 7(『韓佛全』 8, 75c~76a).

로 하여금 迷津인 此岸에서 彼岸으로 건네주는 일을 등한히 하였고, 區區하게 나라를 위하는 일에만 급급하였다고 비판하였다."고 지적하였다. 그러나 허균은 사명당이 난세를 구제하기 위한 핑계로 조계曹溪와 황매黃梅의 가법家法을 얻기를 게을리 하지 않았고, 난세를 구제하기 위해 종횡무진한 것도 진종의 묘체를 깨우치고, 염화의 밀전을 이어받기 위한 방편이며, 나라를 침범한 악마惡魔를 죽이고, 국난國難을 구제하는 것이 곧 불교의 한량없는 공덕功德을 짓는 일로 인식하였다. 결국 허균은 사명당이 난세를 살면서 세상을 평정하고 도탄에 빠진 나라와 백성을 구제한 것 역시 수행의 한 부분에 지나지 않는다고 해석하였다.

대저 맑은 거울과 흐린 쇠는 원래 다른 물건이 아니요, 일렁이는 물결과 고요한 물은 똑같이 하나의 근원에서 나왔다. 그 근본이 같은데 지말이 다른 것은 닦고 닦지 않은 것과 동요하고 동요하지 않은 차이에 있을 뿐이다. 凡夫와 성인, 賢者와 不肖子도 본성은 또한 이처럼 똑같은데, 다만 미혹되고 깨달은 차이가 있을 뿐이다. 그러니 어떻게 愚者와 智者의 씨앗이 각각 다르다고 말할 수가 있겠는가. 至愚를 大覺과 비교하면 그 형세가 天地처럼 현격하지만, 일념으로 회기回機를 하면 바로 本覺과 같아진다. 그런데 회기를 함에는 두 종류가 있으니, 하나는 自力이요 하나는 他力이다. 자력은 일념으로 회기를 하는 즉시 본각과 같아지는 것을 말하고, 타력은 바로 慈父에게 귀의하여 十念으로 공이 이루어지는 것을 말한다.

서방에 나라가 있으니 그 이름을 極樂이라고 하고, 大聖이 계시니 그 성함을 無量光이라고 한다. 恒河沙같은 보살과 微塵數의 성문이 에워싼 가운데, 四十八大願과 8만 4천의 몸에 따른 相好光明으로 중생을 거두어들이되, 중생이 일념 내지 七念만 하더라도 모두 玉毫의 인도를 받게끔 해 주고 계신다. 그러고 보면 이른바 "부처라고 하는 하나의 글자는 깨달음의 바다 속의 하나의 낚싯바늘이다."라고 말한 것은 정확한 말이 아니다. 釋師子만 유독 그렇게 칭한 것이 아니라, 諸聖이 다 같이 왕생을 원하고 있으니, 어찌 우리를 속이겠는가.[26]

사명당은 일찍이 스승 휴정을 사사하여 『법화경』 6만 9천 여 마디를 배웠다고[27] 한다. 인용문은 원준圓俊이 『참문懺文』 10편을 베껴서 책을 만들고는 "무량광無量光의 대원해大願海에 들어가 보현의 행원을 성취하게 해 주고, 중생을 제도하되 중생 세계가 다 없어지기"를 기원하고는 사명당에게 부탁한 발문跋文의 일부분이다. 예컨대 일체중생은 흐린 쇠와 일렁이는 물결과 같지만, 맑은 거울이나 고요한 물과 하나의 근원을 이루고 있다는 것이다. 즉 본성本性을 돌이키는 일념회기一念回機의 기회만 만난다면 본각불本覺佛과 같다는 것이다. 아울러 아미타불에 대한 칭명염불 역시 회기의 또다른 방법으로 제시하고 있다. 흔히 자력문自力門과 타력문他力門으로 구분하고 있지만, 사명당은 아미타불에게 귀의하여 십념十念으로 공功이 이루어지기를 기원하기도 하였다. 요컨대 사명당은 자력과 타력을 구분하지 않고 본각本覺이 되기를 궁극적으로 강조하고 있다. 김동화는 이와 같은 사명당의 『법화경』에 대한 인식은 "중국의 법화경 대가들의 법화경 인식보다 간명직절簡明直截한 바가 있어 『법화경』의 요지를 간취하기 쉽게 표현하고 있다."고[28] 평가하였다.

---

26 惟政, 「圓俊長老法華後跋」, 『사명당대사집』 제6권(『韓佛全』 8, 61c~62a).
27 南公轍, 「高城 乾鳳寺泗溟大師紀蹟碑」.

이밖에 문집은 사명당이 병화兵火로 소실된 옛 터에 각림사覺林寺를 중
건하고는 무량공덕無量功德을 기원하면서 지은 소문疏文이 수록되어 있다.
예컨대 「각림사심검당낙성소覺林寺尋劍堂落成疏」는 "단나檀那 등과 함께 약
간의 진수珍羞를 정성껏 마련하여 낮에는 일승一乘의 연경蓮經[『법화경』]을
연설하고, 밤에는 삼단三壇의 수승한 법회를 베풀면서 다함이 없는 공덕
을 기원하는 바입니다."[29]라고 하였다. 사명당은 『법화경』을 연설한 연
유를 "금산金山의 승경勝景에서 진제眞濟의 도량을 일으켜 만년토록 향화
香火의 인연을 맺고 사계四季에 우양雨暘의 주인이 되기 위함"이라고 하였
다. 각림사는 젊은 시절 도반이었던 부휴 선수浮休善修와 함께 주석했던
사찰이기도 했다.

위대하도다. 頓敎인 화엄의 세계여. 그 體는 본래 생성하는 것이 아
니어서 시작도 없고 끝도 없으며, 그 用은 실로 소멸하는 것이 아니어
서 이루어지는 것도 아니고 무너지는 것도 아니다. 그래서 衆敎의 근
본이 되고 萬法의 으뜸이 되는 것이다. 하늘도 이 때문에 청명하고, 땅
도 이 때문에 편안하며, 산천도 이 때문에 치솟고 흐르며, 금수도 이
때문에 날고 달리며, 나아가 초목이나 곤충까지도 이 때문에 움직이고
쉬게 되나니, 이것이 이른바 "만물의 體가 되어 빠뜨리는 것이 없고,
일체의 성性이 되어 어긋나지 않는다."라고 하는 것이다. 우리 부처님
이 설한 것도 대개 이것을 설한 것이요, 五十三 善知識이 사람들에게
보여 준 것도 대개 이것을 보여 준 것이다. 나아가 임금은 인자하고

28 김동화, 앞의 글, 149쪽.
29 惟政, 「覺林寺尋劍堂落成疏」, 『사명대사집』 제6권(『韓佛全』 8, 64b).

신하는 충직하며, 아버지는 자애하고 자식은 효도하며, 형은 우애하고 아우는 공순하며, 지아비는 온화하고 지어미는 순종하는 것도 모두 이 것을 얻어서 그렇게 되는 것이다. 이를 통해서 확대하여 채워 나가면, 만물 모두가 毘盧遮那의 眞體가 될 것이요, 이를 유추해서 시행해 나 가면 걸음마다 普賢菩薩의 妙行이 될 것이니, 이것을 듣는 자는 부처 를 이루고, 隨喜하는 자는 범부를 벗어날 것이다. 그러나 그 재질이 天 縱을 뛰어넘고 지혜가 生知를 넘어선 사람이 아니라면, 그 누가 바른 信心을 내고 큰 서원을 발하여 이 뜻을 크게 드날릴 수가 있겠는가.[30]

인용문은 사명당이 선조를 비롯한 왕과 왕실의 안녕을 기원하고자 『화 엄경』을 인출하고 붙인 발문의 내용이다. 돈교頓敎는 점진하여 오랜 시 간의 수행을 거치지 않고 곧바로 깨달음의 경지에 도달하는 교법을 말 한다. 즉 『화엄경』의 궁극적인 지향점은 현상계의 일체 모든 법이 그대 로가 모두 진리眞理라고 보는 법계설法界說이 있다. 법계 즉 진리는 정적 인 것이 아닌 무한하게 움직이는 것이니 이것을 법계연기法界緣起라고 한 다. 사명당은 화엄이 중교衆敎의 근본이 되고 만법의 으뜸이 되는 이유 는 체體와 용用이 본래 생성하고 소멸하지 않고, 시작도 끝도 없는 것이 어서 이루어지는 것도 아니고 무너지는 것도 아니기 때문이라고 하였 다. 결국 화엄세계는 "만물의 체體가 되어 빠뜨리는 것이 없고, 일체의 성性이 되어 어긋나지 않는다."라고 하였다는 것이다. 때문에 부처님이 설한 것도 이것이요, 선지식이 사람들에게 보여 준 것도 이것이라는 것

---

30 惟政, 「華嚴經跋」, 『사명당대사집』 제6권(『韓佛全』 8, 62a~62b).

이다. "나아가 임금은 인자하고 신하는 충직하며, 아버지는 자애하고 자식은 효도하며, 형은 우애하고 아우는 공순하며, 지아비는 온화하고 지어미는 순종하는 것도 모두 이것을 얻어서 그렇게 되는 것이다."라는 지적은 주목할 만하다. 엄격한 강상綱常의 도리를 법계연기의 차원에서 설명하였다. 인간의 자연스러운 도리를 일체 모든 법 그대로라는 진리로 해석하였다.

바로 이 大方廣品을 통해서 神衆이 權道에 편승하여 세상을 보호하는 오묘한 감응을 알 수가 있고, 이 오십삼 선지식의 讚頌을 통해서 善財가 스승을 찾아 진리를 구하는 외로운 자취를 볼 수가 있다. 따라서 聖心이 미처 알지 못했던 것을 잘 알고 아직 보지 못했던 것을 감지할 뿐만이 아니요, 그 法力과 神功이 은밀히 국가를 돕는 점이 있어서, 천하의 임금이 되고 아비가 된 자들로 하여금 모두 무궁한 세상에 이로움과 즐거움을 받게 해 주는 것임을 이를 통해서 더욱 믿게 할 것이다. 그리하여 마침내 天災와 地變이 저절로 그치고 자연히 사라짐은 물론이요, 요임금의 바람과 순임금의 태양이 저절로 불어오고 자연히 밝아져서 이 백성들 모두가 태평시대의 낙을 즐기게 하고, 謳歌하고 蹈舞하는 가운데에서 일제히 遊戲할 수 있게 할 것이다. 아, 華嚴의 大教야말로 聖敬이 절로 발하여 人神이 모두 기뻐하는바, 그 行을 극진히 행하여 方廣의 廣大한 刹海에 다 같이 들어가게 될 것이니, 이것이 어찌 이른바 "처음 마음을 낼 때에 바로 정각을 이룬다.[初發心時便成正覺]"라고 하는 것이 아니겠는가.[31]

이어지는 사명당의 글은 『화엄경』의 공덕을 강조하고 있다. 화엄신중이 세상을 보호하는 오묘한 감응을 알 수가 있고, 53선지식의 찬송을 통해 선재동자가 진리를 구하는 외로운 자취를 볼 수가 있다는 것이다. 또한 "그 법력法力과 신공神功이 은밀히 국가를 돕는 점이 있어서, 천하의 임금이 되고 아비가 된 자들로 하여금 모두 무궁한 세상에 이로움과 즐거움을 받게 해 주는 것임을 이를 통해서 더욱 믿게 할 것이다."라고 하여 화엄의 근본적인 도리를 가지고 유교에서 강조하는 강상과 직분의 중요함과 그 이로움을 설명하기도 하였다. 구차하지 않고 명쾌하다. 모호하지 않고 선명하다. 그는 이 발문을 통해 화엄의 지남指南을 설명하였고, 유불간의 일치성과 그 화합을 객관적으로 피력하고 있다.

사명당은 결국 화엄의 대교를 통해 현실적 측면을 지적하였다. "마침내 천재天災와 지변地變이 저절로 그치고 자연히 사라짐은 물론이요, 요임금의 바람과 순임금의 태양이 저절로 불어오고 자연히 밝아져서 이 백성들 모두가 태평시대의 낙을 즐기게 하고, 구가謳歌하고 도무蹈舞하는 가운데에서 일제히 유희遊戲할 수 있게 할 것이다."라고 하였다. 이것은 당시 조선이 안고 있었던 내우외환을 염두한 것이다. 그러므로 전란이후부터 빈번했던 천재지변이 사라지고, 백성들이 굶주리지 않고 노래와 춤을 추며 살 수 있는 태평성대를 염원했던 것이다.

    a. …저희가 삼가 생각건대, 法身은 相이 없어서 중생의 心想 중에
두루 들어가 있고, 거울 속의 영상은 신빙하기 어려운바 인연을 따라

---

31 惟政, 위의 글, 62b.

有無의 안에서 만 가지로 변화한다고 여겨집니다. 그리하여 감지하는 것은 형체와 그림자와 같고, 반응하는 것은 골짜기 속의 메아리와 같으니, 응당 諸聖의 大事의 인연에 의지하여 고향에 돌아가는 사람을 갈림길에서 인도해야 마땅할 것인데, 오직 慈室의 근원으로 돌아가실 분은 바로 우리를 양육해 주신 尊師라고 생각합니다. …[32]

　b. …삼가 생각건대, 眞身은 걸림이 없어서 중생의 心想 속에 두루 들어가 있고, 妙法은 思量하기 어려워 三乘의 敎行 밖으로 멀리 뛰어났습니다. 감지하는 것은 형체를 대하는 것과 같고, 감응하는 것은 영상이 생기는 것과 같으니, 당연히 제불의 大事의 인연에 의지하여 고향에 돌아가는 사람을 위해 岐路에서 인도해야 하겠습니다.…[33]

　c. 저희가 삼가 생각건대, 眞도 眞이 아니고 像도 像이 아니니, 佛의 體는 본디 言思를 초월하고, 色을 色으로 알고 空을 空으로 아니, 범부의 情은 形相에 의지해야 한다고 여겨집니다. 만약 眞을 인하여 像을 설하지 않는다면 어떻게 그 像에 나아가 眞을 알 수 있겠습니까. 그런 까닭에 三世의 여래와 시방의 보살들이 身이 없지만 身을 나투어 일체 色相을 드러내 보여 주는 것이요, 像이 아니지만 像을 만들어 十種의 形儀를 지어서 보여 주는 것입니다.[34]

---

32 惟政, 「天俊薦師疏」, 『사명대사집』 제6권(『韓佛全』 8, 62a~62b).
33 惟政, 「登階大師小祥疏」, 『사명대사집』 제6권(『韓佛全』 8, 63a).
34 惟政, 「畫諸佛菩薩慶讚疏」, 『사명대사집』 제6권(『韓佛全』 8, 63c~64a).

a는 천준 비구가 스승 혜전惠全이 입적하자 천도재를 지내면서 사명당에게 부탁한 제문의 내용이다. 사명당은 이 글에서 법신法身은 상相이 없어서 중생의 심상心想 중에 들어가 있지 않은 곳이 없으며, 거울 속의 영상 즉 용用은 유무有無의 안에서 만 가지로 변한다고 하였다. 즉 존재와 현상이 서로 끊임없이 연관돼 있다는 법계연기와 있는 그대로가 바로 불성이 드러남이라는 성기설性起說이다. 성기란 불의 본질이 현실에 현현한다는 의미이기도 하다. b는 사명당이 1604년(선조 37) 입적한 휴정을 추모하며 지은 제문祭文이다. 그는 이 글에서 "眞身은 걸림이 없어서 중생의 心想 속에 두루 들어가 있고, 妙法은 思量하기 어려워 三乘의 敎行 밖으로 멀리 뛰어났습니다. 감지하는 것은 형체를 대하는 것과 같고, 감응하는 것은 영상이 생기는 것과 같으니, 당연히 제불의 大事의 인연에 의지하여 고향에 돌아가는 사람을 위해 岐路에서 인도해야 하겠습니다."라고 하여 a와 동일한 맥락을 지니고 있다. c는 석가釋迦·아미타阿彌陀·약사불화藥師佛畵 등 화엄해회華嚴海會의 여러 불보살을 도상圖像으로 조성하고 경찬慶讚하는 글이다. 사명당은 이 글에서 본래 "진眞도 진眞이 아니고 상像도 상像이 아니니, 불佛의 체體는 본디 언사言思를 초월하고, 색色을 색色으로 알고 공空을 공空으로 알고 있지만" 범부의 정情은 형상에 의지해야 한고 전제하였다. 때문에 "만약 진眞을 인하여 상像을 설하지 않는다면 어떻게 그 상像에 나아가 진眞을 알 수 있겠습니까."라고 하였다. 범부는 진도 진이 아니고 상도 상이 아닌 것을 알 수 없다는 것이다. 때문에 "삼세三世의 여래와 시방의 보살들이 신身이 없지만, 신身을 나투어 일체 색상色相을 드러내 보여 주는 것이요, 상像이 아니지만 상像을 만들어 십종+種의 형의形儀를 지어서 보여 주는 것"이라고 하였다. 요컨대 진과 상을 규정할 수 없지만, 현상계와 본체, 또는 현상과 현상이

서로 대립하는 모습을 그대로 지니면서도 서로 융합하여 끝없이 전개되는 약동적인 큰 생명체라고 설명하고 있는 것이다. 특히 범부들의 신앙심을 위해서는 형상이 필수적이기 때문이다.

이와 같이 사명당은 『법화경』이나 『화엄경』에 대한 조예가 남달랐고, 그의 교학관에서 선주교종의 경향과는 달리 선禪 우위나 사교입선捨敎入禪의 입장이 아니었다. 선만큼이나 교학 역시 중요한 것이라고 확신하였다. 요컨대 사명은 선교회통禪敎會通을 강조하였는데, 그것은 당시 조선의 내우외환과 보우의 불교중흥 시도 이후 불교계의 동향을 적극적으로 반영한 현실적 측면을 반영한 결과이다.

사명당이 살았던 조선 중후기의 불교계는 위기와 기회의 시기였다. 조선 건국이후 시작된 불교탄압과 소외가 가중되는 가운데 명정왕후와 보우의 불교중흥을 위한 노력으로 변화가 나타나기도 하였다. 선교학 수행이 본격화되었으며, 전란 참여를 계기로 승려에 대한 사회적 인식이 긍정적으로 변하기 시작하였다. 사명당은 보우와 신묵, 그리고 휴정을 스승으로 삼아 선교학의 체계를 세웠고, 난세를 평정하기 위해 동분서주하여 신료와 유학자들로부터 존경을 받았다.

한편 조선불교계의 중요한 수행인 선禪과 교敎는 왕조가 바뀌었지만, 갈등과 대립이 지속되고 있었다. 보조 지눌 이후 선교일치가 유행했지만, 양종이 자가自家의 우월주의를 강조한 것은 여전했다. 승과제 시행과 같은 불교중흥을 주도했던 보우는 양종兩宗의 대립을 비판하면서 "교敎는 일선一禪의 돈교頓敎이며, 선禪은 원래 돈교頓敎의 일선一禪"이라 하여 양자의 연원을 하나로 파악하였다. 당시 불교계의 선주교종 경향을 부정적으로 인식하였다. 이와 같은 보우의 선교일체禪敎一體 인식은 선교학의 동질성 외에 그가 살고 있던 동시대 불교계의 처지를 직시한 결과이기도 하다. 그는 "國土에 佛日이 再輝"하기를 염원했던 것이다. 사명당의 사상형성에 절대적인 영향을 미쳤던 휴정 역시 표면적으로는 선교일치禪敎一致를 강조했지만, 실질적으로는 선주교종禪主敎從의 입장이었다. 휴정에게는 피폐된 불교계를 재건하고 교단을 체계화시켜야 한다는 의무감이 있었다. 삼문수학의 수행체계 확립과 임제종 법통에 기반한 정통성 확보는 보우와는 다른 휴정의 화두였던 것이다.

사명당은 일찍부터 유교서를 배웠고, 출가해서는 신묵과 보우에게서 대승경전을 배웠다. 특히 봉은사에서 보우의 강학講學을 수학한 것이 계기가 되어 부활한 승과에 급제하여 중덕中德이 되어 주지소임을 맡을 수 있었다. 그가 휴정의 문하에서 선법禪法을 닦아 깨침을 계기로 선 우위의 입장을 취하고 있었을 것으로 짐작할 수 있지만, 사실과 다르다. 그는 선교의 무리들이 각각 견해를 달리하고 있지만, 찌꺼기만을 탐닉하고 있다고 비판하였다. 문집에 수록된 『법화경』 발문에서는 "흐린 쇠와 일렁이는 물결과 같은 중생이 본성을 돌이켜 일념회귀의 기회만 만난다면 본각불과 같다."고 했고, 『화엄경』 발문에서는 화엄세계의 "그 體는 본래 생성하는 것이 아니어서 시작도 없고 끝도 없으며, 그 用은 실로 소멸하는 것이 아니어서 이루어지는 것도 아니고 무너지는 것도 아니다."라고 하였다. 더욱이 법계연기의 도리를 유교의 강상의 도리를 사례로 들어 설명하기도 하였다. 세상의 자연스러운 이치가 곧 법계의 차원이라는 것이다.

사명당의 이와 같은 선교일치 논리는 난세를 살고 있었던 그가 불법佛法을 수호하고, 백성을 구제해야한다는 현실적 서원과 다른 것이 아니었다. 그는 참전參戰과 포로송환 등으로 칭송과 함께 수행은 하지 않고 명리名利에 집착했다는 구설수가 끊이지 않았다. 그러나 허균이 지적한 것처럼 사명당이 난세를 구제한 것도 진종眞宗의 묘체妙諦를 투철하게 깨우치고, 염화拈花의 밀전密傳을 이어받는 계통으로 생각했기 때문이다. 이것이 사명당의 교학이 지닌 진정한 가치이다.

6

벽암 각성碧巖覺性의 불교중흥

1. 산성축조와 수호

동양위 신익성(東陽尉 申翊聖, 1588~1644)은 시에서 벽암 각성(碧巖覺性, 1575~1660)이 사명당의 제자 송월 응상(松月應詳, 1572~1654)과 함께 "삼한의 제불과 조사의 암자를 나누어 차지했네."라고 읊었다. 벽암 각성이 전란 이후 호남과 호서 일대의 크고 작은 사찰을 중건하고 문도들의 수행도량이 된 사실을 두고 말한 것이다. 각성은 왜란과 호란의 한복판에서 전란에 참여하고 의승군義僧軍과 함께 산성을 축조했으며, 전란으로 폐허가 된 사찰을 중건하였다. 그런가 하면 종통과 종지를 수호하고 선양하기 위해 수행뿐만 아니라 후학양성에도 게을리 하지 않았다.

각성은 자의든 타의든 불교계에 호국과 호법護法이 지속적으로 요구되었던 시기를 살고 있었다. 청허 휴정이 무너진 조선불교의 정체성과 본질을 회복하고 기초를 마련한 상징이었다면, 각성은 전란 후 불교계의 수행환경 회복과 그 위상 정립을 위해 실질적으로 진력한 인물이다. 때문에 당시 광해군과 효종을 비롯한 왕과 왕실, 관료, 그리고 사대부는 그를 호국의 승장僧將과 폐허가 된 사찰의 중건주, 그리고 시詩와 서書에 조예가 깊었던 인물로 기억하였다. 뿐만 아니라 그의 학덕學德과 임제종 지臨濟宗旨를 선양하기 위해 동분서주했던 호법의 면모 역시 동시대 불교계에 널리 알려졌다. 때문에 각성은 청허 휴정과 함께 조선불교의 중흥조라고 할만하다.

각성에 관한 연구는 다양하다. 생애와 사상[1] 그리고 전란 이후 다양한 불사佛事의 인적 기반이 되었던 산성축조와 수호에[2] 관한 검토가 있었다. 그가 중건에 참여했던 순천 송광사[3] 완주 송광사[4] 신흥사와 해인사[5], 화엄사와 법

---

1 고영섭, 「벽암 각성의 생애와 사상-李景奭 撰 「華嚴寺 碧巖堂 覺性大師碑文」을 중심으로」, 『강좌미술사』 52, 한국불교미술사학회, 2019; 고영섭, 「광해군의 불교인식」, 『한국불교사연구』 2, 한국불교사연구소, 2013; 이종우, 「광해군 대의 종교지형 변동-불교정책과 불교계의 양상을 중심으로-」, 『대순사상논총』 36, 대진대학교대순사상학술원, 2020; 오경후, 「朝鮮時代 奉恩寺의 佛敎의 位相과 文化價値」, 『정토학연구』 28, 한국정토학회, 2017; 황인규, 「광해군과 奉印寺」, 『역사와실학』 38, 역사실학회, 2009; 황인규, 「청계산 청계사의 역사와 위상」, 『보조사상』 39, 보조사상연구원, 2013.

2 오경후, 「광해군·인조 년간 승역의 실제」, 『한국불교사연구』 6, 한국불교사연구소, 2015; 전영준, 「碧巖 覺性의 남한산성 축성과 사원 중창」, 『한국인물사연구』 12 한국인물사연구소 2009; 전보삼, 「남한산성의 민족정신 연구」, 『민족과문화』 3, 한양대민족학연구소, 1995.

3 김세영, 「順天 松廣寺 佛祖殿 佛像과 浮休門中의 思想」, 『미술자료』 92, 국립중앙박물관, 2017; 김세영, 「朝鮮後期 華嚴 佛事의 地域的 流行과 僧侶門中 交流 : 송광사 화엄전 불사 중심으로」, 『미술사학』 40, 한국미술사교육학회, 2020.

4 유근자, 「17세기의 완주 송광사 불사와 碧巖覺性」, 『南道文化硏究』 36, 순천대학교 남도문화연구소 2019; 엄기표, 「完州 松廣寺 석조미술의 특징과 의의」, 『보조사상』 47, 보조사상연구원, 2017.

5 문명대, 「碧巖覺性의 조형 활동과 설악산 신흥사 극락보전 아미타삼존불상과 그 복장품의 연구」, 『강좌미술사』 45, 한국불교미술사학회(한국미술사연구소), 2015; 손신영, 「설악산 신

주사 등의 중건과 불교건축[6] 불상 조성이나 불교조각[7] 불화[8] 불서[9]에 이

홍사 극락보전에 대한 연구」, 『강좌미술사』 45, 한국불교미술사학회(한국미술사연구소) 2015; 이강근, 『17세기 碧巖覺性의 海印寺 · 華嚴寺 再建에 대한 연구』, 『강좌미술사』 52, 한국불교미술사학회, 2019.

6 오진희, 「華嚴寺 大雄殿 木 三身佛像의 연구」, 『강좌미술사』 28, 한국불교미술사학회(구 한국미술사연구소), 2007; 이강근, 「미술사의 작가와 유파 ; 건축 : 17세기 법주사의 재건과 양대 문중의 활동에 관한 연구」, 『강좌미술사』 26, 한국불교미술사학회(구 한국미술사연구소), 2006; 유근자, 「영광 불갑사 명부전의 지장삼존상과 시왕상 연구」, 『남도문화연구』 34, 순천대학교 남도문화연구소, 2018; 최성은, 「조선후기 불갑사 불교조각의 一考察」, 『서지학보』 35, 한국서지학회, 2010; 임영애, 「천왕문의 등장: 사천왕상의 봉안위치와 역할」, 『신라문화』 52, 동국대 신라문화연구소, 2018; 정은우, 「조선후기 대형 소조사천왕상의 구조와 제작기법 연구」, 『불교미술사학』 22, 불교미술사학회, 2016; 이강근, 「송림사의 재건과 대웅전 건축의 연구」, 『강좌미술사』 27, 한국불교미술사학회, 2006.

7 문명대, 「벽암 각성의 조형 활동과 불상 조성」, 『강좌미술사』 52, 한국불교미술사학회 2019; 주수완, 「조선 후반기 제2기 불교건축과 예배상과의 관계에서 본 도상의미 연구」, 『강좌미술사』 40, 한국불교미술사학회, 2013; 유근자, 「朝鮮後半期 佛像造成記를 通한 佛像의 造成 背景研究」, 『강좌미술사』 38, 한국불교미술사학회, 2012.; 손영문, 「미술사의 작가와 유파; 조각: 조각승 인균과 불상조각의 연구」, 『강좌미술사』 26, 한국불교미술사학회(구 한국미술사연구소), 2006; 손영문, 「彫刻僧 應惠派 佛像彫刻의 硏究－潭陽 晦迹庵 木造阿彌陀佛像을 中心으로」, 『불교문화연구』 8, 한국불교문화학회, 2006; 최선일, 「南楊州興國寺 大雄寶殿佛像의 製作時期와 彫刻僧의 推論」, 『불교미술』 19, 동국대학교 박물관, 2008; 정명희, 「朝鮮後期 僧匠의 活動과 高興의 佛敎美術」, 『문화사학』 43, 한국문화사학회, 2015; 최성은, 「보성開興寺 목조관음보살좌상을 통해 본 조선후기 조각승 色難」, 『한국사학보』 62, 고려사학회, 2016; 최선일, 「남원선원사 木造地藏菩薩三尊像과 조각승 元悟」, 『미술사학』 27, 한국미술사교육학회, 2013; 김민규, 「〈도선국사 · 수미선사비〉의 제작 장인과 양식 연구」, 『문화재』 48, 국립문화재연구소, 2015; 김미경, 「조선 光海君代의 佛事 연구－안동 仙刹寺 목조석가불좌상 造成發願文을 중심으로」, 『石堂論叢』 67, 동아대학교 석당학원아 2017.

8 이용윤, 「18세기 후반 불국사 대웅전 중창 불사와 후불벽 불화의 조성」, 『미술사학보』 50, 미술사학연구회, 2018; 박도화, 「碧巖覺性 발원 順天 松廣寺刊 大方廣佛華嚴經疏 變相圖」, 『강좌미술사』 52, 2019; 박도화, 「碧巖 覺性 발원 順天 松廣寺刊 大方廣佛華嚴經疏 變相圖」, 『강좌미술사』 52, 한국불교미술사학회 2019; 김정희, 「碧巖 覺性과 華嚴寺 靈山會掛佛圖」, 『강좌미술사』 52, 한국불교미술사학회 2019; 이용윤, 「조선후기 黃嶽山 畵僧의 활동과 碧巖門中의 助力」, 『美術史學研究』 297, 한국미술사학회, 2018; 선오, 「畵僧 義均의 門中과 畵緣關係」, 『불교미술사학』 28, 불교미술사학회, 2019; 이용윤, 「17세기 淸州 畵僧 信謙의 활동과 괘불도 조성」, 『미술사연구』 36, 미술사연구회, 2019; 이용윤, 「일제강점기 기록자료로 본 북한의 조선후기 불화－함경도와 강원도를 중심으로」, 『미술사학연구』 304, 한국미술사학회, 2019; 정명희, 「〈長谷寺 靈山大會掛佛幀〉에 보이는 도상의 중첩과 그 의미」, 『불교미술사학』 14, 불교미술사학회, 2012.

르기까지 광범위한 연구가 있었다. 이와 같은 연구의 다양화는 각성이 전란 참여와 산성축조 이후 의승군과 함께 조직적으로 참여했던 사찰 중건과 다양한 불사가 양적 질적 확대를 가져오는 계기가 되기도 하였다. 그의 저술과 불서 간행은 동시대 불교계의 선교학 경향을 살필 수 있고, 사찰 중건을 중심으로 한 불상, 불화 조성 등은 조선 후기 불교미술의 경향과 특성을 파악하는데 기여하고 있다.

이 글은 선학들의 성과를 기반으로 왜란과 호란 이후 벽암 각성의 불교계 재건과 중흥을 위한 활동을 통해 궁극적으로 불교사적 가치를 규명하고자 한다.[10]

각성은 병자호란 당시 인조가 세자와 백관을 대동하고 남한산성으로 들어갔다는 소식을 듣고 "우리도 왕의 백성에 속한다. 더구나 보제普濟하여야 하는데 종묘와 국사가 위급하게 되었으니, 차마 앉아서 볼 수가 없다 하고는 격문檄文을 돌려 호남의 승려를 부르자 수천이 서로 따랐다."고[11] 한다. 일찍이 임란 당시에도 스승 부휴 선수浮休善修를 대신해 명군明軍을 따라 해전에 참전한 것을 보면 소극적 태도가 아닌 수행자가 짊어져야 할 사은四恩에 대한 보답이었을 것이다.

---

9 서수정, 「새로 발견한 벽암 각성의 『禪源圖中決疑』 간행 배경과 그 내용」, 『불교학연구』 55, 불교학연구회 2018; 송일기, 「泰仁 龍藏寺 開板佛事 研究」, 『서지학연구』 71, 한국서지학회, 2017; 김지완, 남권희, 「17세기 태인 용장사 간행 불서의 서지적 분석」, 『서지학연구』 71, 한국서지학회, 2017; 노기춘, 「順天 松廣寺 開板佛事에 관한 연구 : 壬亂以前 有刊記 佛書를 中心으로」, 『書誌學研究』 25, 書誌學會, 2003.6; 노기춘, 「順天 松廣寺 開板佛事에 관한 연구 Ⅱ－壬亂以後 有刊記佛書를 中心으로」, 『書誌學研究』 26, 書誌學會, 2003.12.
10 필자가 언급한 소주제의 세부적인 사항에 대해서는 이미 소개한 연구성과를 참고하기 바란다.
11 李景奭, 「華嚴寺碧岩堂覺性大師碑文」.

"상이 하교하였다. "南漢城이 내지에 위치하고 있지만, 실로 天險의 요새지인데, 환란이 있기 전에 미리 대비하는 것은 우연한 뜻이 아니다. 다행히 일을 맡은 신하들이 힘껏 직무를 수행하고 승려들이 열심히 일해 준 덕분에 20리에 달하는 높은 성이 2년 만에 완공되었으니 이렇게 빨리 이룬 工役은 천고에 예를 찾기 어렵다.""[12]

남한산성의 축조는 이괄李适의 난과 후금後金의 조선에 대한 압력이 가중되자 1626년(즉위 2년) 7월에 시작하여 1626년(인조 4) 11월에 완성하였다. 당시 총융사摠戎使 이서李曙가 각성과 성응應聖에게 팔도의 승군을 모집케 하여 2년 4개월 만에 공사를 끝냈다.[13] 처음에는 삼남과 경기·강원도에서 인력을 선발하여 산성을 쌓고 수비하는 의견이 나왔지만, 식량이 부족한 상황에서 양병養兵할 상황이 아니었다.[14] 더욱이 군역이 과중하여 역을 피해 승려가 되는 자들이 속출하기까지 하였다.[15] 임진왜란과 광해군·인조대에 사회경제적 상황이 점차 악화되고 있음을 의미한 것이다. 이와 같은 상황에서 인조는 남한산성을 축성하기 위해 승군을 조직하고 산성 안의 개운사를 승병의 주둔지로 삼아 수어영守禦營에 예속시켰다. 또한 각성을 팔도도총섭으로 삼아 승도들을 통솔하여 산성 축조를 감독하도록 하였다.[16]

12 『인조실록』제13권, 인조 4년 7월 22일조.
13 李能和「南漢山寺守城緇營」,『朝鮮佛教通史』下, 828쪽.
14 『비변사등록』제3책, 인조 2년 4월 30일조.
15 『인조실록』제33권, 인조 14년 8월 20일조.
16 이능화,「碧巖覺性」,『朝鮮佛教通史』上(경성:신문관, 1918), 488쪽.

"인조 갑자년을 살펴보면, 성을 쌓을 때 僧 각성을 팔도도총섭으로 삼아 축성의 일을 전임케 해 팔도승군을 모집하였다. 또한 성안의 여러 사찰에 부역하는 팔도 승군의 식량 공급 등의 일을 분장하도록 명하였다. 그러므로 각 사찰에서는 비로소 主管이 생겨 각 도의 義僧入番, 僧摠節制, 中軍, 主將 등의 이름이 있었다. 성안의 9寺는 갑자년(1624)에 시작하여 望月寺가 가장 오래되었고, 玉井寺가 그 다음이다. …모두 수성의 임무를 맡아 9寺는 각각 무기와 화약을 소장하였다."[17]

인조는 즉위 2년, 각성을 승군의 우두머리인 팔도도총섭으로 임명하고, 승군을 모집하였으며, 승군이 주둔할 수 있는 사찰을 창건하고 승군 조직의 체계를 마련하였다.[18]

〈표 1〉 남한산성 승군 편성과 승영사찰

승군편성	승영사찰(僧營寺刹)
僧軍摠攝 1, 僧中軍 1, 敎鍊官 1, 哨官 1, 旗牌官 1, 原居僧軍 138, 義僧 356	開元寺, 漢興寺, 國淸寺, 望月寺, 長慶寺, 天柱寺, 玉井寺, 東林寺, 水鍾寺, 奉恩寺

17 이능화, 「南漢山寺守城緇營」, 『朝鮮佛敎通史』 下(경성:신문관, 1918), 828쪽.
18 정조 역시 "대개 승군의 제도는 이때에 비로소 크게 갖추어졌다 하는데, 경들도 들었는가?" 하매, 서명응이 말하기를, "과연 이때에 창설하였다 합니다."라고 하여 조선의 승군제도 체계가 이때 마련된 것을 알 수 있다.(『정조실록』 8권 정조3년 8월 3일조)

표는 남한산성을 축조할 때 조직한 승군 조직과 승군을 관리할 승영 사찰이다. 9개의 사찰 가운데 개원사는 팔도도총섭이 주석하였으며, 승군의 총 지휘부이자 승영사찰의 본사本寺였다. 한 번에 몇 섬의 쌀을 밥으로 지을 수 있는 200여 근의 큰 놋쇠 솥 4개가 있었을 정도로 규모가 큰 절이었으며, 불서佛書가 전래 되어 수행의 본분을 지키고 있었던 것을 확인할 수 있다.[19] 개원사·한흥사·국청사·장경사·천주사·옥정사·동림사 7개 사찰은 성을 쌓을 당시 새로 지었다. 산성의 북쪽에 4개, 남쪽에 5개의 사찰이 자리잡고 있었다. 후에 영원사靈源寺가 창건되면서 모두 10개의 사찰이 산성의 주둔지이자 수행도량이었다. 국청사와 한흥사는 남한산성 당시 각성이 창건하고 절 이름을 지었다. 후금이 국호를 '청淸'으로 바꾸고 칸汗과 절의 '한漢의 발음이 같아 인조가 기이하게 여겨 각성에게 매우 후하게 상을 내렸다고[20]한다.

남한산성 축조는 전국의 승려를 역사役事에 무상징발했을[21] 뿐만 아니라 산성 안의 사찰에 식량 조달 방안도 마련되었다.[22] 광해군 대에는 역에 동원된 승군에게 쌀과 포布를 지급했던 것과는 달리 인조 대에는 지급하지 못했던 상황이었다.

---

19 이능화, 앞의 책.
20 『정조실록』 정조 3년 8월 9일조.
21 『인조실록』 제7권, 인조 2년 10월 16일조.
22 각성은 당시 성을 쌓을 때 두 절을 창건하여 '國淸'·'漢興'이라 이름짓기도 하였다.(『정조실록』 8권 정조 3년 8월 9일조.)

"비변사에서 아뢰기를 "승려 覺性이 조정의 명령에 따라 僧徒를 이끌고 남한산성에 들어와 머문 지도 이제 곧 석 달째가 됩니다. 그가 기왕 나라의 일로 왔으니 마땅히 관에서 料米를 주어야 할 것 같은데 조정에서 분부가 없어 그로 하여금 간신히 빌어먹게 하고 있으니 자못 안스러운 일입니다. 지금 東萊府使의 장계를 보면 이 승려들이 떠날 시기가 늦어질지 혹은 빨라질지를 확실히 알 수 없다고 하니 더군다나 糊口之策을 강구해 주지 않을 수 없습니다. 그를 따르는 승려 20명도 모두 데리고 갈 사람들이니 처지가 각기 흩어 보내기도 어렵게 생겼습니다. 산성의 耗穀에서 사람 수를 헤아려 요미를 주라고 분부함이 어떻겠습니까?" 하니, 알았다고 답하였다."[23]

인조 대의 식량 사정이 열악해서 승군을 동원할 때 식량을 스스로 마련해서 오도록 하거나 역사役事가 진행되는 과정에서도 지급할 식량이 없어서 "빌어먹게"했을 것이다. 각성이 남한산성에 주둔하여 성을 쌓고 수비하면서 나타난 상황은 자구책을 마련할 수밖에 없었다. 급기야 비상시를 위해 준비해 두었던 모곡耗穀을 각성과 승군들에게 지급하도록 명하였다. 이와 같이 산성축조를 중심으로 한 역에 동원된 승려들에 대한 처우가 점차 열악해져 갔음을 엿볼 수 있다. 이후 남한산성은 병자호란 이후에도 축조나 보수의 일이 많아 승군이 빈번하게 동원되었다. 산성을 쌓는 중요하고 고된 부역賦役은 승군외에는 감당하기 어려웠다. 때문에 전라·경상·충청도와 강원도의 도첩이 없는 승려를 뽑아 3개조로

---

23 『비변사등록』 7, 인조 20년 9월 25일조.

나누어 5일 간격으로 올려보내게 하였다.[24]

결국 인조는 각성이 남한산성 축성 감독을 마치자 보은천교원조국일
도대선사報恩闡教圓照國一都大禪師라는 호와 의발 및 석장錫杖을 하사하였다.
각성은 1640년(인조 18) 적상산성도 수호하였다.

> "적상산성은 산세가 높고 가파라서 사람들이 살기에 불편합니다. 만
> 약 승도들을 모집하여 들여보내지 않으면 지킬 수 없습니다. 승려 각
> 성을 삼남도총섭이라고 칭하여 인신(印信)을 지급해 주고서, 그로하여
> 금 문도들을 거느리고 성안에서 살게 하소서."[25]

전라감사 원두표元斗杓가 왕에게 각성을 삼남도총섭으로 임명하여 적
상산성을 수비하게 할 것을 치계馳啓하였다. 각성은 1633년(인조 11)에
묘향산에서 적상산성으로 옮겨 온 사고史庫[26] 역시 효종이 즉위하면서부
터 수직守直하였다.[27]

각성의 이와 같은 산성 축조와 수호는 조정이나 지역의 물적 지원 없
이 자구책을 마련해야 하는 지난한 일이었다. 각성은 이후 전란으로 폐
허가 된 호남과 호서 일대의 많은 사찰을 중건하고 불상을 조성하며, 불
서를 간행하였다. 사찰 중건은 인적 물적 자원이 대규모로 소비되는 막
대한 공사였다. 아울러 조직을 효율적으로 운영하는 것 역시 매우 중요
한 일이었다. 각성이 비교적 짧은 기간에 불사를 마치고, 지속적으로 공

---

24 『비변사등록』 제5책, 인조 16년 2월 5일조.
25 『인조실록』 제40권, 인조 18년 5월 21일조.
26 『인조실록』 제28권, 인조 11년 1월 23일조.
27 李景奭, 「華嚴寺碧岩堂覺性大師碑文」.

사를 할 수 있었던 것은 남한산성 축성 당시의 승군 조직이 중요기반이
되었을 것으로 생각한다. 중건 당시의 체계적인 조직 역시 승군 조직이
기초가 되었을 것이다.

2. 사찰중건

이경석李景奭은 각성이 "여러 산의 많은 절을 혹은 창건하고 혹은 중수함
이 계곡에 소나기가 내린 것 같았다. 동방의 사찰로 화엄의 굉제宏制와 송
광의 가람 그리고 그 큰 것. 여타를 다스릴 수 있었다."고[28] 하였다. 벽암
각성의 사찰 중건 참여와 주도는 남한산성 축조 이후부터 본격화되었다.
송광사(순천), 송광사(완주), 해인사(합천), 법주사(보은), 화엄사(구례), 쌍계
사(하동) 등 호남과 호서의 사찰 중건이 대표적인 사례들이다.

> "근세에 浮休 善修가 법을 이어서 이 절에 살았고, 碧巖 覺性과 翠
> 微 守初에게 법을 전하였다. 세 분 모두 도법을 펼쳐 절을 넓히고 장
> 엄하여 여러 국사들이 계셨던 때보다 더욱 융성하였다. 그러나 宗脈은
> 달랐다. 臨濟로부터 18대를 내려와 石屋 淸珙에게 전해졌는데, 고려
> 때 太古 普愚가 청공의 법을 전해 받았다. 다시 6대를 내려와 浮休에
> 게 전해졌으니 그렇다면 이는 여래의 正眼이며 목우자에게서 직접 전
> 해 받은 것은 아니다. 게다가 나옹과 무학의 부도도 여기에 있다. 취미

---

28 李景奭, 「華嚴寺碧岩大師碑」.

의 적통인 柏菴 性聰이 이 절을 관리하게 되었는데 그는 깨달음과 학식이 근세의 조사들을 능가하여 멀리에서나마 목우노인의 기풍을 이었다. 근원을 달리하는 물줄기가 바다로 들어가면 같아진다 하는 것이 바로 이런 경우가 아니겠는가. 이 절은 이때부터 더욱 빛났으니 영겁토록 바뀌지 않음을 예상할 수 있다.”[29]

1678년 조종저趙宗著가 찬한 송광사사적비의 일부분이다. 보조 지눌 이후 '동방제일도량'의 위상을 지니고 있었던 순천 송광사는 임진왜란과 정유재란으로 수각水閣과 임경당臨鏡堂, 보조암普照庵, 천자암天子庵 등이 소실되고, 승려들이 절을 떠나 폐사될 위기에 있었다고 한다. 이에 응선應禪이 중건을 시작하면서 부휴 선수에게 머물기를 청하였다. 1609년(광해군 1) 부휴 선수는 제자 400명을 거느리고 송광사의 조전祖殿·동행랑東行廊·천주문天王門 등을 새로 짓고 그 외의 건물도 보수하였다. 그리고 600명의 승려들이 부휴를 중심으로 동안거 수행 등을 통해 보조유풍을 계승하고 송광사의 명맥을 잇게 했다고[30] 하였다. 이들은 전각 외에도 보조국사 지눌의 「권수정혜결사문」, 「계초심학인문」 등을 비롯하여 많은 수의 불교 전적을 간행하고, 16국사의 진영을 보수하기도 하였다.[31] 사적비는 부휴 선수가 비록 목우가풍을 잇지 않고 임제종지를 계승했지만, 근원을 달리하는 물줄기가 바다로 들어가 같아졌을 뿐만 아니라 부휴와 문도들이 송광사에 머물면서 더욱 번성하였다고 하였다. 부휴와

29 趙宗著, 「昇平府曹溪山松廣寺嗣院事蹟碑」, 『조선불교통사』 하, 1918, 신문관, 350~351쪽.
30 綺山 錫珍, 『曹溪山松廣寺誌』, 松廣寺, 1965, 168쪽.
31 待價 希玉, 「十六國師眞影記」.

문도들의 송광사 정착은 사찰 중건의 차원이 아닌 조선 중후기와 오늘날 한국불교의 근간이 되기도 한 상징적인 사건이었다.

> "…… 산문의 老宿들이 한결같이 말하기를, 이 無量道場이 열렸는데 그 의례와 규범은 대중들이 승복하지 못할 자라면 禪壇을 제압하고 주관할 수 없다. 지금 세상에 스승으로 삼아 가르침을 받을 분은 碧巖大師만한 이가 없으니 다 같이 찾아가 머리를 조아려 청하자고 하였다 이에 앞서 대사는 조정의 명을 받아 막 赤裳山에 머무르게 되었는데 계율을 지키고 담박함을 지니며 겸손하게 스스로를 높이지 않았으며 조정의 명을 내세워 사양하였다."[32]

완주 「송광사개창비松廣寺開創碑」의 일부분이다. 보조가풍을 잇고 있었던 원암사圓巖寺의 승려 응호應浩, 승명勝明, 운정雲淨 등은 쇠락한 절을 중건하여 보조의 뜻을 잇고자 맹세하고는 모연募緣하여 1622년(광해군 14)에 절을 중건하기 시작하였다. 절의 모습이 갖추어지자 절의 노숙老宿들은 벽암 각성을 주석케 하고자 뜻을 모았고, 적상산성을 수호하는 역할을 맡게된 각성은 문도들과 송광사에 주석하면서 대웅전 삼세불상과 나한전 석가삼존상, 나한상 조성 등의 중건사업을 마무리하였다. 아울러 각성은 지리산에서 옮겨와 바로 화엄대회를 개최했는데, 참여 대중은 1,000여 명이었고 50일 동안 행해졌다고[33] 한다. 각성은 이미 스승 부휴를 따라 순천 송광사를 중건하고 단절되다시피한 보조유풍을 회복시킨

---

32 申翊聖, 「松廣寺開創碑」, 『朝鮮金石總覽』(下), 868~869쪽.
33 申翊聖, 「松廣寺開創碑」, 『朝鮮金石總覽』(下), 870쪽.

적이 있었다. 때문에 송광사에서 개최한 화엄대회는 당시 불교계의 화엄학을 중심으로 한 강학의 유행을 더욱 활발히 하였고, 보조가풍의 정체성과 가치를 중흥시키려는 노력으로 평가할 수 있다.

한편 각성이 참여한 송광사 중건은 왕실과 신료, 지역민들로 하여금 불교가 지닌 가치를 재확인하는 계기가 되기도 하였다. 1641년 조성한 대웅전 삼세불상은 인질로 심양瀋陽에 간 소현세자와 봉림대군의 귀국을 바라면서 조성되었고, 「송광사개창비」는 선조의 사위 신익성이 찬하고 선조의 아들 의창군 이광義昌君 李珖이 글씨를 썼다. 이와 같은 송광사 중건불사에 왕실이 참여한 것은 각성의 영향이 컸다. 일찍이 광해군은 무고사건이 계기가 되어 선수와 각성을 신임하였고, 인조는 각성이 남한산성을 축조한 뒤 보은천교원조국일도대선사報恩闡敎圓照國一都大禪師라는 시호를 하사하였다. 그런가 하면 효종은 왕세자로 있을 때 각성이 설한 화엄종요華嚴宗要를 듣고는 크게 칭찬하기도 하였다.[34] 신익성 역시 각성과 교분이 두터웠다. 그는 각성이 남쪽에 거처하면서 자신의 문호를 세웠다고 하고는 "불경佛經에 깊이 통달하여 옳은 듯한 설법으로 불도를 수식할 수 있었고, 그 재주는 스스로 웅대해질 만하였으니 이른바 정신과 역량이 남들보다 뛰어난 사람이었다."고[35] 칭송하였다. 결국 쇠락한 원암사 중건에 참여한 각성은 사찰을 일신시키는데 기여하였고, 목우자가풍의 회복을 통해 불교중흥을 실현하고자 하였다.

---

34 白谷 處能, 「賜報恩闡敎圓照國一都大禪師行狀」, 『大覺登階集』 卷2(『韓佛全』 8, 329c~331a)
35 申翊聖, 「贈義賢序」, 『樂全堂集』 제5권 序.

"鐵面子의 記에 이르기를 선조대왕 26년 계사년(1593)에 왜구가 멋대로 날뛰며 백성을 죽이고 재물을 약탈하였으며, 절의 건물과 불상이 모두 불타버렸다. 비록 뜻있는 자가 있어 재건할 것을 역설하였으나 37년만인 庚午年(1630)에 벽암대사가 화엄사에 오신 뒤로 6, 7년 사이에 재건이 이루어졌다. 법당은 대화사 印海·德日·智英·思印이 普元·善美·杜岑·靈惠의 工匠을 청해다가 이룩하였고, 불상은 대화사 懶黙과 希寶가 淸憲, 英頤, 印均, 應元을 청해서 조성하였으며……, 鐘은 大化士 應照·太玄이 智安·太嚴을 청해서 만들었고, 佛畫는 大化士 印和·寶元이 守安·天機·戒祐·性惠를 청해서 이루었으며, 丹青은 大化士 思順·勝安·雪寒·妙嚴에 의해 이루어졌다……"[36]

「화엄사사적기」는 왜란 당시 왜구가 화엄사를 불태워 잿더미가 되었다고 하였다. 이에 각성은 1630년부터 1636년까지 대웅전을 완공하였다. 예컨대 절의 중심 구역에 대웅전을 짓고, 그 동쪽에 명부전, 앞쪽에는 보제루普濟樓를 세워 중정中庭에 중심구조를 만들었으며, 천왕문과 일주문을 세워 산문체제를 완성하였다. 화엄사는 중건 이후 의창군이 쓴 '지리산화엄사智異山華嚴寺'와 '대웅전大雄殿' 현판을 걸기도 하였다. 1632년에는 사천왕상을 조성하였는데[37] 천왕문과 천왕상 조성은 각성의 사찰 중건이 지닌 특징이기도 했다. 각성이 법주사를 중건한 1624년 제작한 소조塑造 사천왕상은 6m에 이르는 우리나라에서 제일 큰 대형 입상立像

36 曼宇 鄭秉憲, 「海東湖南道智異山大華嚴寺事蹟」(1928), 『불교학보』 6, 동국대학교 불교문화연구소, 1969, 222쪽.
37 문화재청, 『구례 화엄사 대웅전 정밀실측조사보고서』, 대전: 문화재청, 2013, 42~43쪽.

으로 천왕문에 봉안되어 있다. 이밖에 왜란과 호란 직후 송광사(순천), 송광사(완주), 화엄사 등 각성이 중건 불사에 참여한 사찰에는 천왕문과 대형 사천왕상이 남아있다.[38] 각성이 승병을 모아 전란에 참여하고, 산성을 쌓고 지킨 것을 고려하면 천왕문과 천왕상 조성을 통해 호국정신을 기리고 선양했음을 어렵지 않게 집작할 수 있다. 1641년 조성 봉안한 송광사 삼세불상의 조성발원문이 "전쟁으로 희생당한 장졸將卒들이 깨끗한 곳에 태어나 제불諸佛을 친견하고 고해苦海를 떠나 하루 빨리 부처님 땅에 오르라"라 한 것을 보면[39] 각성이 왕조의 안녕과 함께 전쟁으로 목숨을 잃은 장졸들을 추모하고 있음을 알 수 있다. 각성의 중건 이후 1650년 효종은 화엄사에 '선종대가람禪宗大伽藍'의 교지를 하사하였다.

한편 화엄사 대웅전 중건은 책임별로 공정을 실행하는 감독체계를 볼 수 있다. 각성과 문도들이 체계적이고 대규모 불사를 지속적으로 할 수 있었던 근간이었던 것이다. 이것은 고흥 능가사 중건과정에서도 알 수 있다. 예컨대 각성의 문도들이 주도했던 능가사 중건은 각 전각마다 불상과 불화 등 불사 업무를 분담하였고 각 분야를 총괄하는 승려는 화사化士, 대화사大化士를 맡았다. 화사는 불사의 책임자로 시주자뿐만 아니라 불사를 진행할 승장을 모집하였다.[40] 또한 16세기는 중건 불사를 주도하는 승려가 주석처를 옮김에 따라 그의 문도가 함께 옮겨

---

38 임영애, 「천왕문의 등장: 사천왕상의 봉안위치와 역할」, 『신라문화』 52, 동국대 신라문화연구소, 2018;정은우, 「조선후기 대형 소조사천왕상의 구조와 제작기법 연구」, 『불교미술사학』 22, 불교미술사학회, 2016.

39 유근자, 「17세기의 완주 송광사 불사와 碧巖覺性」, 『南道文化研究』 36, 순천대학교 남도문화연구소, 2019, 163쪽.)

40 정명희, 「朝鮮 後期 僧匠의 活動과 高興의 佛教美術」, 『문화사학』 43, 한국문화사학회, 2015, 125~127쪽.

가며 사찰을 중건하는 현상이 나타났다. 화엄사의 재건 불사에 참여한 각성의 문도들은 각성이 거주처를 옮김에 따라 함께 옮겨가며 불사를 진행하였다. 화엄사에 앞서서 법주사 팔상전 재건(1605), 해인사 수다라장(1622)과 법보장(1624), 완주 송광사 개창(1636), 완주 송광사 불상 조성(1641), 통도사 대웅전 재건(1645), 운문사 대웅보전 재건(1653) 등에서 그 사례를 찾을 수 있다.[41] 이와 같은 사찰중건이나 다양한 불사조직은 이전 시기에도 있었지만, 왜란과 호란의 참여와 산성축조와 수호를 맡은 승군조직이[42] 사찰중건에서도 그 조직이 체계적이고 효율적으로 운영된 듯하다.

해인사는 1622년 수다라장修多羅藏과 1624년 법보전法寶殿을 크게 수리하였다.[43] 각성은 중영重營 공사 '산중대덕山中大德'에 조계종 대선사로 이름을 올렸다. 그와 함께 '산중대덕질山中大德秩'에 이름을 올린 조계종대선사 응상應祥·지식 계훈知識戒訓·종사 덕일宗師德ㅡ 등은 화엄사 대웅전 재건에도 참여하였다. '시주질' 비구 난에 적혀 있는 조계종대선사 해인사 주지 계진戒眞·시주 성진施主 性眞·묘신妙信도 화엄사 대웅전 중창에 참여하였다. 해인사 대장전의 중영重營 불사에 앞장선 이들이 1630년대에 화엄사 재건에 참여한 사실에서 선수善修와 각성이 머물렀던 해인사와 화엄사의 밀접한 관계를 사릴 수 있다.[44]

---

41 이강근, 「17세기 佛殿의 장엄에 관한 연구」, 동국대학교 박사학위논문, 1995, 98~102쪽, 정명희 앞의 글, 127쪽 각주 29)에서 재인용.

42 이능화, 「南漢山寺守城緇營」, 『朝鮮佛教通史』 下(경성 : 신문관, 1918), 828쪽 참조.

43 〈修多羅藏上樑文〉 "天啓二年壬戌七月十八日…", 〈法寶殿上樑文〉 "天啓四年歲次甲子四月…"

44 이강근, 『17세기 碧巖覺性의 海印寺·華嚴寺 再建에 대한 연구』, 『강좌미술사』 52, 한국불교미술사학회, 2019, 79~80쪽.

"암자 이름이 國一인 것은 임금이 내린 시호이기 때문이고, 이곳에 影幀을 봉안한 것은 이곳이 존자가 오래 머문 곳이기 때문이다. 그러나 그 影龕이 흐릿해져 우러러 예배하는 이들이 안타깝게 여겼다. 다행히 올봄 門孫인 雲波가 떨치고 일어나 옛 감실을 철거하고 10여 발짝 앞으로 내어 별도로 그려 影幀을 옮기니, 멀리서 바라보면 황홀하게 존자가 다시 살아난 듯하였다. …… 지금은 다만 雲波가 영감을 개수한 정성을 간략하게 써서 감실 머리에 건다."[45]

해인사 국일암國一菴의 벽암 영감碧巖影龕 중건 기문이다. 각성이 인조에게 하사받은 '국일도대선사國一都大禪師'의 '국일國一'을 따서 명명한 것이다. 각성의 5세 문손 운파雲波는 각성의 진영을 모신 영감을 일신시켰다. 그는 옛 감실을 철거하고 암자에서 10여 발짝을 내어 새로 짓고 진영을 새로 제작해 옮겼다고 한다. 운파는 일을 마치고 우선愚善과 함께 유기有機에게 각성의 영찬影讚을 부탁하니 유기는 "억지로 네 개의 '이尼'자로 압운하여 각성의 명성과 덕행을 드러내기 어렵다고[46] 칭송하였다. 진영 뒷면에는 1780년(정조 4) 12월 1일에서 10일 사이 진영을 제작하여 국일암에 모신다聖上四年庚子季冬上浣日繪成于國一菴室中는 내용과 별좌 정관政寬과 화승 유홍有洪이 기록되어 있다.

각성은 1598년 선수를 따라 법주사에서 가야산으로 옮겨갔고, 그후 해인사에서 머문 시기는 1622년과 1642년 무렵이며, 인조로부터 시호를 받은 해가 1624년이다. 각성이 1646년 가을 속리산에서 고한 희언

---

45 海峯 有機, 「碧巖尊者影龕記」, 『好隱集』 卷4(『韓佛全』 9, 727a.)
46 海峯 有機, 「碧巖尊者影讚幷小引」, 『好隱集』 卷4(『韓佛全』 9, 727b.)

(孤閑熙彦, 1561~1647)과 이웃해 살면서 왕래했다고[47] 하니 그 이전에 국일암에서 오랫동안 머문[48]듯하다. 국일암 입구에는 부휴 선수·벽암 각성·고한 희언의 부도가 현존한다. 희언과 각성이 가야산·팔공산·속리산을 번갈아 가면서 오랫동안 함께 지낸 것을 생각하면 국일암은 그 사세가 적지만, 부휴 문중의 정체성을 지닌 또 다른 상징으로 평가할 수 있다.

49

〈표 2〉 벽암 각성과 문도의 佛事 사례[49]

지역	사찰	시기	내용	비고
전라도	佛甲寺	1654	명부전 21구의 尊像	無染과 그의 제자 海心 참여
	開興寺	1680	목조관음보살상	문도 色難 주도

---

47 白谷 處能, 「賜報恩闡教圓照國一都大禪師行狀」, 『大覺登階集』 卷2(『韓佛全』 8, 329c~331a.)

48 白谷 處能, 「孤閑大師行狀」, 『大覺登階集』 卷2(『韓佛全』 8, 331c.)
   백곡은 희언의 행장에서 "임오년(1642, 인조 20)에 대사는 대구 팔공산에 있었다. 碧巖大師(1575~1660)가 조정의 명을 받고 대궐로 가는 도중에 길을 돌아 대사를 찾아가 인사를 올렸는데 서로 의기투합함이 마치 형제와 같았다고 하였다. 얼마 안있어 대사는 가야산으로 옮겨 갔다. 나이 80여 세에 잡목을 헤쳐 초막을 짓고 작은 집에 만족하면서 휴식을 취하고 있었다. 그때 벽암 대사가 묘향산에서 대사를 만나러 왔는데 두 사람은 재회를 매우 기뻐하였다."고 하였다. 국일암이 처음에는 희언의 수행처였을 것이라는 추측도 가능케 한다.

49 이 표는 다음의 연구성과를 기초로 작성하였다.
   문명대, 「碧巖覺性의 조형 활동과 설악산 신흥사 극락보전 아미타삼존불상과 그 복장품의 연구」, 『강좌미술사』 45, 한국불교미술사학회(한국미술사연구소), 2015; 유근자, 「영광 불갑사 명부전의 지장삼존상과 시왕상 연구」, 『남도문화연구』 34, 순천대학교 남도문화연구소, 2018; 최성은, 「보성 開興寺 목조관음보살좌상을 통해 본 조선후기 조각승 色難」, 『한국사학보』 62, 고려사학회, 2016; 김민규, 「〈도선국사·수미선사비〉의 제작 장인과 양식 연구」, 『문화재』 48, 국립문화재연구소, 2015; 김미경, 「조선 光海君代의 佛事 연구-안동 仙刹寺 목조석가불좌상 造成發願文을 중심으로」, 『石堂論叢』 67, 동아대학교 석당학술원 2017; 이용윤, 「18세기 후반 불국사 대웅전 중창 불사와 후불벽 불화의 조성」, 『미술사학보』 50, 미술사학연구회, 2018.

	道岬寺	1622	道詵・守眉碑	각성과 太能 참여
경상도	仙刹寺	1622	목조석가불좌상	광해군 비 章烈王后 후원으로 조성시 참여
	佛國寺	1765-1769	대웅전 중창	28인의 영호남 승장 참여 후손 桂坡 聖能 참여
강원도	神興寺	1649~1651	극락보전중창 아미타삼존불상조성	覺性과 門徒 無染 등 전라도 僧匠 참여
경기도	興國寺	1770년 전후	대웅보전 불상	후손 進悅・靈熙・天機 전라도 僧匠인 참여
충청도	法住寺	1626	대웅보전 우보처불상	조성에 참여

표는 각성과 문도들이 주도하거나 참여한 불사의 대체적인 사례들이다. 주목할 것은 각성과 문도들이 전라도에 국한되지 않고 강원도와 경상도의 사찰 중건이나 불상 조성에 참여한 사실이다. 우선 살필 수 있는 것은 전란으로 소실되거나 폐허가 된 사찰이나 불상과 같은 성보聖寶가 많았으며, 중건 불사를 감당할 정도로 각 지역의 승장僧匠이 충분하지 못했다는 사실이다. 이와 같은 상황에서 각성은 산성축조와 수호의 조직력을 기반으로 체계적인 중건 불사를 주도했고, 그것은 지역을 초월한 것이었으며 후학양성으로 이후 불교건축과 불상・불화 등 불교미술 발전의 원동력이 되었다.

3. 불서간행

각성은 출가 이후 계율을 지키고 불경을 외우고 익히면서 그 의미를 남김없이 철저히 연구했다. 3분5전三墳五典에 뜻을 두어 유교와 도교 그리고 제자백가로부터 여러 가지 역사서와 패관잡기에 이르기까지 두루 읽어 보지 않은 책이 없었다. 때문에 "시를 잘 지어 운곡 충휘雲谷冲徽·소요 태능逍遙太能·송월 응상松月應祥 삼걸을 능가했다."는[50] 지적은 무리가 아닐 것이다. 각성은 "선수를 따라 속리산에 들어갔고, 덕유산, 가야산, 금강산 등의 산을 두루 돌며 날로 패엽貝葉을 열람하고 이로부터 서로 따르며 잠시도 떨어지지 않았다."[51] "스승 선수를 모시고 거의 30년 동안 공부하면서 의문점이 있으면 질문을 해서 해답을 얻기를 게을리 하지 않았다. 스승의 학문을 전해 받고 임제종의 교리를 크게 떨쳤다."

그의 수행은 남달라서 "수국암壽國菴에 머물 때는 돌덩어리처럼 꼼짝 않고 선정禪定에 들어가 온정신을 쏟아부었다."고[52] 한다. 스승 선수가 세상을 떠나자 많은 사람들이 뒤를 잇기를 요청하였으나 각성은 겸손히 사양하였지만, 많은 사람들의 뜻이 더욱 간절하였으므로 칠불암七佛菴에서 설법을 하였는데 뛰어난 스님들이 모여들었다. 1618년(광해군 10) 가을 신흥사神興寺에서는 그에게 배우고자 7백 명의 대중이 자리를 메웠다. 그러나 자신에게 일어나는 일을 번거롭게 여겨서 태백산 전천동箭川洞으

---

50 白谷 處能, 「賜報恩闡教圓照國一都大禪師行狀」, 『大覺登階集』 卷2(『韓佛全』 8, 329c~331a).
51 李景奭, 「華嚴寺碧岩大師碑」.
52 白谷 處能, 앞의 글.

로 들어가 자취를 감추기도 하였다.[53] 이경석은 각성의 수행과 덕화德化
를 다음과 같이 칭송하였다.

> "대체로 생각에 망령스러움이 없고 얼굴에 부끄러움이 없었으며 허
> 리를 굽히지 않았다. 神珠가 한결같이 비추고 定水가 涵光하여 華嚴이
> 蕭倡해서 大厲가 물러나고 땅을 깨끗하게 해 썩은 고기의 도깨비가 頓
> 絶하기에 이르렀다. 그리고 猛虎가 길을 보호하고 길가마귀가 순종하
> 여 모였고 肩鷄가 삶을 얻었다. 그리고 報魚를 알고 그물을 태웠다.
> 그리고 나는 새와 달리는 짐승이 고맙게 여기어 교화된 것 같았다."[54]

백곡 처능은 각성이 "학자들의 의문과 논쟁을 기본으로 해서 『도중
결의圖中決疑』와 『참상선지參商禪旨』 등의 글을 지었다. 논리를 세운 것이
매우 타당하고 이치를 분석함이 매우 적절하여 사람들의 공부에 자극
을 준 것이 매우 많았다."고 하였다. 각성의 저술은 『선원집禪源集』, 『원
중결의圓中決疑』 1권 『간화결의看話決疑』 1편. 『석문상의초釋門喪儀抄』 1권이
있다.

> "佛門에서 宗師로 일컬어지는 자들을 살펴보면, 決擇과 見解가 역시
> 의론할 만한 점이 없지 못하다. 어떤 이는 口讀에만 얽매이고, 어떤 이
> 는 文義를 잘못 알고 있는데, 이와 같은 자는 스스로를 그르칠 뿐만 아
> 니라 남을 그르치는 일도 많으니, 두려워하지 않을 수 있겠는가. 碧巖

---

53 白谷 處能, 앞의 글.
54 李景奭,「華嚴寺碧岩大師碑」.

의 『도중결의』는 마지못해 한 말이다. 前賢이 이미 상세하게 설명하였
는데 後人이 잘못 알고 의심을 일으켰다. 따라서 분변하지 않으면 환하
게 드러나지 않기 때문에 말한 것이지, 변론하기를 좋아해서 일부러 말
한 것이 아니다. 『參商禪旨』의 설은 저들의 견해가 더욱 잘못되었는데,
분변하기를 더욱 명확하게 하여 重關을 타파하여 깨달음의 길을 환하
게 넓혀놓았다. 배워서 여기에 이르렀으니, 쾌활한 경지에 이르렀다 할
만하겠다. 옛사람이 이르기를 "배를 움직이는 것은 요컨대 삿대를 잡은
사람에게 달렸다."라고 하였는데, 벽암과 같은 이야말로 이를 감당할 수
있지 않겠는가. 나는 지금 늙었으니, 어떻게 다시 산수 간을 유람하며
벽암과 같은 이와 함께할 수 있을꼬."[55]

각성이 찬한 『도중결의』에 대한 이수광李睟光의 발문이다. 당시 종사
들 중에는 말과 글에 갇혀 남을 그릇되게 만든다. 때문에 각성은 책을
써 부득이하게 뒷사람의 잘못을 분변하여 환하게 드러냈다는 것이다. 『
도중결의』는 규봉 종밀의 『도서』에 수록되어 있는 도식圖式의 의문을 해
결해 주고 있다. 주로 『대승기신론』에 기초하여 청정한 중생심衆生心이
미혹과 깨달음으로 가는 과정을 각각 10단계+重로 설명하는 부분이다.
이 글은 각성이 벽암당碧巖堂에서 참선하던 여가에 찾아온 선객禪客들이
질문하는 내용으로 시작하고 있다. 각성은 차례대로 다시 질문하도록
하여 13가지 질문과 답변을 이어갔다.[56]

---

55 李睟光, 『芝峯集』 跋 遺墨 「書圖中決疑後」.
56 서수정, 「새로 발견한 벽암 각성의 『禪源圖中決疑』 간행 배경과 그 내용」, 『불교학연구』
55, 불교학연구회 2018, 201쪽. 覺性이 찬술한 것으로 알려진 『禪源圖中決疑』는 각성의 비
문과 행장 등에 서명이 소개되어 있을 뿐 지금까지 실물이 확인되지는 않았다. 서수정은 부

"지금 제방의 禪德들이 학인들을 제접할 때 "'放下敎義'는 여실언교를 내려놓으라는 말이며, '參祥禪旨'는 낱낱의 화두를 참구하라는 말이다"라고 모두들 말한다. 이것을 『절요』의 가장 큰 요지[大旨]로 삼는 것은 목우자 스님의 깊은 은혜를 저버리는 것이다. 그러므로 지금 학식이 높은 사형들의 요청으로 『선문염송』의 글을 간략히 인용하여 본보기로 삼아 이 뜻을 판별하여 벽암당에 있는 여러 도반들에게도 보이는 것이다. 이 다음에 올 안목을 갖춘 자들은 논을 정함에 있어서 주제넘은 것은 물리치고 제대로 알아서 질문을 피해서는 안 된다. 이만 말을 마친다. 존경하는 사형이 "많은 말을 우리 본종에서는 병통으로 여기지만, 지금 아우의 말로 인해서 목우자 스님의 깊은 뜻이 철저히 드러났으니, 시자에게 그 내용을 기록하도록 해라"라고 말하였다."[57]

1636년 각성은 스승 선수의 기일에 사형들과 화엄사 벽암당에 모여 제를 지냈다. 인용문은 '방하교의 참상선지放下敎義 參商禪旨'에 대한 학인들의 설명이 제각기 다르니 바르게 설명해달라는 사형의 부탁에 답한 내용이다. 각성은 "깨달음을 비록 교敎로 설명하지만, 그 뜻은 선지禪旨"라는 취지로 설명하고는 지눌의 은혜를 저버리지 말라고 당부하였다. 결국 각성은 당시 제방의 선사나 학인들이 『도서』와 『절요』를 제대로 이해하지 못한 부분을 선지禪旨의 안목에서 설명해 주었다. 각성의 불서

산 범어사 성보박물관에 이 책의 목판본이 소장되어 있음을 발견하였다. 이 책은 1648년(인조 26)년 합천 가야산 해인사에서 판각된 것으로, 「선원도중결의」와 「參詳禪旨說」 그리고 이수광의 「書圖中決疑後」 3편의 글이 合刊되어 있다. 서수정은 그 원문과 주요 내용을 소개하였다.

57 벽암 각성, 「參祥禪旨說」(서수정, 앞의 글, 210쪽에서 재인용).

간행 역시 탄압과 전란으로 쇠퇴해진 선교학의 활성화와 후학양성을 위한 불사였다. 각성은 송광사에서 20년간 35종, 능인암에서 9년간 9종, 용장사에서 1635년 한 해에 강원교재 11종의 불서 간행을 주도했고, 화엄사에서는 1620년에 스승 선수의 『부휴당대사집』을 간행하였다.[58] 송광사의 불서 간행은 선수와 각성이 응선의 요청으로 주도했던 불사이기도 했다. 1634년 2월부터 1635년 5월까지 황해도 귀진사歸進寺 본을 모본으로 번각한 『대방광불화엄경소』는 목판 3,000매 가량의 대규모 사업이었다. 각 권의 간기는 각성이 '교정敎正', '공덕주', '시주'로 표기되어 있다. 그러나 연화질緣化秩의 가장 앞에 그의 법명이 표기되어 있어 판각사업을 주도했던 것으로 이해된다.

한편 1635년 전라도 태인 용장사龍藏寺의 개판改版불사는 각성이 소요 태능과 발원하고 최계장과 신복 등 500여 명의 시주자가 참여하였다. 불서 대부분의 시주질에는 대선사 태능太能, 계훈戒薰, 태호太浩, 해안海眼, 각성覺性 등이 차례로 기재되어 있는 것을 볼 수 있다.[59]

〈표 3〉 용장사 개판 불서의 서지목록[271]

번호	서명	권책수	성격
1	高峯和尙禪要	單卷 1책	(四集科) 능인암판(1604)복각
2	金剛般若波羅密經(五家解)	2권 2책	(四教科) 신안사판(1537)번각

---

58 박도화, 「碧巖覺性 발원 順天 松廣寺刊 大方廣佛華嚴經疏 變相圖」, 『강좌미술사』 52, 2019, 144~152쪽.
59 송일기, 「泰仁龍藏寺 開板佛事 研究」, 『서지학연구』 71, 한국서지학회, 2017, 88쪽에서 재인용.

3	大佛頂如來蜜因修證了義諸菩薩萬行首楞嚴經	10권 5책	(四敎科) 신충본(1401)저본
4	大慧普覺禪師書 (合: 揀病論)	單卷 1책	(四敎科) 천관사판(1568)번각
5	妙法蓮華經	1권 1책	(大敎科) 수연사판(1628)번각
6	法集別行錄節要幷入私記	單卷 1책	(四集科) 능인암판(1604)번각
7	佛說廣本大藏經(音譯)	不分卷 1책	(佛敎儀禮) 독자판
8	禪源諸詮集都	2권 1책	(四敎科) 능인암판(1603)번각
9	水陸無遮平等齋儀撮要	單卷 1책	(佛敎儀禮) 능인암판(1603)번각
10	天地冥陽水陸齋儀纂要	單卷 1책	(佛敎儀禮) 능인암판(1603)번각
11	初發心自警文 (合: 四法語, 蒙山和尙 法語略錄, 誡初心學人文)	不分卷 1책	(沙彌科) 능인암판(1603)번각

용장사 개판불서는 2종의 책이 1권으로 합집되어 실제로는 16종이다. 대부분 강원교재와 불교의례서이다. 14개월의 소요 시간과 12인의 각수, 337명의 시주자, 더욱이 한차례에 11종의 불서가 개판되었다는 점에서 조선시대 불서간행사에 매우 이례적인 사례로 평가된다.[60]

송광사와 용장사, 그리고 지리산 능인암能仁庵 등에서 간행한 『발심수행장發心修行章』, 『고봉화상선요高峯和尙禪要』, 『대혜보각선사서大慧普覺禪師書』, 『법집별행록절요병입사기法集別行錄節要幷入私記』, 『선원제전집도서禪源諸詮集都序』 등은 대부분 동시대 후학양성을 위한 강원의 필수적인 교육교재라는 공통점이 있다. 「발심수행장」은 사미과, 『고봉화상선요』, 『법집별행

60 송일기, 앞의 글, 93~100쪽.

록절요병입사기』, 『대혜보각선사서』는 사집과, 『대방광원각경』, 『금강반야파라밀경』, 『대불정수능엄경』은 사교과, 『대방광불화엄경소』는 대교과, 『묘법연화경』은 수의과隨意科의 교재이다. 활발한 개판사업은 왜란과 호란으로 전국적으로 수많은 사찰의 목판이 소실된 것이 개판의 일차적인 원인이었다. 전란 후 당우堂宇의 중건, 불상과 불화 제작과 함께 승려교육에 필요한 강원의 교육교재 발간은 모든 불사에 우선하는 필수적인 전후 불교복구사업이었다. 결국 각성의 저술작업과 불서 간행은 쇠퇴한 불교를 중흥시키는 이념과 기초를 이루는 중요한 것이었다.

벽암 각성은 전란과 자연재해, 전염병으로 위기를 겪고 있었던 시기를 수행자로 살았다. 그의 호법과 호국을 위한 행적은 승려가 왕조의 신민臣民임을 재확인하는 계기가 되었고, 희미해진 法燈을 밝히는 것이었다. 산성을 쌓고 지킨 일은 당시로서는 출가수행자만이 할 수 있었던 일이었다. 백성들은 과중한 군역과 식량부족으로 감당할 수 없었고, 각성은 2년 동안 자급자족으로 성을 쌓고 지켰다. 불교를 탄압했던 인조마저도 시호를 내려 그의 노고를 보답했다. 각성의 산성 축조와 수호는 이후 수많은 사찰을 중건하고 다양한 불사를 체계적이고 효과적으로 감당해 내는데 탁월한 효과를 발휘한다. 승군조직이 호법의 근간이 된 것이다.

각성은 스승 부휴 선수와 함께 송광사(순천) 중건을 시작으로 완주 송광사, 해인사(합천), 법주사(보은), 화엄사(구례), 쌍계사(하동) 등 소실로 폐허가 되다시피한 호남과 호서의 사찰을 복원하였다. 그와 문도, 축성築城에 참여했던 승군 조직들은 전란 후에는 승장僧匠이 되어 불상을 비롯한 존상尊像들을 조성하여 사찰은 위엄과 자비가 갖추어졌다. 탁월한 기량과 조직력은 지역을 막론하고 발휘되었다.

각성의 저술과 불서간행은 조선불교를 중흥시키는 근간이 되었다. 저술은 희미해진 보조가풍의 정통성을 바로잡았고, 조선불교가 지닌 정체성을 재확인하는 기회가 되었다. 전란으로 불타버린 목판을 다시 새긴 일 역시 후학을 양성하는 강원교육을 활성화시키고, 궁극적으로는 쇠락한 조선불교의 선교학을 발전시켰다. 바야흐로 불교학 연구와 수행의 전성기를 맞이하는 견인차 역할을 했던 것이다.

벽암 각성은 청허 휴정과 그 문파에 대적하는 승가의 계파에 머물지 않았다. 사상과 수행에서 청허 문중과는 다른 독자성을 지니고 있었지만, 호법과 호국이라는 불법과 시대가 안고 있는 과제를 해결하고자 진력하였다. 때문에 벽암 각성은 청허 휴정과 함께 조선불교의 중흥조이다.

7

『諫廢釋教疏』에 나타난
호법과 호국의 상즉성

1. 백곡 처능白谷處能의 생애

　백곡 처능(白谷處能, 1617~1680)은 광해군·인조·효종·현종·숙종 대를 살다 갔다. 조선의 17세기는 유래를 찾아보기 힘들 정도로 내우외환이 지속되고 있었다. 임진왜란으로 나라가 복구되기도 전에 병자호란이 일어났고, 자연재해, 인구감소, 토지의 황폐화로 사회경제는 극심한 악화가 거듭되고 있었다. 식량부족과 고역苦役으로 백성들은 산과 들로 떠돌았다.

　한편 불교계의 상황은 조선의 사회경제 사정이 악화되면서 더욱 암울해졌다. 승려들이 전란에 참여한 공로로 사회적 인식이 다소나마 긍정적으로 변한 것은 사실이었지만, 처우개선과 같은 실제적 변화는 아무것도 없었다. 승려는 국방강화와 재건을 위해 팔도의 산성을 쌓고 수비하는데 기여하였다. 그들이 각종 토목공사와 신릉역山陵役에 동원되는 동안 소요되는 식량과 경비는 모두 스스로 준비해야 했다. 승려들은 백성들의 부족한 식량을 보충하기 위해 도토리를 줍고 버섯을 따기도 했다. 몇몇 부류는 이러한 상황을 견디지 못해 결국 환속하고, 유서 깊은 사찰은 뱀과 쥐의 소굴이 되어 갔다.

백곡 처능은 12세 때 출가 이후 20여 년 이상을 스승 벽암 각성으로부터 선교학을 배웠고, 함께 조선의 암울한 상황을 목격하기도 하였다. 그의 눈에 비친 조선과 조선의 불교정책은 그가 배운 선교학보다도 훨씬 생생한 공부였다. 조정과 유자들의 끊임없는 불교 비판과 탄압 역시 동양위 신익성(東陽尉 申翊聖, 1588~1644)으로부터 배운 유가의 이치에도 맞지 않는 전무후무한 것이었다. 그가 「간폐석교소諫廢釋教疏」를 쓴 이유이기도 하다. 그는 상소문에서 단순한 불교옹호론이기 보다는 불교탄압의 실상을 고발하고, 불교의 국가사회적 기여 등을 명분으로 그 존립의 정당성을 말하고자 하였다. 유자의 문법文法으로 쓴 이 글은 편협되지 않았고 객관적이었다.

「간폐석교소」에 대한 연구는 자료만 소개되어 오다가[1] 조선시대 불교사 연구가 본격화된 2000년대에 들어와 관심을 끌기 시작하였다.[2] 최근

---

1 대한불교조계종역경위원회, 한글대장경159 「간폐석교소」 등, 동국대학교부설 동국역경원, 1983; 김기녕, 『현정론·간폐석교소 : 조선시대의 호불론』, 한국불교연구원, 2003.
2 오경후, 「朝鮮後期 佛教政策과 對應論」, 『역사민속학』 31, 한국역사민속학회, 2009; 오경후, 「朝鮮 中後期 金山寺와 禪教兼修 傾向」, 『佛教學報』 72, 동국대학교 불교문화연구원, 2015;

에는 원행(이규정)이 박사학위논문과 단행본을 통해 「간폐석교소」가 지닌 역사적 가치와 불교적 위상을 재확인하는 계기를 마련하기도 하였다.[3] 본 논문은 「간폐석교소」에 대한 선학들의 연구성과를 바탕으로 17세기 조선 불교계의 동향과 「간폐석교소」를 이해하고자 한다. 우선 백곡 처능의 생애를 그가 살았던 시대의 사회경제적 면모 속에서 살필 것이다. 아울러 상소문의 내용을 호법護法과 호국護國으로 구분하여 분석하고자 한다. 그에게 호법과 호국은 구별할 수 없는 상즉성을 지니고 있었다. 두 가지 모두 출가자의 본분이었기 때문이었고, 승려의 사회경제적 기여는 호국의 사례가 되었고, 이것은 호법의 기초가 되기도 하였다. 다만 주목할 만한 점은 이 시기의 불교 탄압이 조선의 사회경제적 상황과 맞물려 이전 시기의 탄압과는 본질적 차이를 지니고 있는 점이다. 맹목적인 불교탄압과 수탈과 착취로 보기에는 한계가 있다.

백곡은 12세에 의현義賢에게 출가하였고, 20세에는 의현의 스승이기도 한 벽암 각성을 찾아가 20여 년간 동고동락했다.[4] 선조의 부마였던 신익성으로부터 경사자집과 시를 두루 배웠지만, "자신의 본분사를 아직 철저히 밝히지 못했다."고 여겨 지리산 쌍계사로 각성을 찾아가 입실한 것이다. 백곡이 신익성 문하에 있을 때는 "매일 밤낮으로 열심히 읽고 공부하여 마침내 계곡의 물이 쏟아져 나오는 듯하였고, 강물이 콸콸 쏟아

황인규, 「백곡처능의 생애와 호법활동」, 『불교와 사회』, 중앙승가대학교불교학연구원, 2018; 자현, 『백곡 처능, 조선 불교 철폐에 맞서다』, 조계종출판사, 2019.

3 이규정, 『조선 초기 관료들의 성리학적 정치이념과 함허선사의 현정론에 관한 연구 : 정책 논증모형에 의한 접근을 중심으로』, 한양대학교 행정학과 박사학위논문, 2013; 원행, 『조선 이여 법의 등불을 밝혀라』, 불교신문사, 2021.

4 崔錫鼎, 「白谷禪師塔銘」, 『明谷集』卷21, 碑銘.

져 나오는 듯하였다. 동명 정두경東溟 鄭斗卿이 더욱 감탄하고 칭찬을 하면서 기재라고 하였다."[5] 백곡의 문집에 서문을 쓴 김석주金錫胄 역시 백곡이 쓴 시의 품격과 분위기가 예스럽고 굳건하여 휴정이나 진묵에 뒤지지 않았다고 하였다.

> 우리 동방의 空門에서 문장으로 근세에 울린 자는 西山과 白谷인데, 서산은 道가 文보다 뛰어났고, 백곡은 문이 도보다 뛰어났다. 선사가 살아 계실 적에 언급하기를, "백곡은 비유하자면 하나의 큰 伽藍과도 같다. 大殿과 層閣이 첩첩이 솟아서 새가 나래를 펼치고 꿩이 날아가는 듯하여(鳥斯革翬斯飛) 사람의 눈을 번쩍 뜨게 하고 마음을 뒤흔드는데, 그 사이에 구유와 헛간과 방앗간과 창고와 부엌과 뒷간 등이 끼어 있다. …"[6]

백암 성총栢庵性聰이 백곡을 묘사한 글이다. 백곡은 문이 도보다 높은데 큰 가람과 같다고 하였다. 큰법당을 비롯하여 모든 전각이 갖추어져 있을 뿐만 아니라 새가 나래를 펼치고 꿩이 날아가는 듯 웅장하고 화려하여 사람의 마음을 흔들고 눈을 번쩍 뜨게 한다는 것이다. 갖추어지지 않음이 없어 사람의 마음을 움직인다는 것이다. 이와 같이 백곡의 명성은 승속을 구분하지 않고 널리 알려져 있었다.

한편 백곡이 입실한 해에 각성은 완주 송광사를 중창하고 병자호란이 발발하자 전국 사찰에 격문을 보내 의승 3,000을 이끌고 북상하기도 하

---

5 金錫胄, 「白谷集序」, 『大覺登階集』(『韓佛全』 8, 307a-b).
6 無用 秀演, 「栢庵和尙文序」, 『無用堂集』下(『韓佛全』 9, 354b).

였다. 각성은 임진왜란 당시 의승으로 수전水戰에 참여하였으며, 인조 대에는 남한산성을 쌓고 수비한 바가 있었다. 덕망을 쌓고 충심이 깊어 광해군과 인조로부터 존경을 받았으며, 효종은 그의 안부를 묻곤 하였다. 승도들 역시 그를 따르기를 주저하지 않아 산성 공사 이후에도 사찰의 중건공사뿐만 아니라 많은 불사에 참여하였다. 백곡 역시 각성의 뜻을 받들어 학덕으로 명망이 있었던 신익성으로부터 「송광사비문」을 지어 줄 것을 부탁하기도 하였다.[7] 이후 백곡은 각성을 따라 쌍계사·해인사·송광사(완주)·화엄사 중건 등 다양한 불사를 함께 했다.

> 스님은 한평생 동안 좌선을 열심히 하였으며 사람들을 가르침에 뛰어났다. 스님들이 불법 수행에 도움이 될 만한 것을 요청하면 그들로 하여금 '無' 字를 깊이 연구하게 하였다. 談論에도 매우 뛰어나 사대부도 스님의 날카로운 말솜씨를 감당하지 못하였다. 스님은 사람을 대할 때는 공손하고 정성스러웠으며 교만하거나 방자한 일이 없었으며, 외롭고 곤궁한 이들을 도와주려고 노력하였다. 二時粥飯하기 위해 찾아온 가난한 사람들이 문에 가득하였다. 까마귀나 솔개가 항상 따라다니므로 손수 음식을 주었다. 물고기 잡는 이나 사냥꾼을 보면 살생을 해서는 안 된다고 타이르니, 어망을 불태우고 참회하는 사람도 있었다.[8]

백곡이 각성의 입적 후 지은 행장 일부분이다. 스승 각성이 부휴浮休

---

7 申翊聖, 「全羅道全州府松廣寺開創碑銘并序」, 『朝鮮金石總覽』 下.
8 白谷 處能, 「賜報恩闡敎圓照國一都大禪師行狀」, 『大覺登階集』 卷2(『韓佛全』 8, 329c~331).

대사를 모시고 거의 30년 동안 공부하면서 직접 밥 짓는 일을 하고 스승을 위해 수건을 드리고 발우를 들고 다니면서 고생을 마다하지 않은 것처럼 백곡 역시 20여 년 이상을 스승의 그림자가 되어 스승을 닮고자 하였다. 또한 각성이 의문점이 있으면 질문을 해서 해답을 얻기를 게을리 하지 않았고, 스승 부휴의 학문을 전해 받고 임제종의 교리를 크게 떨치고자 한 만큼 백곡 역시 꾸준한 수행력으로 1646년(인조 24)에 화엄사에서 화엄을 강의할 정도로 조예가 있었다.[9]

백곡은 1641년(인조 19)에는 각성과 함께 완주 송광사에서 삼세불상을 조성할 때는 대화사로 참여하였으며, 1651년 봉은사 삼세불상 대화사大化士, 1665년 곡성 도림사 아미타불좌상 대덕, 1680년 고흥 송광사 아미타불 좌상 대덕으로 참여하였다. 각성이 1653년 화엄사 영산회상 괘불 조성불사 때는 성해性海 등과 참여하기도 하였다.[10] 20세 무렵에는 각성이 당시 세자였던 효종에게 백곡의 문장이 깊고 심오하다고 칭찬하였다. 또한 "1649년(효종 10)에는 인조가 승하하자 각성에게 선왕의 극락왕생을 비는 천복도량薦福道場을 베풀게 하자 각성은 이에 대한 소문疏文을 백곡에게 짓게 하여 조정의 주목을 받기도 하였다.[11] 이와 같이 백곡의 삶은 항상 스승 각성과 함께였다.

백곡의 호법 의지는 다양한 면모로 나타났다. 각성이 해인사에 머물던 1642년에는 보우普雨의 『수월도량공화불사여환빈주몽중문답(水月道場

---

9 『海東湖南道智異山大華嚴寺事蹟』 "二十四年丁亥白谷堂處能講說師性甚敏捷文章卓越於書無亦涉獵縉紳章甫亦皆趣風依碧嚴大師受法有遺集").
10 김정희, 「벽암 각성의 불화 조성」, 『벽암 각성과 불교미술문화재 조성』, 한국미술사학회, 2018, 131~134쪽 〈표3〉 참조.
11 申最, 「白谷處能師碑銘幷序」, 『汾厓遺稿』 卷10 碑銘.

空花佛事如幻賓主夢中問答)』이 간행되었을 때는 백곡이 발문을 지었다. 백곡은 이 책이 도량에서 거행하는 의식 중 가장 중요한 것이라고 하였으며, "병란 때 화재를 겪으며 인멸의 우려가 있어서 지선대사智禪大師가 동지 9명과 함께 해인사에서 중간한 것"이라고[12] 하였다.

> 이상의 책은 곧 碧巖 대화상께서 편집한 『釋門喪儀』이다. 이는 억지로 만들어 낸 것이 아니라 널리 여러 고전을 인용해서 요긴한 것만 뽑아내어 鈔錄한 것이다. 실로 나고 죽음의 사이에 하나의 커다란 禮로서 남의 스승이 된 자에게 장차 龜鑑이 되지 않을 수 없다. 내가 이 책이 사라져 없어질까 염려하여 선정에 들어 수행하고 남는 시간에 삼가 禿毛(몽당붓)를 뽑아 차례를 따라 베껴 써서 溪正대사에게 청하여 판목에 새겨 간행하게 하여 길이 전하라 하였다. 아! 곤산의 옥이 비록 보배이긴 하나 밝은 눈을 만나지 못하면 한낱 자갈의 궁벽함을 면하지 못할 것이다. 바라건대 통달한 사람들이여, 그릇이 깨질까 염려되면 쥐를 잡지 말지어다.[13]

인용문은 백곡이 찬한 『석문상의초釋門喪儀抄』 발문이다. 각성은 "석씨의 집 안에서 덕 높으신 스님이 돌아가시면 흉례凶禮를 치름에 있어서 어긋나는 일이 많았다. 감실龕室·당당當堂·애읍哀泣의 경우는 세속과 똑같이 하였는데, 이미 좋은 방법을 만들어 낼 길도 없고 게다가 옛 법을 따르는 방법조차 사라져 버리고 말았다. …… 구조口弔와 제문에 대해서

---

12 白谷 處能, 「跋」, 『水月道場空花佛事如幻賓主夢中問答』(『韓佛全』 7, 599a).
13 白谷 處能, 「跋」, 『釋門喪儀抄』(『韓佛全』 8, p.243b).

는 말은 풍성하지만 상고할 길이 없고, 제복制服의 경중도 규범에 맞는 것이 없으며, 수답酬答하는 제서題書에 있어서도 높고 낮은 신분을 다하지 못하였으며 도유闍維(다비)와 행렬의 앞과 뒤에서 따르는 도종導從에 있어서도 길례와 흉례가 서로 뒤섞여 있었다."[14] 이를 언짢게 생각해 오던 각성은 "『선원청규禪院淸規』·『오삼집五杉集』, 그리고 『석씨요람釋氏要覽』을 얻어 귀감이 되는 것은 상례 한 의식으로 매우 자세하였으나 중국에서 숭상하는 법으로 동방의 예와는 걸맞지 않아 그 요점만을 초출抄出하여 상·하 두 편으로 나누어서 초학들에게 남긴 것이다." 이에 백곡은 이 책이 승가의 상례에 요긴한 책이어서 필사한 다음 판각하여 간행하게 하고는 1657년 칠불암에서 발문을 썼다. 스승이 불가의례의 기준을 정립하였다면 제자는 보급을 통해 대중화에 진력하였다.

백곡은 또한 각성이 『도중결의圖中決疑』와 『참상선지參商禪旨』등의 글도 지었는데, 논리가 매우 타당하고 이치를 분석함이 적절하여 사람들의 공부에 자극을 준 것이 매우 많았다."고[15] 하였다. 백곡은 45세인 1664년 (현종 5) 대둔산 안심사에서 청허 휴정의 『심법요초心法要抄』 간행 시 서문을 짓기도 하였다. 즉 휴정의 문도 소요 태능이 『심법요초』의 원고를 보관하여 전하였는데, 목양색牧羊賾과 추계 유문(秋溪有文, 1614~1689)이 대둔산 안심사에서 간행하였으며, 백곡이 서문을 지은 것이다. 백곡은 이 글에서 '서산이 간간이 도로 들어가는 방법을 기술하고 '심법요초'라는 제목을 붙였다'고 하였다는[16] 것이다. 당시 불교계는 내우외환의 상황이

---

14 碧巖 覺性, 「釋門喪儀抄序」, 『釋門喪儀抄』(『韓佛全』 8, p.237a)

15 白谷 處能, 「賜報恩闡教圓照國一都大禪師行狀」, 『大覺登階集』 卷之二(『韓佛全』 8, 329c ~331a)

16 김영욱·조영미·한재상역주, 『精選休靜』, 대한불교조계종한국전통사상서간행위원회출판

연속되어 선교학뿐만 아니라 승가교육 역시 체계화되지 않아 그 이치에
대한 이해가 정확하지 않고 설명 역시 제각기여서 후학들로 하여금 지
남指南이 되지 못하고 있었다. 백곡은 각성의 저술이 선교학뿐만 아니라
후학양성의 길라잡이 역할과 함께 조선불교의 종지 확립에 기초임을 확
신하고 있었다. 요컨대 백곡은 당시 불교계의 수행과 후학양성과 관련
하여 각성의 저술과 의식집과 같은 소중한 문헌에 대해서는 간행과 보
급에 적극적이었다.

　　아아, 斯道(불법)가 행해지지 않은 지 오래되었다. 그 누가 실행하겠
는가? 道는 公器이다. 그 적임자가 아니면 행해지지 않고, 그릇된 도를
행하면 널리 퍼지지 않으니, 도는 손쉽게 주고받는 것이 아니다. 그러
므로 도를 사사롭게 君父에게 바치고 자손에게 전할 수 있다면, 어느
누구인들 군부에게 바치지 않겠는가? …… 達摩 대사가 서쪽으로부터
와서 마음을 전한 법(傳心之法)이 梁나라와 남북조의 北魏 시대에 시
작되어 당송 시대에 성행하였다. 宗師들은 마음을 전하지 않음이 없었
고, 제자들은 마음으로 얻지 않은 사람이 없었다. 이런 까닭에 이 도가
크게 행해져 臨濟宗·曹洞宗·潙仰宗·雲門宗·法眼宗 등이 적통으
로 계승되기도 하고 또는 방계로 내려오게 되었던 것이다. 비록 지역
이 각각 다르고 교리를 펼친 곳이 같지 않더라도 그 근원은 모두 心黙
(마음으로 깨우침)으로 불법의 기미를 내보이고, 심묵으로 불법의 오묘
한 의미를 깨우치지 않음이 없었다. 근래에는 그렇지 못해서, 글자를

부, 2010, 263~264쪽.(송정숙, 「서산대사의 『心法要抄』에 관한 서지적 연구」, 『서지학연구』
53, 한국서지학연구회. 2012, 186쪽에서 재인용)

가르치는 사람을 스승이라 하고 말을 배우는 사람을 제자라고 한다. 문자에 사로잡히고 언어에 꽉 매여 있다. 불법의 겉뜻만 지닌 채 잊지 않으면 곧 '나의 제자'라고 말하고, 입으로 전수함을 게을리하지만 않으면 곧 '나의 스승'이라고 한다. 자기와 한편이 되면 옳다고 하고, 남을 경시하면서 그르다고 한다. 대중들을 유혹해 와서 서로 싸우다 쇠락의 길을 걷는다. 심지어는 마구니의 삿된 설과 쭉정이 같은 설법 등이 눈을 어둡게 하고 갈등으로 온몸을 휘감는 사람들을 이루 다 기록할 수 없다. 아아! 불법이 실행되지 않으니 애통하다.[17]

백곡이 처원處愚상인과 송별하면서 쓴 글이다. 백곡은 우선 조선의 불법이 온전히 행해진지 오래되었다고 하였다. 도는 공기公器여서 정법과 그 적임자가 아니면 전해지지 않는다고 전제하였다. 더욱이 심묵心黙으로만 불법의 오묘한 의미를 깨우치는 것이 불가의 생명이라고 하였다. 그러나 문자에 사로잡혀 사제관계가 만들어지고, 언어로 불법의 겉뜻만을 장식하고 전수하며, 패를 갈라 남을 경시하여 쇠락의 길을 걷고 있었던 당시 불교계의 상황을 정확히 진단하였다. 불교가 쇠락하여 수행 역시 경솔해지고 혼란스러워지는 것이 안타까웠던 것이다. 그는 이와 같이 불교계가 처한 내우외환의 상황에서 정법의 확립을 위해 동분서주했다.

---

17 白谷 處能, 「送處愚上人序」, 『大覺登階集』 권2(『韓佛全』 8, 324a~b.).

선문의 주춧돌이 깨짐을 통곡하는데 / 痛哭禪門柱石摧

누가 다시 동량의 재목일지 알 수 없네 / 不知誰復棟梁材

八斗才를 품은 문장은 바다와 같았으니 / 文含八斗才如海

도는 삼한을 떨치고 기운은 우레와 같았지 / 道震三韓氣若雷

빛나는 선골은 세속을 초월했고 / 金骨粲然超物累

환한 신령 구슬은 어둠과 티끌을 깨뜨렸지 / 靈珠晃朗破昏埃

전날의 가르침을 생각하며 / 追思昔日蒙提誨

눈물로 옷깃 적시며 홀로 애통해하네[18] / 淚濕蘿衫獨盡哀

백곡은 1680년(숙종 6) 가을 마침내 조금 아픈 기색이 있다가 입적
하였다.[19] 동계 경일東溪敬一은 "도는 삼한을 떨치고 기운은 우레와 같
았지만, 선문禪門의 주춧돌이 깨졌다."고 통곡하였다. 그의 삶은 100만
명 이상이 굶주려 죽어나갔던 그 한복판에 있었고, 불도여서 탄압과
수탈이 심화되는 소용돌이를 겪어야 했다. 그런가 하면 산성을 쌓고
수비했던 승군의 대열에 서있기도 했다. 결국 백곡이 8,150자에 이르
는 「간폐석교소」를 찬술한 것은 생애의 한복판에서 일어나고 있었던
조선불교사의 민낯이었다.

---

18 東溪 敬一, 「哀白谷大師」, 『東溪集』 권1(『韓佛全』 12, 199a.).
19 金錫冑, 「白谷集序」, 『大覺登階集(『韓佛全』 8, 307a~b.).

2. 불교탄압과 호법

백곡의 「간폐석교소」는 현종 대에 일어났던 승니의 사태沙汰, 자수
원·인수원, 봉선사·봉은사 폐지와 노비 몰수, 원당 혁파와 열성조의
위패 매안埋安 등의 불교탄압정책에 대한 직접적인 문제 제기였다. 피상
적으로는 동시대 불교 탄압에 대한 비판이었지만, 조선 건국 이후 시행
되었던 불교 탄압에 대한 근본적인 지적과 그 시정을 요구하는 쇄신책
이기도 하였다. 불교 탄압이 조선왕조 전 시기에 걸쳐 진행되고 있었지
만, 현종 대는 총체적인 위기 상황을 맞이하고 있었다. 예컨대 이 시기
는 왜란과 호란, 자연재해, 전염병, 인구감소, 토지의 황폐화로 사회경제
적 파탄에 직면하고 있었다. 당시 불교계는 백성이 견디고 있었던 힘든
삶보다 조선이 직면한 사회경제 극복을 위한 승가의 기여로 극심한 이
중고를 겪고 있었다.

> 알아보니, 僧尼 모두를 沙汰시키도록 하여 비구니는 환속시키고 비
> 구들 역시 없애기로 논의하였다고 합니다. 신은 참으로 우매하여 임금
> 님의 생각이 무엇을 의미하는지 헤아리지 못하겠습니다.[20]

백곡이 비구와 비구니를 없애고 환속시키라는 현종의 명을 지적한 것
이다. 실제로 현종은 즉위 1년에 다음과 같이 하교하였다.

---

20 白谷 處能, 「諫廢釋教疏」, 『大覺登階集』 卷之二(『韓佛全』 8, 336a).

"절의 *女婢*로서 머리를 깎고 여승이 된 자가 上言하여 *身役*을 면제 받기를 바라니, 상이 하교하였다. "이단의 교는 매우 허망하다. 절을 헐고 환속시키는 일은 비록 갑자기 거행할 수는 없지만 이러한 무리들이 멋대로 머리를 깎고 승려가 되도록 버려두어서 되겠는가. 이것을 다스리지 않으면 *民丁*은 날로 줄어들고 *僧尼*는 날로 증가할 것이니 이보다 더 한심한 일은 없을 것이다. *京外*의 양민으로 머리를 깎고 승려가 된 자는 모두 환속시키고, 만약 명령을 따르지 않는 자가 있으면 관리나 환속 대상자를 막론하고 모두 특별히 죄를 준다는 뜻을 분명히 알려 거행하도록 하라."고 하였다."[21]

출가 금지와 환속 정책은 승가를 축소하여 궁극에는 교세와 교단을 무력화시키고자 했던 정책이었다. '이단의 교'라 하여 사상적인 통제가 기초가 되고 있었지만, 출가자가 증가하면 민정이 크게 감소하여 국가 운영이 온전히 이루어지지 못한다는 것이다. 현종은 이단을 배척하였고, 유학의 교화를 위해 사찰을 헐어버리고 학교를 지은 왕으로 기록되고 있다.[22] 그러나 명분은 이단 척결에 있었지만, 부족한 노동력을 해소하는 것이 실제적인 목적이었다. 인조 대의 호패법號牌法 시행과 현종과 숙종 대의 양역제 유지를 위한 호구戶口 색출을 강력하게 추진한 것은 좋은 사례이기도 하다.

"지금 두 院을 폐지하여 여승들을 모두 내쫓고, 두 절을 모두 버려

---

21 『현종실록』 3권, 1년 12월 19일.
22 『현종실록』 1권, 「顯宗大王哀册文」.

서 노비들을 모두 없애어 우뚝한 절들은 殷나라 폐허의 비참한 광경을 띠었고, 청정한 스님과 비구니는 포로가 된 초나라 사람들의 슬픔을 머금었으며, 그려진 형상과 새겨진 얼굴은 골목 아낙들의 마음을 상하게 하고, 방정한 법복과 둥근 머리는 마을 아이들의 눈물을 닦게 합니다."[23]

현종은 즉위 2년 자수원과 인수원 혁파와 40세 이하 비구니의 환속과 출가出嫁를 명하였다. 또한 나머지 늙어서 갈 곳이 없는 자들은 모두 도성 밖 니원尼院으로 내보냈으며, 환속하려는 자는 허락하라고 하였다. 또 예관에게 명하여 자수원의 열성조 위판을 모셔 내다 봉은사의 예에 따라 바로 정결한 곳에 파묻게 하였다.[24] 백곡은 두 니원을 폐지하고 비구니를 환속시키는 것이 불교계에만 국한된 것이 아닌 불교에 의지해 살아가고 있는 백성들의 삶과 왕조의 운명에도 영향을 미친다고 하였다.

우리 조선에서도 대개 당의 제도를 본받아 내외 願堂에 왕의 위패를 모신지가 수백 년이 되었습니다. 이것은 왈가왈부할 일도 아니요 참으로 공경하고 존중해야 할 의식입니다. 지금 하루아침에 흙더미 속에 위패를 묻어 버렸으며 제단도 붕괴되었고 제사도 끊어졌습니다. 전하께서는 그 지역이 아닌 곳(즉 사찰이라는 의미)에 위치하여 위패를 설치하기가 합당하지 않아서 그렇게 되었다고 생각하십니까? 아니면 시대가 많이 지나가서 오랜 세월이 흘러 존속시킬 필요가 없다고 생각하

---

23 白谷 處能, 「諫廢釋敎疏」, 『大覺登階集』 卷2(『韓佛全』 8, 341c).
24 『현종실록』 4권, 2년 1월 5일.

십니까? 사원은 본래 佛宇라고 불렀습니다. 비록 그 자리가 아니기는 하지만 이미 제왕의 위패를 모셨다면 참으로 종묘와 같습니다. 옛적 춘추시대에 鄭나라의 子産이 鄕校를 허물지 않자 공자는 그가 어질다고 여겼고, 李榮이 사당의 신주를 헐어야 한다고 논의하자 韓愈는 그를 비난하였습니다. 하물며 우리 태조 이하 역대 왕들께서는 어떠한 존귀한 신령이기에 어찌 차마 왕의 호칭이 새겨져 있는 신주를 진흙 속에 묻을 수 있겠습니까?[25]

현종이 원당에 봉안된 열성조의 위패를 땅에 파묻자 백곡의 비판은 혹독했다. 위패를 모신 일은 이미 수백 년이 되어서 새로운 일은 아니지만, 공경하고 존중해야 할 의식이라는 것이다. 비록 유가의 예법에 합당하지 않는 사찰에 위패를 모셨지만, 때문에 종묘와 같은 위상을 지니고 있는 곳으로 규정하였다. 백곡은 1661년(현종 2) 1월 5일 위패를 땅에 묻고 날짜를 계산해 보니 가뭄과 기근은 신주를 묻은 해에 시작되었으며 4년째로 접어든다고 하였다. 더욱이 "벼를 심지도 못하고 곡식 수확도 못하였으며, 멀건 죽도 솥에는 없습니다. 남아를 데리고 가서 (종으로 만들어) 곡식과 바꾸니 부부가 마주 보고 눈물을 흘리며 …… 자식을 팔아 살아나갈 계책을 세우니 부모자식 간에 서로 이별하고, 유리걸식하면서 돌아다니는 자들은 길을 덮고, 굶어 죽는 사람은 거리를 메웠습니다."[26] 라고 하였다. 신주神主를 묻은 것에 대한 선왕들의 영혼이 노여워한 결과로 해석하였다. 사실 조선은 전란 이후부터 생산구조가 파괴되었다.

---

25 白谷 處能, 「諫廢釋教疏」, 『大覺登階集』 卷2(『韓佛全』 8, 342a-b.).
26 白谷 處能, 「諫廢釋教疏」, 『大覺登階集』 卷2(『韓佛全』 8, 342b-c.).

전결이 감소하고, 극심한 자연재해에 시달려 1662년(현종 3)에는 영호남의 심한 기근과 1670(현종 11)~1671년에 발생한 경신대기근庚辛大飢饉은 사상 유래 없는 자연재해에서 비롯되었고, 전염병으로 100만 명 이상의 인명이 희생되었다.

> "올해에 굶주림과 돌림병으로 사망한 사람을 수레에 포개어 싣고 나갔지만, 먼 곳에 가서 묻을 수가 없어 도성의 사방 10리 안에다 풀 무덤을 만든 것이 여기저기 널려 있습니다. 주인 없는 시체라 가져다 묻어줄 사람도 없으니 먼 곳으로 옮겨 묻지 않을 수 없습니다. 혹 승려들 가운데 이 일을 담당하겠다고 자원하는 사람이 있다면 불과 200여 명의 승려가 열흘 정도 일거리라 합니다. 이장할 만한 친족이 있는 사람은 푯말을 세워 표시하게 하고 그 외에 주인 없는 시체는 경기지방의 승려 200여 명을 선발해 모두 이장하게 하십시오."[27]

1671년(현종 12) 9월의 실록 기록은 처참했다. 굶주려 죽은 자와 동사자, 전염병으로 죽은 사람이 많아 도성 10리 안에 풀무덤을 만든 것이 셀 수없이 많았다는 것이다. 훈련대장 유혁연의 지휘하에 경기도 승군 200명이 10일에 걸쳐 매장했다고 한다. 신주를 묻었기 때문에 재앙이 닥쳤다는 백곡의 주장은 그 신빙성이 없다. 그러나 불교가 나라의 안위에 해악을 끼치지 않았고, 원당이 종묘의 역할을 했으며, 승려가 국가사회적 의무를 다하고 있음을 강조한 것이다. 결국 백곡은 이단 외의 합당

---

27 『현종실록』 24권, 12년 9월 12일.

하지 못한 명분으로 불교와 승도를 탄압하기 때문에 왕조를 흔들만한 재앙은 지속되고 있다고 해석하였다.

현종의 불교탄압은 여기에서 멈추지 않았다.

> 政院에 備忘記를 내리기를, 疾病家를 설치하는 것은 단지 내외를 엄하게 하고 宮禁을 중하게 하려는 뜻에서 나온 것이다. 일이 비록 하 찮고 긴요하지 않으나 말세에 궁금이 엄하지 않게 되는 것은 다만 이 로 말미암는다. 그래서 우선 담당 내관으로 하여금 手本을 보내 다시 설치하게 했던 것이다. …… 이보다 앞서 仁壽 慈壽의 두 尼院을 혁파 하여, 자수원의 것은 재목과 기와를 성균관에 내리어 학사를 수리하는 데에 쓰게 하였고, 인수원의 자재는 옮겨다가 疾病家를 짓도록 하였다. 질병가라는 것은 궁인 가운데에 질병이 든 자를 거처하게 하는 집이 다. 조종조로부터 이 집을 설치해 두었었는데 중간에 폐지했던 것이므 로 지금 다시 설치하려는 것이다.[28]

현종은 두 니원을 혁파하여 자수원의 재목과 기와는 성균관에 내려 학사學舍를 수리하는데 쓰게 하였고, 인수원의 자재는 병이 든 궁인을 거처하게 하는 질병가疾病家를 짓도록 하였다. 절을 허물어 그 재목으로 성균관 학사를 짓는데 쓰라는 명은 이단을 배척하여 공맹孔孟의 위상을 드높인다는 상징성을 지니고 있다는 점에서 유학을 숭상하는 군주로 기억될 것을 기대한 것이다. 사실 조선이 유교입국을 표방한 이후 절

---

28 『顯宗改修實錄』 11권, 5년 윤6월 14일.

을 허물어 향촌자치기구로서 이용된 청사인 향사당鄕射堂으로 활용된 사례를 어렵지 않게 살필 수 있다. 예컨대 성주의 향사당은 옛 용흥사 터[29]였고, 진주의 중안리에는 큰 절이 있었는데, 지금 향사당이 그 터였 다는 것이다. 사원이 폐지된 이후 재지세력에 의해 향청·향교 등이 세워졌고, 심지어 사족들의 재사齋舍·정사精舍·서당書堂 등으로 탈바꿈 하기도 하였다.

> 慈壽院·仁壽院 두 院은 궁궐 바깥에 있으니 즉 선대 王后의 內願堂입니다. 奉恩寺와 奉先寺 두 사찰은 陵寢 안에 있으니, 즉 先王의 外願堂입니다. 內外를 구분 지은 것은 역시 남녀의 구별이 있기 때문입니다. 이것은 一朝一夕에 만들어진 것이 아니라 실로 先王·先后의 제도입니다. 사찰은 국가와 더불어 흥하였고 국가와 함께 망하였습니다. 사찰이 있으면 국가의 경사요, 사찰을 훼손하면 국가의 재앙입니다. …… 봉은사·봉선사가 쇠망하면, 즉 전하의 수치일 것입니다. 지금 자수원·인수원 모두를 철폐해서 비구니를 내쫓아 보내었으며, 봉은사·봉선사를 모두 폐기해서 노비들을 몰수하였습니다. …·전하의 관대한 마음은 충분한데 무엇을 꺼리어 선후가 남긴 내원당의 비구니들을 내쫓으십니까? 전하의 富 정도면 충분한데 무엇이 부족하기에 선왕이 남긴 외원당의 노비들을 빼앗으십니까?……비구니들이 어찌 전하의 백성이 아니며, 그리고 전하는 비구니들의 임금이 아니겠습니까? 백성은 임금을 받들어 모시며 임금은 백성을 부립니다. 그러므로 백성

---

29 『嶺南邑誌』星州 京山誌 卷1.

의 입장에서는 의리상 당연히 정성스럽고 공경해야 합니다. 임금의 입장에서는 백성을 사랑하고 관대하고 어질게 대해야 합니다. 이것이 바로 尊卑의 명분이고 상하 간에 편안히 사는 길입니다. 만약 비구니를 추방시킴이 과연 옳다면 선대 왕들의 영령이 전하에게 부끄러움을 가지게 될 것이요, 사원을 철폐함이 과연 잘못되었다면, 즉 전하께서는 선대 왕들의 영령에 부담감을 가지게 될 것입니다.[30]

백곡은 내원당과 외원당은 왕후의 원찰이고, 선왕의 능침사찰이어서 하루아침에 만들어진 곳이 아니며, 선대부터 있었던 제도라는 것이다. 아울러 사찰은 나라의 흥망과 함께 해서 사찰이 있으면 나라의 경사요, 사찰을 훼손하면 나라의 재앙이라고 했다. 때문에 백곡은 비구니를 내쫓고, 사찰의 노비를 몰수한 일을 두고 왕과 백성의 도리도 아니고 정치역시 순리대로 되지 못한다고 하였다. 그는 절을 혁파하고 비구니를 추방시킨 후에 인정仁政을 실천한다는 것은 모순이며 선대의 법도를 없앤 것은 효도가 아니라고 지적하였다. 결국 백곡은 현종에게 "사찰이 있으면 이익이 있고, 승단이 없으면 손해가 있습니다. 치도治道의 손익은 역시 사찰의 유무와 관련이 있습니다. 하필이면 승단을 없애고 절을 허문연후에 치국평천하를 이룰 수 있다고 하십니까?"라고 했으며, 역사서를 섭렵하여 고금의 일을 환하게 알고 있는 왕에게 "사찰을 없애고 흥한 임금이 몇 분이 됩니까? 승단을 존속시키고서 갑자기 망한 임금이 몇 분이 됩니까?"라고 물었다.[31]

30 白谷 處能, 「諫廢釋教疏」, 『大覺登階集』 卷2(『韓佛全』 8, p.341c-342a).
31 白谷 處能, 「諫廢釋教疏」, 『大覺登階集』 卷2(『韓佛全』 8, p.341b).

백곡이 왕에게 올린 간곡한 부탁은 상소문 가운데 가장 주목할 만한 부분이다. 불교적 입장이 아닌 왕조의 안위와 태평성대의 실현을 위해 객관적 입장을 지키고 있는 것이다.

> 바라건대 전하께서는, 위로는 역대 왕들이 순리에 따라 업적을 이룬 뜻을 본받으시고, 아래로는 어리석은 신이 감히 간언하는 정성을 살피십시오. 지난 세대에 일어난 일을 깊이 연구하여 미래에 벌어질 일을 막지 마십시오. 그러면 선왕의 영혼들이 아낌없이 돌보고 도움을 줄 것이요, 전하께서는 사찰을 폐지하고 혁파하는 허물이 없을 것입니다. 사람들은 모두 기뻐하고 귀신도 모두 즐거워합니다. 五典이 순조롭게 실행되며 모든 관리들의 일이 제때에 시행됩니다. 계절에 따라 칠정을 고르게 하며, 백성들은 친족들과 화목하게 살도록 하니, 곳곳에서 배를 두드리는 노랫소리(鼓腹之歌)가 들리고 사람들은 콧날을 찡그리는 탄식이 없으니 태평한 세상을 이룰 수 있고 융성한 국가의 복을 이어갈 수 있습니다. 신은 先朝(효종)에게 외람되이 知遇를 입었으므로 감히 오늘에 목숨을 돌보지 않습니다. 불안하고 두려운 마음을 감당할 길이 없으며 삼가 죽음을 무릅쓰고 아룁니다.[32]

상소문의 끝부분이다. 불교정책은 과거의 역사에서 해답을 찾으라는 주문을 하고 있다. 지난 세대의 일을 기초로 미래에 벌어질 일을 막지 말라고 하였다. 그는 맹목적으로 불교탄압을 중지하기보다는 역사와 순

---

32 白谷 處能, 「諫廢釋教疏」, 『大覺登階集』 卷2(『韓佛全』 8, 3413a).

리대로 살필 것을 강조하였다. 객관적 입장에서 호소하였다. 때문에 백곡의 호법을 위한 요구는 불합리한 불교탄압을 중지해달라는 것뿐이었다. 불교가 존재하는 것은 왕조의 태평성대로 이어진다는 의미였다.

3. 불교의 사회적 기여와 호국

백곡의 「간폐석교소」는 맹목적인 호법을 호소한 것만은 아니었다. 불교의 국가사회적 기여를 전제로 탄압의 부당성을 지적한 것이다. 사실 상소문은 왜란과 호란 이후 불교계가 사회경제적 측면에서 기여한 사실을 그대로 묘사하고 있어 그 실증적 가치를 더해주고 있다. 때문에 백곡의 상소는 당시 불교계가 사회경제적 기여를 통해 호국의지를 실현하고 있으며, 그것은 결국 호법의 기초가 되기도 하였다.

> "佛道는 쇠약한데 승려의 부역은 너무 많으며, 호적에 편입하는 평민과 다름없습니다. 그리하여 兩西에는 軍籍을 가진 자가 많고 三南에는 나라의 징집에 응한자가 많습니다. ① 중국에 바친 종이도 모두 승려들이 만든 것이고, 上司에게 바치는 잡물도 모두 승려들이 준비합니다. 그밖에도 ② 온갖 役事의 독촉이 하도 많아 衙門에서 겨우 물러나오면 官廳의 명령이 계속 내리는데, 바빠서 때를 어기면 옥에 갇히기도 하고, 倉卒해서 어쩔줄 모르면 매질을 받기도 합니다. 심지어 ③ 모든 지방의 郯蟲와 남한산성 등 천리 길에 양식 나르기와 해마다 성을 지키면, 몸은 파수 보는 사람과 같고 자취는 전쟁하는 군인과 같아

서 감색 머리털과 푸른 눈동자는 바람과 비에 시달리고, 흰 버선과 흰 누더기는 진흙과 티끌을 뒤집어씁니다. 그러다가 갑자기 ④ 급한 변이 생기면 벌처럼 둔치고 개미처럼 모이며, 또 戰場에 나가게 되면 번개처럼 끌어 잡고 천둥처럼 달립니다. 千百으로 무리를 만들고 十五로 떼를 지어서는 복숭아나무 활과 가시화살을 왼쪽으로 당기고 오른쪽으로 뽑으며, 큰 창과 긴 칼로 앞에서 몰고 뒤에서 밀면, 칼을 쓸 때는 晉과 楚의 강함을 다투고, 陳을 칠 때는 아름다운 越의 법을 익힙니다."33

백곡이 제시한 조선의 불교탄압 명분은 불교가 오랑캐의 나라에서 생겨났고, 정통성 있는 삼대의 법이 아니며, 근거가 없는 인과응보로 윤회를 말하여 혹세무민하고, 무위도식으로 재산을 탕진한다는 것이다. 또한 법을 위반하여 정교正敎를 손상시키고, 요역을 기피하여 편오偏伍에 유실이 있다는 것이다.34 이 6가지 불교 탄압의 명분은 조선 시대뿐만 아니라 중국에서도 일찍부터 탄압의 명분으로 등장하였다. 이 가운데 무위도식과 요역의 회피는 왜란과 호란 당시, 그리고 이후 사회경제적 상황에 따른 불교계의 대응을 살핀다면 선례만을 답습하고 있는 것이다. 백곡이 「간폐석교소」에서 지적한 당시 불교계의 사회경제적 기여는 부족한 양역자원을 보충하고, 청에 조공품으로 바쳐야 하는 종이를 생산했으며, 여러 군현에 부과된 중앙 관서와 왕실에서 필요로 하는 물품을 생산하고 납부하는 등 당시 백성들이 감당하기 어려운 것들이었다.

---

33 白谷 處能, 「諫廢釋敎疏」, 『大覺登階集』 卷之二(『韓佛全』 8, 337b-c).
34 백곡 처능, 앞의 글, 336a.

우선 ①과 관련된 종이생산과 상납은 전란 이후 불교계가 담당했던 대표적인 부역이었다. 양난 이후 국가 수용의 종이가 점차 사찰에 부과되기 시작한 것은 전란을 계기로 종이를 만들었던 조지서 혁파를 비롯한 관제지 체계가 붕괴되고, 백성의 부담을 덜기 위해 시행한 대동법이 결정적인 계기가 되었다. 사찰은 종이를 생산할 수 있는 자연적 여건이 잘 갖추어져 있었으며 제지기술 또한 전통적으로 탁월했다. 더욱이 산간지역에 위치한 사찰은 종이 원료인 저楮가 나고 자라기에 좋은 환경이었으며, 종이 생산에 적당한 기후조건을 갖추고 있었다. 특히 저의 생육과 공급 등 제지 여건이 알맞은 삼남지방은 종이생산과 납부가 활발했다. 영남지방은 그 토질이 저의 생육에 알맞아 영남 70주의 사찰이 공사간의 비용을 충당하고 자생력을 갖출 정도로 종이생산은 중요한 업이 되었다.[35] 때문에 종이를 생산하는 일부의 사찰은 저의 일부를 자급자족하고 일부는 외부에서 구입하였으며, 저를 외부에서 매입하여 종이를 생산하는 사찰도 있었다.[36]

삼남지방의 사찰이 생산한 종이는 중앙 및 지방관청 등 다양한 곳으로 납부되었다. 중앙 납부처는 성균관·교서관·예조뿐만 아니라 대전大殿 등에도 납부하였다. 지방은 병영과 공방 등에 납부되었다. 특히 전라도 승평부의 대광사는 종이 납부처가 중앙 7곳과 소속관청 3곳이나 되었으며, 납부하는 종이의 양만 해도 184권 33첩이나 될 정도로[37] 그 양이 많았다. 사찰의 종이납부는 대부분 현물납부가 일반적이었지만,

---

35 「孤雲寺善政碑閣記」, 『佛敎』 新第22호, 1940, 35쪽.
36 하종목, 「조선후기의 사찰제지업과 그 생산품의 유통과정」, 『역사교육논집』 10, 역사교육학회, 1987, 56-58쪽.
37 『昇平志』卷1(『邑誌』 全羅道①, 아세아문화사, 461쪽).

현물 대신 돈으로 대납한 경우도 있었다. 경상도 청송부의 쌍계사는 성
균관에 납부해야 할 종이 대신 돈으로 대납하였으며[38] 성주목의 안봉사
安峰寺 · 용기사龍起寺 역시 종이 대신 물건 만드는 값을 납부하였다.[39]

② 왜란과 호란 이후 승려가 담당해야 했던 잡역은 종이생산과 납부
뿐만 아니라 여러 분야에 걸쳐 진행되었다. 특히 전란과 자연재해로 인
한 국가재정의 부족과 백성들의 부담을 덜어 주기 위한 조치는 불교계
의 부담으로 돌아왔다. 전란 이후 실록에 수록된 불교계의 잡역을 정리
하면 다음과 같다.

양난 이후 각종 승역(僧役)

자연재해	시신매장 · 도토리 수습
토목공사	제언(堤堰)공사 · 벌목과 운송 · 석재(石材)운송 · 벽돌굽기
군사	군량운송, 산성 및 돈대(墩臺)축조, 둔전(屯田)경작, 봉군(烽軍)
국가재정	은(銀)채취
왕실	어진(御眞)수호, 문소전위판(文昭殿位版) 수호, 노산군묘(魯山君墓) 수호, 산릉역(山陵役)

전란 이후 승려들이 부담해야 했던 승역僧役은 국방강화와 토목공사뿐
만 아니라 광범위했다. 승려들이 시신을 매장한 것은 전란 중인 선조 대
와 이후 현종 대에 집중적으로 나타났다. 전쟁과 혹심한 기근 · 추위가

---

38 『青松府事例』(『邑誌』慶尙道③, 아세아문화사, 312쪽).
39 『星州牧邑事例』(『邑誌』慶尙道③, 아세아문화사, 145쪽).

엄습한 선조 26~27년에는 "경성 안팎에 시체가 많이 쌓여 있었지만 인력이 모자라 묻어주지 못하고 있는 실정이었다."[40] 이에 선조는 승려들로 하여금 중앙과 지방에 널려 있는 시신을 묻어주게 하고, 그 대가로 선과첩과 도첩을 주었다. 전란 이후 사망자가 지속적으로 속출하고 있었던 것은 기근이 주요 요인으로 작용한 것이다.[41]

조선은 왜란과 호란 등의 전쟁이 있었고, 1750년 무렵까지의 기간에는 자연재해의 피해 또한 장기적으로 계속되었다. 전쟁과 자연재해로 인한 기근과 전염병은 많은 희생자를 초래하여 사회적으로 큰 타격을 입혔다. 특히 기온 강하로 인한 자연재해는 농작물에 영향을 미쳐 수확량이 감소되었다. 왜란이 끝난 뒤 선조 34년 처음 조사된 전국의 전결수는 이전의 150~170만 결에 크게 못 미치는 30만 결 밖에 되지 못했다. 이후 1611년(광해군 3)과 1635년(인조 13)의 조사결과는 점차 증가추세를 보이지만, 쉽게 회복되지는 못했다.[42] 식량부족은 백성들의 희생으로 이어졌다. 실제로 승려가 시체매장에 동원된 1593년(선조 26) 12월 11일 실록의 기사는 경성에 겨울 추위가 닥친 이래 "굶어 죽고 얼어 죽은 사람이 언덕을 이루고, 여염의 빈집과 외진 곳에도 시체를 쌓아 놓았다"[43]고 하였다. 때문에 비변사는 군대와 백성들을 동원하여 묻어주었고 인력이 부족하자 승려들에게 시신을 운반하게 했다.

---

40 『宣祖實錄』제43권, 26년 10월 2일.
41 나종일, 「17세기 위기론과 한국사」, 『역사학보』 94·95합집, 역사학회, 1982; 이태진, 「小氷期(1500~1750년)의 天體 現象的 원인－『朝鮮王朝實錄』의 관련 기록 분석－」, 『국사관논총』 72, 국사편찬위원회, 1996; 김호, 「16세기 말 17세기 초 '疫病' 발생의 추이와 대책」, 『한국학보』 71, 일지사. 1993.
42 박종수, 「16·7세기 정세의 정액화 과정」, 『한국사론』 30, 서울대, 1993.
43 『宣祖實錄』 46권, 26년 12월 11일.

한편 식량이 적어 기근이 들면 전염병이 돌기 마련이다. 전란을 겪었던 시기의 전국적인 기근과 질병의 발생은 근래에는 들어본 바가 없을 정도로 그 피해가 커 백성들이 떠돌며 구걸하거나 질병이 발생하여 인구감소의 요인이 되었다. 1671년(현종 12) 이밖에 승려들은 기근을 극복하기 위해 도토리를 줍기도 하였다.[44] 이들의 도토리 수습은 삼남지방뿐만 아니라 팔도에 이르기까지 호조에서 사목事目을 만들어 시행할 정도로 전국적인 규모였다. 굶주린 백성이나 관원과 더불어 승려들이 8월 이후에 수습하면 가을과 겨울에 백성을 구제할 수 있었다고 한다.

승려들이 참여한 잡역은 전란 직후 대규모로 진행된 토목공사도 예외는 아니었다. 전란으로 폐허가 된 궁궐과 관아의 중건공사뿐만 아니라 명나라 원병 장수의 공을 찬양하기 위한 생사당生祠堂 건립이나[45] 파괴된 왜관을 신축하는 공사에[46] 동원되기도 하였다. 평안도 안주와 구성龜城에서는 성을 쌓기 위해 벽돌 굽는 일을 하기도 하였다. 승려들이 농사일로 바쁜 역부役夫를 대신하여 군역에서 빠진 사람이나 영속營屬 등과 함께 동원되었다. 역부로 동원되는 백성들이 농사일로 바쁜 시기에 역사役事로 농사를 망치지 않도록 승려를 동원한 것이다.[47] 또한 승려들은 제언공사에도 참여하였다. 자연재해와 전염병으로 피해가 아사자가 급증했던 현종 대에는 승군이 연군烟軍과 함께 동원되어 100~400석을 수확할 만한 땅을 개간하기 위해 제방을 쌓기도 하였다.[48] 전란 이후 경작지의

---

44 『宣祖實錄』 53권, 27년 7월 15일.
45 『宣祖實錄』 117권, 32년 9월 26일.
46 『肅宗實錄』 6권, 3년 2월 12일.
47 『宣祖實錄』 186권, 38년 4월 13일.
48 『顯宗實錄』 21권, 14년 12월 18일 :『현종개수실록』 제27권, 14년 12월 18일.

황폐화로 전라도는 평시 경작면적인 44만결 가운데 6만결만 경작되어 국가재정에 심각한 손실을 주었다. 때문에 당시 농지 개간은 백성과 부족한 국가재정을 해소하기 위해서도 중요한 일이었다. 당시 승군이 전라도와 전국의 해택海澤이나 산야의 제언공사에 대규모로 참여한 것은 쉽게 짐작할 수 있는 문제다. 이밖에 승려들은 전란 이후 축성과 영건에 참여한 것은 기본이었고, 벌목과[49] 산에서 돌을 떠내는 일[50]뿐만 아니라 나무와 돌을 운반하는 힘겨운 일까지 담당해야만 했다.[51]

승려들이 이와 같은 각종 잡역에 동원된 것은 부족한 양역자원을 보충하는 것이 일차적인 요인이었지만, 조직을 구성하여 일을 효율적으로 마무리지었기 때문이었다.[52] 현종 대의 광주부윤 심지명沈之溟이 "승군은 일반 백성이 3일 동안 할 일을 하루에 마친다"고[53] 할만큼 노역勞役에 사력을 기울였다. 때문에 역사가 시행되고 있었던 각 소所에서는 일반 역군을 원하지 않고, 다투어 승군을 요청하였다.[54]

한편 승려들이 담당했던 산릉역은 장기간에 걸쳐 비교적 많은 인원이 동원되는 노역이었다. 산릉역은 15·16세기에는 요역농민이 담당했지만, 17세기 이후는 모립제募立制 적용되어 고용 인부인 모군募軍이 동원되었다. 여기에 산릉과 조사詔使는 대동법의 예외 규정으로 연호군 또한 분정되었다.[55] 그러나 모군의 동원은 국가재정의 부족으로 대가를 지급

49 『光海君日記』 157권, 12년 10월 2일.
50 『光海君日記』 126권, 10년 4월 15일.
51 『光海君日記』 126권, 10년 4월 7일 : 제126권, 4월 19일 : 제126권, 4월 23일.
52 『光海君日記』 126권, 10년 4월 28일.
53 『顯宗實錄』 17권, 10년 6월 20일.
54 『光海君日記』 126권, 10년 4월 28일.
55 『續大典』 권2, 戶典 徭賦條.

할 필요가 없는 승려를 필요로 하는 상황이 계속되었다. 산릉역에 참여한 역승은 1608년(광해군 1)부터 1757년(영조 33)에 이르는 150여 년 동안총 40,000여 명에 이른다.[56] 승군은 8도에서 징발되었는데, 1680년(숙종6)의 인경왕후산릉역仁敬王后山陵役에서는 최대 3,600명이나 동원되었다.당시 전라도와 경상도의 승려들이 1,200명씩이나 대규모로 참여하였는데, 두 지역의 승려들은 산릉역이 진행되는 동안 8도 가운데 가장 많은인원이 동원되었다.

> "품획사 李慶全이 아뢰기를 "당초 승군을 설치할 때 소신이 영건도
> 감의 軍匠당상으로 있었습니다. 역군을 모집하면 역사가 부실하게 될
> 뿐만 아니라 田結과 戶□에 따라 身役을 바치게 하자니 이미 布를 거
> 두었으므로 형세상 다시 부역을 시키기가 어려웠습니다. 그래서 부득
> 이 僧軍에게 값을 주고 부역을 하게 하였더니 역군을 모집하여 역을
> 시키는 것 보다 나았습니다."[57]

산릉역을 비롯한 승역은 선조 대와 광해군 대에는 비교적 그 처우가관대했다. 동원된 승군들에게는 역량役糧과 포를 지급하였으며[58] 오랫동안 동원된 승군들을 위로하고 사찰에 피해를 입히는 일이 없도록 경계하기도 하였다.[59] 그러나 인조 대 이후에는 승군을 무상으로 징발하고사역케 하였으며, 현종 대 이후에는 더욱 강화되었다. 그런데 이 시기

---

56 윤용출, 『조선후기의 요역제와 고용노동』, 서울대학교출판부, 1984, 142쪽 〈표 1〉참조.
57 『光海君日記』130권, 10년 7월 4일.
58 『宣祖實錄』208권, 40년 2월 30일.
59 『光海君日記』173권, 14년 1월 27일.

무상 징발된 승역이 강화된 것은 억불책이 전제가 된 것은 사실이지만, 전반적인 국가재정과 사회경제가 악화된 것이 일차적인 원인이었다. 즉 대가를 지급해야 하는 모립군 동원과 기근·추위·전염병과 같은 자연재해로 인한 인구감소가 승역이 강화된 일차적인 요인으로 작용하였을 것이다. 즉 사회경제 상의 열악한 조건이 승려의 무상징발을 더욱 강화시킨 것이다.

한편 역승들은 산릉역에 직접 동원되는 것이 일반적이었지만, 임금을 받는 승려들을 대립인으로 세워 역소役所로 대신 보내기도 하였다. 승역의 대립은 원칙적으로 금지되었지만, 당시 널리 행해지고 있었다.[60] 이 밖에 승려들은 중앙과 지방의 다양한 잡역에 동원되었다. 은광에서는 은채역銀採役에 동원되었으며[61] 사고 수직과[62] 둔전을 경작하기도 하였다.[63] 결국 승려들은 양란 이후 궁궐 수리공사를 비롯한 대규모 토목공사와 잡역에 동원되었으며, 세승細繩·석이石耳버섯·송화가루 등을 지방 군현에 예납하는 등 각종 잡공을 담당하기도 하였다.

한편 ③ 산성축조와 방어는 양란 이후 승려가 담당했던 부역 가운데 가장 대표적인 것이었다. 특히 남북한산성의 축조는 이후 승역을 중심으로 한 승군제도가 조직적으로 정비된 계기가 되기도 하였다. 남한산성은 1624년(인조 2) 이괄의 난과 후금의 압력이 심해지자 그해 7월에 공사를 시작하여 2년 후인 1626년(인조 4) 11월에 완성되었다. 당시 총융사

---

60 『孝宗寧陵山陵都監儀軌』 啓辭, 己亥 9월 6일, 9월 9일, 10월 1일(윤용출, 『조선후기의 요역제와 고용노동』, 서울대학교출판부, 1998, 150쪽에서 재인용.

61 『仁祖實錄』 제8권, 3년 2월 18일.

62 『仁祖實錄』 제19권, 6년 7월 18일.

63 『宣祖實錄』 제46권, 26년 12월 16일.

이서李曙는 각성과 응성에게 팔도의 승군을 모집하게 하여 공사를 마쳤다.[64] 성을 쌓고 난 후 수비에 동원된 승려들은 전라·경상·충청와 강원도의 승려 가운데 도첩이 없는 자를 뽑아서 3개조로 동원하고 부역을 마친 이후에는 도첩을 지급하였다.[65] 북한산성 또한 강화도와 남한산성에 이어 나라의 보장지처保障之處로 인식하여 1711년(숙종 37) 4월에 승려를 동원하여 공사를 시작하고 그 해 10월에 완성하여 축성내역에 관한 별단別單을 올렸다.[66]

두 산성이 축조된 이후 방어를 위한 조치가 내려졌다. "외방 사찰에 있는 승도의 다소를 조사하여 남한·북한산성에 각각 의승 350명씩을 정하고 그 액수를 정하여 차례로 번을 서게 하자."는 이유李濡의 건의에 따른 것이었다.[67][68]

승군편성과 승영사찰[68]

산성	승군편성	승영사찰
南漢山城	僧軍摠攝 1, 僧中軍 1, 教鍊官 1, 哨官 1, 旗牌官 1, 原居僧軍 138, 義僧 356	開元寺, 漢興寺, 國清寺, 望月寺, 長慶寺, 天柱寺, 玉井寺, 東林寺, 水鍾寺, 奉恩寺
北漢山城	僧大將 1, 中軍, 左右別將, 千摠, 把摠,左右兵房 각1, 教鍊官, 旗牌官, 中軍兵房 각2, 五旗次知1, 都訓導, 別庫監官 각1, 射料軍 10, 書記 2, 通引 2, 庫直 3, 冊掌務 板掌務 각1, 吹手 2, 各寺僧將 11, 首僧 11, 義僧 358	重興寺, 龍岩寺, 普光寺, 扶旺寺, 西岩寺, 元覺寺, 國寧寺, 祥雲寺, 太古寺, 鎭國寺, 輔國寺

---

64 李能和,「南漢山寺守城縋營」,『朝鮮佛教通史』下, 828쪽.
65 『備邊司謄錄』 5책 16년 2월 5일.
66 『備邊司謄錄』 63책, 37년 10월 18일.
67 『肅宗實錄』 권55, 40년 9월 25일;『비변사등록』 제67책, 40년 9월 27일.
68 李能和,『朝鮮佛教通史』下, 829~832쪽.

표는 남북한산성에 각각 편성된 승군조직과 산성 내의 승영사찰이다. 승군의 구성은 팔도에 배정된 승군과 산성 내외의 사원에 주석한 원거승原居僧으로 이루어졌다. 이들은 남한산성 10개 사찰과 북한산성 11개 사찰에 배치되어 1년에 2개월씩 6회에 걸쳐 윤번으로 복무하였다. 평안도와 함경도는 제외되었다. 그러나 의승입번제는 시행부터 불교계에 적지 않은 부담이 되고 있었다. 더욱이 상번上番하는 본인에게 소요되는 비용 외에도 남·북한산성의 원거승의 접대비까지도 부담해야하는 폐단이 있었다. 영남의 균세사均稅使 박문수朴文秀도 방번防番하면 15냥이 드는데 승려가 스스로 상번하면 남·북한산성 의승군 수응접대酬應接待 등을 모두 의승군이 부담하게 되므로 비용이 30냥에 이른다고[69] 하여 호남과 영남을 중심으로 한 팔도의 부역승군의 부담이 시정의 대상이 되었다. 이 제도는 급기야 1784년(정조 9) 승려가 납부해야 하는 번전를 반감시키는 조치를 시행하였다.

한편 백곡은 ③과 관련하여 1660년 스승 각성의 입적 후 각성이 참여하여 지휘했던 남한산성도총섭을 제수받았다.

> 나라는 인간을 평생 내 스스로 비웃음은 / 平生自笑我爲人
> 온갖 비방이 몰려와 자주 죄를 지었기 때문이다. / 百謗交攻負釁頻
> 외로운 학은 재주 없어도 衛나라에서 벼슬하고 / 孤鶴不才能仕衛
> 다섯 소나무는 말 없어도 秦나라 작위 받았지. / 五松無語亦封秦
> 官印을 열어 본 지 겨우 석 달이고 / 坐開斗印纔三夏

---

69 『備邊司謄錄』 제123책, 27년 8월 초1일.

깃발을 세운 지 백 일이 채 못 되었다. / 行建牙旗未十旬

관직 생활은 저 본분사와 같지 않으니 / 宦業未曾同彼物

빨리 석장을 날려 깊은 산골로 들어가야 하리. / 急須飛錫向嶙峋[70]

백곡은 1666년에 남한승통을 받았지만 부임하지 않았고, 1670년에는 '팔도선교십육종도총섭'에 임명되었다.[71] 시는 산성 수비의 지휘를 맡은 지 3개월 만에 사퇴했음을 의미한다. 그러나 '천리 밖 영남에서 도총섭을 지내느라 십 년 동안 숲에서 다 낡은 승복을 입었다'는[72] 시는 영남도 총섭을 제수받아 10년간 참여한 것으로 보인다. 여하튼 산성수비의 직책을 벗어나기란 쉬운 것이 아니었던 모양이다.

공자는 陳나라 蔡나라로 갔고 / 孔丘適陳蔡

맹자는 齊나라 梁나라로 가 유세하였다. / 孟軻遊齊梁

그러나 항상 시대를 만나지 못하여 / 然而每不遇

그 나라를 떠나 방황 길에 올랐다. / 去國行彷徨

장차 封하려 하여 子西를 만났고 / 將封遇子西

왕을 만나지도 못한 채 藏倉을 만났다. / 未進遭藏倉

예로부터 군자는 / 自古君子人

우환을 당해도 평상심을 유지하였다. / 離騷迺其常

70 白谷 處能, 「余以朝命爲八方都摠攝經三朔被」, 『大覺登階集』 卷1(『韓佛全』 8, 319c.).

71 申晸, 『汾厓遺稿』卷十 / 碑銘, 「白谷處能師碑銘 幷序」; 1674년 백곡이 찬한 「奉國寺新創記」는 '兼八道禪教十六宗都總攝臣僧處能拜手記'로 표기되어 있다. 『大覺登階集』 卷2(『韓佛全』 8, 326c.).

72 白谷 處能, 「仁同途中口號敬呈嶺伯」, 『大覺登階集』 卷1(『韓佛全』.8, 318a~b.).

때를 얻지 못할 줄 일찍이 알았기에 / 早知不得時

차라리 수양산에서 굶어 죽었다. / 寧爲餓首陽

나는 저들처럼 군자도 아닌데 / 吾非君子人

비방과 원망이 어찌 이리도 많은가. / 謗讟何其長

세상을 구제할 인물 또한 아니거니 / 亦非濟世人

작록을 어찌 감당할 수 있을까. / 爵祿何敢當

하찮은 관직을 우연히 얻기는 하였으나 / 微官偶爾得

버리고 떠나기를 부스럼 긁어내듯 하였노라.[73] / 棄去如決瘡

백곡이 읊은 시 「유감有感」의 일부분이다. 백곡이 살고 있었던 조선은 사회경제적으로 혼란스러웠고, 불교계 역시 수탈과 소외가 지속되고 있었던 법난法難의 시기였다. 인용한 시는 우연히 얻은 도총섭의 자리를 사퇴하고 읊은 듯하다. 그러나 "비방과 원망이 어찌 이리도 많은가"라는 대목은 군자도 아닌데 조야의 구설수가 끊이지 않았음을 의미하는 것이다. 그는 내전과 외전을 두루 갖춘 승려였고, 스승은 당대의 고승 각성과 선조의 부마였던 신익성이었다. 그가 지닌 자질과 명성은 주변의 질시의 대상이 되었을 것이다. 결국 그는 곧 사퇴하고 속리산과 계룡산 등지에서 산림법회山林法會를 열어 후학들을 지도하였다.

백곡은 왕이 "승려가 군대조직에서 빠진다고 해서 불교를 폐지하려고 합니까" 혹은 "불교가 치국평천하 하는데 해로움만 있고 보탬이 없다고 여기십니까."라고[74] 되묻기도 하였다. 질문이라기보다는 승려가 혼란과

---

73 白谷 處能, 「有感」, 『大覺登階集』 卷1(『韓佛全』 8, 310a-b.).
74 白谷 處能, 「諫廢釋教疏」, 『大覺登階集』 卷2(『韓佛全』 8, 337c.).

암울한 시기를 당하여 국방상 요충지 수비와 각종 잡역雜役 등을 통해서
국가사회적 기여를 하고 있음에도 불구하고 억압해서는 안 된다고 강조
한 듯하다.

> 일반적으로 천하에는 불교가 없는 나라가 없습니다. 이마에 문신을
> 새기고 이빨에 옻칠을 하는 나라, 짐승처럼 마시고 상투를 치는 풍속
> 이 있는 지역, 풀옷을 입고 털을 먹는 지역, 몸에 문신을 새기고 머리
> 를 늘어뜨리는 지역, 九夷八蠻의 바깥 지역, 五戎六狄의 사이에도 모
> 두 다 승려가 있습니다. 그 지역을 다스리는 임금이나 사대부가 백성
> 을 교화함은 승려들 덕분이고, 승려들에 의해 자신들의 절개를 온전히
> 지킬 수 있었습니다.[75]

백곡은 궁극적으로 불교의 존립은 태평성대에 절대적인 영향을 미쳤
으며, 승려들 또한 왕조의 신민으로서의 역할을 다하고 있다고 하였다.
훗날 정조는 "깊은 산골은 나라의 법령과 제도가 미치지 못하여 억울한
일을 당하여 소송할 수 있는 길도 없으며, 위태로운 상황에서 군대와 군
량미조차도 의뢰하지 못할 지경이었다."고 하였다. 다행히 "스님들이 있
어 최소한의 법령과 제도가 전해지고, 군대와 군량미를 마련하여 양란
에 참전하여 나라를 위기에서 구해낸 것이라고 하였다.[76] 정조가 조선왕
조의 기틀을 마련하는데 기여한 무학·휴정·유정 등 호국승과 왕실의
안녕을 위해 기여한 사찰에 대해서 각별히 호의적인 태도를 보인 이유

---

75 白谷 處能, 앞의 글(『韓佛全』 8, 341a).
76 正祖, 「梵宇攷題」, 『弘齋全書』 권56.

이기도 하다. 정조는 불교가 비록 이단이지만, 왕조 운영의 기본인 예악·교화·풍속의 유지에 힘쓰는 바가 지대하다는 것을 강조하기도 하였다.

결국 백곡은 조선의 불교 탄압 목적이 유교 입국과 공맹의 사상을 비롯한 성리학의 가치체계가 확립되는 것이었지만, 긍정적인 효과보다는 왕조의 운명을 단축시키고 재앙만을 지속시킬 뿐이라는 것을 경고하였다.

백곡 처능은 조선 역사상 가장 암울한 시기를 살다 갔다. 그는 전란의 영향과 자연재해, 백성의 굶주림과 죽음의 한복판에 있었다. 12세에 출가한 그는 수행과 불교중흥에 진력했던 당대의 고승 벽암 각성과 20여 년간 동고동락하였다. 각성과 백곡은 선교학 수행을 비롯한 사찰중건과 불서간행 등 불교계의 재건과 호법을 위해 동분서주하였다. 백곡은 극심한 탄압과 수탈을 당하고 있었던 불교계의 모습도 목격하고 있었다. 조선의 궁핍한 사회경제는 승려들의 삶을 더욱 어렵게 하였다. 당시 승려들은 전란에 참여했을 뿐만 아니라 부족한 양역자원을 보충하고, 토목공사와 종이생산을 비롯한 각종 잡역에도 참여하였다. 백성들의 부담을 덜어주기 위한 것이었지만, 승역의 탁월한 효율성도 한몫했다.

백곡은 현종이 즉위 후 승려들을 환속시키고, 궁가의 원당을 혁파하는 등 전례 없는 불교탄압을 목격하였다. 왕은 절에 모셔진 열성조의 위패를 땅에 묻었고, 사찰을 헐고 학교를 지었다. 백곡은 상소문을 올렸다. 위법망구의 결단이었다. 그는 이전에도 제기되었던 일반적이고 추상적인 불교비판론에 대해 실제적으로 대응하였다. 절을 허물고 승려를 환속시킨 것이 마치 망해서 폐허가 된 은나라의 비참한 광경이며, 아낙들의 마음을 상하게 한 것과 다름없다고 했다. 더욱이 원당에 열성조의 위패를 모신지는 수백 년이 되었는데, 이것은 시비를 가릴 것 없이 공경하고 존중해야 할 의식이라고 하였다. 백곡은 이와 같은 불교탄압의 부당성을 불교적 입장에서 서술하지 않았다. 상소문은 불경이나 승려의 견해를 언급하지 않고 경사자집의 내용을 기초로 한 유교식 독법讀法으로 전개하였다. 불법을 숭봉하고 지켰던 중국과 조선의 왕과 신하를 사례로 불교존립의 정당성을 천명하였다.

한편 백곡은 당시 불교계의 사회경제적 기여를 피력하였다. 승려들은 전란에 승군으로 참여했을 뿐만 아니라 전란 이후에는 산성을 쌓고 수비하였다. 또한 청에 상납하는 종이를 생산했으며, 군량미를 운송하고 백성들의 굶주림을 해소하기 위해 도토리와 버섯을 캐기도 하였다. 승려들의 이와 같은 사회경제적 기여는 당시 총체적인 위기 상황으로 수탈과 착취로 변질되었지만, 불교계의 노동력은 암울한 왕조의 위기를 다소나마 해소하는데 기여한 것이 사실이다. 백곡의 상소문이 가능했던 것도 당시 승려들의 역할이 가벼운 것이 아니었기 때문이었다. 관찰사를 비롯한 지방 수령들은 승려들의 혹독한 잡역을 경감시켜줄 것을 건의하고, 급기야 왕마저도 왕실 원당을 유지시키고자 했으며, 죽은 두 딸을 위해 봉국사奉國寺를 창건하였고, 어머니를 위해 화장사華藏寺에서 수류재를 올렸다. 과중한 승려의 종이생산과 납부 역시 혁파했다.

결국 백곡의 「간폐석교소」는 현종 대의 불교탄압에 대한 대응으로만 국한되지 않았다. 조선왕조의 불교탄압과 억압, 그리고 현종 대의 불교탄압정책에 대한 부당성과 모순을 경사자집을 기초로 지적하고 비판하였다. 때문에 「간폐석교소」는 조선불교의 호법과 호국이 지닌 상즉성을 상징하고 있는 것이다.

8

조선후기 송광사 중흥과 백암 성총栢庵性聰

1. 왜란 이후 부휴 선수·벽암 각성의 송광사 중건

　송광사는 고려 중후기 보조 지눌국사의 선교통합禪敎統合과 불교계 쇄
신을 위한 정혜결사定慧結社를 계기로 한국불교 수행전통의 상징이다. 왕
조교체 이후에는 탄압과 소외로 겨우 명맥을 유지했지만, 임진왜란 이
후부터는 보조가풍을 중흥시키고 조선불교가 지닌 정체성을 회복하기
위해 진력했다. 청허 휴정淸虛休靜과 동시대 불교계를 이끌었던 부휴 선
수浮休善修와 그의 제자 벽암 각성碧巖覺性이 쇠락한 송광사를 일신시킨 것
이 계기가 되었다. 이들은 전각殿閣만을 복원시킨 것이 아니고 승가의
수행을 주도했고, 지눌의 저술을 간행했으며, 훗날 승보종찰僧寶宗刹의 기
틀을 마련하였다. 그들은 무너진 전각만을 복원한 것이 아닌 보조 지눌

의 사상과 수행을 계승하고 조선 불교의 선교겸수禪敎兼修와 화엄학을 중심으로 한 교학융성의 정체성을 중흥시키고자 하였다. 부휴 선수와 벽암 각성의 이와 같은 노력은 문손門孫 백암 성총栢庵性聰에게 계승되었다. 백암은 보조국사감로탑비普照國師甘露塔碑와 송광사사원사적비松廣寺嗣院事蹟碑를 건립하여 조선불교에서 조계가풍이 지닌 정체성과 가치를 선명히 하였다. 그는 선수행뿐만 아니라『화엄경』에도 조예가 깊어 연구와 강의를 통해 쇠락한 불교계를 재건하고자 하였다. 특히 그는 1681년 표류하다가 임자도에 정박한 배에서 190권의 불서를 발견하여 판본을 만들어 간행하기도 하였다. 때문에 그를 '불법홍통종사佛法弘通宗師'라고 하였다. 백암 성총의 조계가풍 선양을 위한 노력은 제자인 무용無用 → 영해影海 → 풍암楓巖 → 묵암黙庵이 면면히 계승하였다.

이 글은 임진왜란 이후부터 부휴 선수와 벽암 각성으로부터 시작된 송광사의 중흥, 보조 지눌 선양과 그 가풍의 정체성과 가치를 확립하고 보존하기 위한 후학들의 노력을 살필 것이다. 특히 중건 이후 보조가풍의 재건을 위한 백암 성총의 노력을 깊이 고찰할 것이다. 그는 단순히 송광사의 보조국사 선양뿐만 아니라 당시 쇠퇴한 불교계의 중흥을 위한 지속적인 노력을 기울인 인물이기도 하다. 조선후기 송광사와 불교계의 중흥을 위해 진력했던 고승들의 면모와 동향을 살피는 일은 송광사가 지닌 수행과 불교사상적 가치를 체계적으로 규명하는 일이기도 하다.

전란과 탄압으로 폐허가 된 송광사를 중흥시킨 부휴 선수와 벽암 각성은 사제지간이다. 부휴는 속리산에서 불법을 널리 펼치고 있을 때 벽암을 만났고 그를 법기法器로 보고 불법의 진수를 전하기 시작하였다. 1598년(선조 31) 벽암이 부휴를 따라 가야산으로 옮겨 갔을 때의 일이다. 명나라에서 온 이종성李宗城이 명命을 받아 일본의 풍신수길豊臣秀吉을 일본 국왕으로 봉하기 위해 내려가다가 해인사에 들렀을 때 벽암의 뛰어 난 골상骨相을 보고 부휴에게, "伯樂의 마굿간에 있는 駿馬 중에 뛰어난 말이 많습니다. 선사(부휴)의 시자는 천리마라고 할 수 있습니다."라고 하였다. 송운 유정松雲惟政 또한 부휴에게 서신을 보내어 후계자를 얻은 것을 축하하였다. 벽암은 수행자의 본분과 함께 사제의 정이 두터웠다. 벽암의 행장을 찬撰한 백곡 처능白谷處能은 "스님은 부휴 대사를 모시어 거의 30년 동안 공부하면서 직접 주방일을 하고 스승을 위해 수건을 드 리고 발우를 들고 다니면서 고생을 마다하지 않았다. 의문점이 있으면 질문을 해서 해답을 얻기를 게을리하지 않았다. 스승의 학문을 전해 받 고 임제종의 교리를 크게 떨쳤다."[1]고 하였다. 스승과 제자는 전장을 함 께 누볐고, 전란으로 폐허가 된 유서 깊은 명찰名刹들을 복원하기 위해 동분서주했다. 순천 송광사, 완주 송광사, 합천 해인사, 보은 법주사, 구 례 화엄사, 하동 쌍계사 등 호남과 호서의 사찰 중건은 부휴와 벽암이 기울인 호법護法의 산물들이다. 벽암의 비문을 찬한 이경석李景奭은 벽암 이 "여러 산의 많은 절을 혹은 창건하고 혹은 중수함이 계곡에 소나기가 내린 것 같았다. 동방의 사찰로 화엄華嚴의 굉제宏制와 송광松廣의 가람伽 藍 그리고 그 큰 것. 여타를 다스릴 수 있었다."고[2] 하였다. 절의 중건은 흩어졌던 수행자들이 모여들게 했고 쇠잔한 조선의 불교가 다시 일어설 수 있는 토양을 만들어 주었다. 조선 불교계의 원동력인 선교학禪敎學이 다시 활성화되기 시작하였다.

---

1 白谷 處能,「賜報恩闡教圓照國一都大禪師行狀」,『大覺登階集』 卷2(『韓佛全』 8, 329c~ 331a).
2 李景奭,「華嚴寺碧岩大師碑」.

근세에 浮休 善修가 법을 이어서 이 절에 살았고, 碧巖 覺性과 翠微 守初에게 법을 전하였다. 세 분 모두 도법을 펼쳐 절을 넓히고 장엄하여 여러 국사들이 계셨던 때보다 더욱 융성하였다. 그러나 宗脈은 달랐다. 臨濟로부터 18대를 내려와 石屋 淸珙에게 전해졌는데, 고려 때 太古 普愚가 청공의 법을 전해 받았다. 다시 6대를 내려와 浮休에게 전해졌으니 그렇다면 이는 여래의 正眼이며 목우자에게서 직접 전해 받은 것은 아니다. 게다가 나옹과 무학의 부도도 여기에 있다. 취미의 적통인 柏菴 性聰이 이 절을 관리하게 되었는데 그는 깨달음과 학식이 근세의 조사들을 능가하여 멀리에서나마 牧牛老人의 기풍을 이었다. 근원을 달리하는 물줄기가 바다로 들어가면 같아진다 하는 것이 바로 이런 경우가 아니겠는가. 이 절은 이때부터 더욱 빛났으니 영겁토록 바뀌지 않음을 예상할 수 있다.[3]

1678년 조종저趙宗著가 찬찬撰한 송광사사적비松廣寺事蹟碑의 일부분이다. 보조 지눌 이후 동방제일도량東方第一道場의 위상을 지니고 있었던 순천 송광사松廣寺는 임진왜란과 정유재란으로 수각水閣과 임경당臨鏡堂, 보조암普照庵, 천자암天子庵 등이 소실되고, 승려들이 절을 떠나 폐사될 위기에 있었다고 한다. 이에 응선應禪이 중건을 시작하면서 부휴 선수에게 머물기를 청하였다. 1609년(광해군 1) 부휴 선수는 제자 400명을 거느리고 송광사의 조전祖殿·동행랑東行廊·천왕문天王門 등을 새로 짓고 그 외의 건물도 보수하였다. 부휴는 또한 600명의 승려들을 이끌고 동안거 수행

3 趙宗著, 「昇平府曹溪山松廣寺嗣院事蹟碑」, 『조선불교통사』 하, 1918, 신문관, 350~351쪽.

등을 통해 보조유풍普照遺風을 계승하고 송광사의 명맥을 잇고자 하였다.[4] 이들은 전각殿閣 외에도 보조국사 지눌의 「권수정혜결사문」, 「계초심학인문」 등을 비롯하여 많은 수의 불교 전적을 간행하고, 16국사의 진영을 보수하기도 하였다.[5] 특히 불서 간행은 20년간 35종의 서적이 집중적으로 간행되었다.[6] 왜란으로 인해 많은 사찰이 소실되는 등 피해를 당하면서 절에 소장된 수많은 목판 역시 온전하지 못했다. 그러므로 당우의 중건, 불상과 불화의 제작과 함께 승가교육에 필수적이었던 불서의 간행은 빼놓을 수 없는 중요한 불사佛事였다. 17세기가 사찰판본의 극성기였던 것은 승가 교육에 필요한 교재가 전란으로 소실되어 판각사업이 전국적으로 진행되었기 때문이다.

특히 1634년 2월부터 1635년 5월까지 순천 송광사에서 황해도 귀진사본歸進寺本을 저본底本으로 번각한 『대방광불화엄경소』와 그 변상도는 벽암 각성, 요 태능, 대가 희옥 등이 주도했던 판각사업이었다. 목판 3,000매 가까운 판목을 마련하고, 수십 명의 각수가 2년간 새기고, 종이와 먹을 만들어 인쇄해야하는 물질적, 인적 자원이 대규모로 소요되는 일이었다.[7] 사실 벽암은 "화엄을 외워서 악귀를 퇴치하고 세상을 맑게 하며, 동물부터 인간까지 모두를 교화했으며, 화엄법회를 열기도 했고, 봉림대군에게 화엄종지華嚴宗旨를 전해줄 정도로[8] 화엄학을 중시하였다.

---

4 綺山 錫珍, 『曹溪山松廣寺誌』, 松廣寺, 1965, 168쪽.

5 待價 希玉, 「十六國師眞影記」.

6 박도화, 「碧巖 覺性 발원 順天 松廣寺刊 大方廣佛華嚴經疏 變相圖」, 『강좌미술사』 52호, 2019, 144~155쪽.

7 박도화, 앞의 글, 166쪽.

8 李景奭, 「華嚴寺碧岩大師碑」.

요컨대 송광사사적비는 부휴 선수가 비록 목우가풍을 잇지 않고 임제 종지를 계승했지만, 근원을 달리하는 물줄기가 바다로 들어가 같아졌을 뿐만 아니라 부휴와 문도들이 송광사에 머물면서 더욱 번성하였다고 하였다. 부휴와 문도들의 송광사 정착은 사찰 중건의 차원이 아닌 조선 중후기와 오늘날 한국불교의 근간이 되기도 한 상징적인 사건이었다.

> …… 산문의 老宿들이 한결같이 말하기를, 이 無量道場이 열렸는데 그 의례와 규범은 대중들이 승복하지 못할 자라면 禪壇을 제압하고 주관할 수 없다. 지금 세상에 스승으로 삼아 가르침을 받을 분은 碧巖大師만한 이가 없으니 다 같이 찾아가 머리를 조아려 청하자고 하였다 이에 앞서 대사는 조정의 명을 받아 막 赤裳山에 머무르게 되었는데 계율을 지키고 담박함을 지니며 겸손하게 스스로를 높이지 않았으며 조정의 명을 내세워 사양하였다.[9]

인용문은 완주 「송광사개창비松廣寺開創碑」의 일부분이다. 보조가풍普照家風을 잇고 있었던 원암사圓巖寺의 응호應浩, 승명勝明, 운정雲淨 등은 쇠락한 절을 중건하여 보조普照의 뜻을 잇고자 맹세하고는 모연募緣하여 1622년(광해군 14)에 절을 중건하기 시작하였다. 절의 모습이 갖추어지자 절의 노숙老宿들은 벽암 각성을 주석케 하고자 뜻을 모았고, 적상산성赤裳山城을 수호하는 역할을 맡게 된 벽암은 문도들과 완주 송광사에 주석하면서 대웅전 삼세불상과 나한전 석가삼존상, 나한상 조성 등의 중건사업

---

9 申翊聖, 「松廣寺開創碑」, 『朝鮮金石總覽』(下), 868~869쪽.

을 마무리하였다. 아울러 송광사 중건된지 10년 후 벽암은 지리산에서 옮겨와 바로 화엄대회華嚴大會를 개최했는데, 참여 대중은 1,000여 명이었고 50일 동안 행해졌다고[10] 한다. 벽암은 이미 스승 부휴를 따라 순천 송광사를 중건하고 단절되다시피 한 보조유풍을 회복시킨 적이 있었다. 때문에 완주 송광사에서 개최한 화엄대회는 당시 불교계의 화엄학을 중심으로 한 講學의 유행을 더욱 활발히 하였고, 보조가풍의 정체성과 가치를 확대시키려는 노력으로 평가할 수 있다. 벽암도 "이땅은 보조가 살펴서 적당하다고 한 이후 공역이 이루어지지 않은 것이 지금 천년이 되었다. 다행히 너희 무리가 보조의 뜻을 갚을 수 있었으니 이는 진실로 우리 도의 성대한 일이다."라고 하였다. 이와 같이 벽암은 순천과 완주의 송광사뿐만 아니라 화엄사華嚴寺·법주사法住寺·해인사海印寺 등의 중영重營 불사佛事와 불서간행을 통해 보조가풍을 중흥시키는데 적극적이었다.

지금 제방의 禪德들이 학인들을 제접할 때 "'放下教義'는 여실언교를 내려놓으라는 말이며, '參祥禪旨'는 낱낱의 화두를 참구하라는 말이다"라고 모두들 말한다. 이것을 『절요』의 가장 큰 요지[大旨]로 삼는 것은 목우자 스님의 깊은 은혜를 저버리는 것이다. 그러므로 지금 학식이 높은 사형들의 요청으로 『선문염송』의 글을 간략히 인용하여 본보기로 삼아 이 뜻을 판별하여 벽암당에 있는 여러 도반들에게도 보이는 것이다. 이 다음에 올 안목을 갖춘 자들은 논을 정함에 있어서 주제넘은 것은 물리치고 제대로 알아서 질문을 피해서는 안 된다. 이만 말을 마

---

10 申翊聖, 「松廣寺開創碑」, 『朝鮮金石總覽』(下), 870쪽.

친다. 존경하는 사형이 "많은 말을 우리 본종에서는 병통으로 여기지만, 지금 아우의 말로 인해서 목우자 스님의 깊은 뜻이 철저히 드러났으니, 시자에게 그 내용을 기록하도록 해라"라고 말하였다.[11]

1636년 벽암은 스승 부휴의 기일忌日에 사형師兄들과 화엄사 벽암당碧巖堂에 모여 제제祭를 지냈다. 인용문은 '방하교의放下敎義 참상선지參商禪旨'에 대한 학인들의 설명이 제각기 다르니 바르게 설명해달라는 사형師兄의 부탁에 답한 내용이다. 벽암은 "깨달음을 비록 교敎로 설명하지만, 그 뜻은 선지禪旨"라는 취지로 설명하고는 보조 지눌의 은혜를 저버리지 말라고 당부하였다. 결국 벽암은 당시 제방의 선사나 학인들이 『도서』와 『절요』를 제대로 이해하지 못한 부분을 선지禪旨의 안목에서 설명해 주었다. 벽암의 불서간행 역시 탄압과 전란으로 쇠퇴해진 선교학의 활성화와 후학양성을 위한 불사佛事였다.

벽암은 송광사에서 20년간 35종, 능인암에서 9년간 9종, 용장사에서 1635년 한 해에 강원교재 11종의 불서 간행을 주도했고, 화엄사에서는 1620년에 스승 선수의 『부휴당대사집浮休堂大師集』을 간행하였다.[12] 이와 같은 벽암의 불서 간행은 궁극적으로 보조 지눌의 사상과 수행의 복원을 통해 조선불교의 정체성을 재정립하는 것이었고, 부휴계가 순천 송광사를 중심으로 보조가풍을 계승하면서 융성하게된 기초를 마련하였다고 평가할 수 있다.

---

11 벽암 각성, 「參祥禪旨說」(서수정, 「새로 발견한 벽암 각성의 『禪源圖中決疑』 간행 배경과 그 내용」, 『불교학연구』 55, 불교학연구회, 2018, 210쪽에서 재인용)
12 박도화, 「碧巖覺性 발원 順天 松廣寺刊 大方廣佛華嚴經疏 變相圖」, 『강좌미술사』 52, 2019, 144~152쪽.

2. 백암 성총의 보조가풍 중흥

부휴 선수와 벽암 각성이 송광사를 복원하여 단절된 보조 지눌의 사상과 수행을 계승하는 기초를 열었다면 그 후학 백암 성총(栢庵性聰, 1531~1700)은 목우가풍의 정체성과 그 체계를 확립하는데 기여하였다. 백암은 벽암 각성의 법을 이어받은 취미 수초(翠微守初, 1590~1668)의 법제자이고, 조선의 불교탄압을 비판하고 시정을 요구한 상소문인 「간폐석교소諫廢釋教疏」를 왕에게 올린 백곡 처능(白谷處能, 1617~1680)의 조카 제자이며, 무용 수연(無用秀演, 1651~1719)의 스승이다. 『동사열전』은 백암의 문중을 두고 "법문法門의 가풍이 높고 우뚝하여 많은 석덕碩德들이 배출된 집안"이라고[13] 하였다. 백암은 취미 밑에서 9년 동안 불경을 공부하며 法을 이어 받았다.

취미는 부휴의 법제자가 되었다. 부휴는 벽암에게 "훗날 크게 깨치는 사람이 나온다면 반드시 이 사미가 그 주인공일 것이다. 이 늙은이가 그대에게 부촉하니 잘 이끌고 보호해 주거라."라고 당부했다고[14] 한다. 훗날 벽암은 "그대야말로 宗門의 표준이로다."라고 하며 인가하였다. 1660년 스승 벽암이 입적하자 조계대도량曹溪大道場으로 옮겨서 전후 12년 동안 주석하면서 도량을 일신시켰다. 그는 "사찰 내에 화엄전華嚴殿·팔상전八相殿·약사전藥師殿·관음전觀音殿, 네 곳의 대전大殿이 있었는데 불상이 없어 장인에게 주조하도록 하였다. 이후 네 곳의 대전에는 실제로 여

---

13 梵海 覺岸, 「默庵宗師傳」, 『東師列傳』 第三(『韓佛全』 10, 1028b).
14 錦溪 寶鼎, 「曹溪宗師翠微禪師傳」, 『曹溪高僧傳』(『韓佛全』 12, 399C.)

섯 구의 불상을 비롯하여 많은 탱화가 있었는데, 그 수가 수천 점이었다
고 한다. 1643년(인조 21)에는 초청을 받아 칠불암七佛庵으로 옮겼는데 그
에게 배우기를 청한 대중이 300명을 넘었다고 한다. 1666년(현종 7) 9월
에는 원정元淨으로부터 왕이 입었던 강사포絳紗袍를 보시받기도 하였다.[15]
취미는 1668년 출가인으로 살았던 65년째 되던 해 무량수불無量壽佛을 10
성聲 염송하고 가부좌하여 합장한 채로 좌화坐化하였다. 그는 백암에게
보조국사와 송광사 현창사업을 당부했다.

한편 백암 성총은 1660년(현종 1)부터는 송광사松廣寺·징광사澄光寺·
쌍계사雙溪寺 등 여러 사찰을 왕래하며 많은 학승學僧들을 지도하면서 강
학 교재인 『치문緇文』 3권에 주를 달아 후학들의 지침서로 제시하였다.
"1620년(숙종 18) 봄 화엄대법회華嚴大法會를 성대하게 열었을 때는 사부대
중이 노루를 쫓듯이 밀려들었다."고[16] 한다.

教海의 물결이 쇠한 것을 탄식하고, 禪燈의 불꽃이 꺼진 것을 개탄
하여 노심초사하며 佛祖의 皮肉骨髓를 파헤치는 일을 자신의 임무로
삼았다. 그리고 外典에도 통달하고 문장도 餘事로 하여 솥의 세 발을
이루고 수레의 두 바퀴를 이루었으므로 당시에 文人 達士가 陶淵明과
慧遠의 관계에 비기고, 皎然과 陸羽의 再臨이라 여겨 서로 唱和하며
주고받아 주옥 같은 詩篇이 가득하였는데, 비단옷을 안에 입고 다시

---

15 錦溪 寶鼎, 앞의 글, 『曹溪高僧傳』(『韓佛全』 12, 400a.) 김세영의 연구(「조선후기 화엄불사
의 지역적 유행과 승려문중교류 : 송광사 화엄전 불사를 중심으로」, 『미술사학』 40, 한국미
술사교육학회, 2021, 140쪽 각주 29)에 의하면 영산전·관음전의 불상이 복장조사 결과 종
친의 후원으로 조성되었다는 것이다. 취미 수초가 강사포를 보시받은 일이 사실임을 입증하
고 있다.
16 梵海 覺岸, 「栢庵宗師傳」, 『東師列傳』 第三(『韓佛全』 10, 1023a).

홑옷을 걸쳤으나 날로 드러나는 것을 어찌할 수가 없었다.[17]

제자 무용 수연(無用秀演, 1651~1719)이 백암의 문집을 간행하면서 쓴 서문의 일부분이다. 그는 불교 경전 외에 외전外典에도 능통하고 시를 잘 지어 100여 편의 시를 남기기도 하였다. 또한 김수항金壽恒·정두경鄭斗卿·남용익南龍翼·오도일吳道一·조종저趙宗著·김석주金錫冑와 같은 당시 사대부들을 불가佛家의 벗으로 받아들였다.

백암은 1678년 당시 홍문관수찬弘文館修撰 조종저趙宗著에게 청하여 「송광사사원사적비松廣寺嗣院事蹟碑」를 짓게 하고 「보조국사감로탑비普照國師甘露塔碑」를 건립하였다. 송광사 사적비는 송광사가 16국사를 포함한 명승을 배출했고, 보조 이후 선법禪法이 계승되었으며, 임진왜란 이후 송광사가 중건되면서 그 도법이 더욱 성대해졌다고 하였다. 보조국사비 역시 1213년(강종 2)에 세웠지만, 임진왜란으로 무너져 1678년 백암이 비문을 다시 새겨 중건하였다.

上足이 그 업적을 기록하고 無縫塔에 그 정신이 깃들어 있습니다. 六銖 정도의 가벼운 옷은 겁갈이 쉽게 갈 수 있는 것이 아니고 네 교외의 많은 보루는 옥과 돌이 모두 타 버리는 지경에 이르렀습니다. 너른 바다가 뽕나무밭으로 변하는 것을 생각하고 크나큰 공이 끊어질까 두렵습니다. 다시 좋은 琬琰을 깎아서 거듭 게송을 서술하니 진실로 이것을 갖추어 잊지 않고 끝내 전하여 썩지 않을 것입니다. 이무기가

---

17 無用 秀演, 「栢庵和尙文序」, 『無用堂遺稿』 文 下(『韓佛全』 9, 354c),

서려 있고 신령한 거북이 지고 나오듯 하늘을 깁는 오색 옥돌을 단련
하고 봉새가 날갯짓하고 난새가 날아오르는 듯 필력이 강하여 나무에
칠푼을 뚫고 들어갑니다. 형상 밖에 도가 있는 것을 표하여 대략 부끄
러운 말이 없고 인간 세상에서 자비를 남긴 것을 빗대니 진실로 눈물
이 떨어지는 것이 마땅합니다. 이어 慶懺法會를 열어 우러러 영축산의
두 세존께 청하나니 입은 다르지만 法音은 같으니 一乘의 묘한 수레를
굴리시고, 사람은 많으나 마음은 하나이니 오체를 던져서 정성을 드리
나이다.[18]

  백암이 보조국사비를 중수하고 보조국사의 불덕佛德을 높이 찬탄하는
경참법회慶懺法會에서 올린 소문疏文의 일부분이다. 백암은 글에서 전란
이후 새롭게 단장된 송광사에서 보조국사의 비를 다시 세우는 일은 보
조가풍을 선양하는 일이 일차적인 명분이었지만, 부휴 선수를 비롯한
부휴계의 융성을 기원하는 일이기도 하였다. 그는 좋은 옥돌을 깎아 보
조국사의 게송을 새겨 잊지 않고 전하고자 하였다. 또한 형상 밖에 도가
있고, 자비를 남긴 보조의 가르침을 되새기고자 경참법회를 열었다. 백
암은 뿐만 아니라 도난당한 보조국사의 사리舍利를 받들어 모시고 돌아
와 송광사에 안치하고는 "도량에 겹겹의 빛이 쏟아져 영원히 마구니의
장애로 어둡게 막힌 것을 제거하고 법의 바퀴를 항상 굴려서 오직 종과
북이 둥둥 울리기를 바라나이다."라고 사리舍利 봉안소奉安疏를[19] 올리기
도 하였다. 백암은 자신을 도와 보조국사 선양사업을 진행했던 설명雪明

18 栢庵 性聰,「曹溪山松廣寺重竪普照國師碑慶懺疏」,『栢庵集』下(『韓佛全』8, 467b.).
19 栢庵 性聰,「奉安普照國師舍利疏」,『栢庵集』下(『韓佛全』8, 470b.).

이 보조국사의 부도전을 새로 세우고자 했을 때는 권선문을[20] 쓰기도 하였다.

백암의 송광사비와 보조국사비, 그리고 부도전 건립과 함께 주목할 만한 것은 탑비와 부도가 부휴 선수浮休善修-벽암 각성碧巖覺性-취미 수초翠微守初-백암 성총栢庵性聰-무용 수연無用秀演-영해 약탄影海若坦-풍암 세찰楓巖世察-묵암 최눌黙庵最訥-환해 법린幻海法璘 순으로 위치하고 있다는 점이다. 승탑僧塔이 전법傳法 순으로 배열하고 있는 것은 상식적인 일이지만, 조선후기 백암을 중심으로 한 보조국사 선양이 부휴와 벽암을 계승하고 있었다면 부휴계의 정체성 확립의 의미 역시 지니고 있었음을 의미하는 것이었다.

일찍이 해변의 포구에 큰 배가 와서 정박한 것을 보았다. 그 배에 실려 있는 것을 보았는데, 明의 平林 葉居士가 교열·간행한 『華嚴經疏抄』와 『大明法數』·『會玄記』·『金剛記』·『起信記』·『四大師所錄』·『淨土寶書』 등 190권이었다. 스님이 이에 크게 놀라고 기이하게 여겨 도반 및 대중들과 함께 예를 올리고 정성껏 받들었으며 信心을 일으켜 모든 경전을 간행하였다. 몇 년이 안 되어 세상에 갖추어 내놓으니, 이로부터 사방의 불교를 배우는 자가 복종하여 존경하지 않는 사람이 없었으므로, 추앙받아 宗師가 되었다. [21]

한편 1681년(숙종 7) 6월에는 조선의 남쪽에 태풍이 불어왔고, 그로 인

20 栢庵 性聰, 「曹溪山普照國師碑浮屠殿新建勸善辭」, 『栢庵集』 下(『韓佛全』 8, 482b-a.).
21 金相福, 「栢菴大禪師碑銘并序」.

해 70여 명의 어민이 목숨을 잃는 등 전국적으로 막대한 피해를 입었다. 며칠 뒤 전라도 신안 앞바다 임자도에는 돌연 난파선 한 척이 표착했다. 그런데 배 안의 나무 궤짝에는 불교 경전이 가득 실려있었고, 인근 바다에도 불경이 담긴 궤짝들이 떠다니고 있었다. 나주 관아에서는 배 안에 있던 불경 궤짝들을 꺼내 중앙의 조정에 올렸다. 왕실 창고에 보관돼 있던 불경들은 얼마 후 남한산성 개원사 등 사찰로 옮겨졌다.

난파선은 대만에서 일본으로 향하던 상선이었다. 당시 대만과 일본 사이에는 온갖 물품이 오고 갔으며 그중에는 불경도 포함돼 있었다. 임자도에 난파한 배에 실렸던 경전은 명나라 말기부터 120여 년에 걸쳐 간행된 가흥대장경嘉興大藏經이었다. 가흥대장경은 중국에서 간행된 역대 대장경 중 가장 방대한 분량으로 여기에 수록된 전적이 무려 2195부, 1만332권으로 중국불교의 결정체였다. 일본에 건너가 황벽종黃檗宗을 개창했던 중국 출신의 선승 은원(隱元, 1592~1673)의 뜻에 따라 제자들이 일본에서 가흥대장경을 간행하려 추진했던 일이었다. 그런데 대장경을 실은 배는 태풍을 만나 조선에 표류한 것이다. 경전을 담은 궤짝 가운데 일부는 가라앉았지만, 여전히 많은 궤짝들이 바다 위를 떠다녔다. 영광 불갑사에 머무르다 이 소식을 전해들은 백암은 곧바로 표류선이 있는 임자도로 갔다. 그곳에는 중국의 화엄학자인 섭기윤葉祺胤이 1625년 간행한 『화엄경소연의초華嚴經疏演義鈔』가 놓여 있었다. 뿐만 아니라 『대명법수大明法數』 · 『회현기會玄記』 · 『대승기신론기大乘起信論記』 · 『사대사소록四大師所錄』 · 『정토보서淨土寶書』 등 190권이 발견되었다. 백암은 1681년부터 1696년까지 낙안의 징광사에 머물면서 이들을 5,000개의 판板으로 만든 뒤, 인성印成하여 징광사와 쌍계사에 나누어 봉안하였다.[22] 이 가운데서도 『화엄경소초』와 『회현기』의 합본 80권 간행에는 특별한 노력을 기울였다.

지금 다행히 당나라 판본을 얻었는데 바로 청량 징관 스님의 會疏 鈔가 함께 들어 있는 것이라. 청량 국사의 손때가 아직도 생생한 채 平林居士가 편집하고 유포하였도다. 만일 자기의 사사로움만을 생각하 여 대중들과 함께하지 못했으면 어찌 남과 착한 일을 함께하였겠는가. 상자 속에 보관하고 널리 전하지 못했다면 중생들에게 널리 퍼지지 못 하였으리라. 그러므로 다시금 목판으로 새겨서 오랫동안 전하려고 하 니 문득 초학의 후손들을 위함이라.[23]

백암이 청량 징관의 『화엄경회편소초華嚴經會編疏鈔』를 간행하고 지은 글이다. 아무리 귀한 보물이라 할지라도 상자 속에만 있다면 가치를 모 르기 때문에 백암은 목판에 새겨서 널리 간행하였다. 1689년 봄에는 낙 안 징광사澄光寺로 가서 『화엄연의초華嚴演義鈔』・『대명법수大明法數』・『간 정기刊定記』・『정토보서淨土寶書』・『영험록靈驗錄』 등의 책을 간행하여 인 천人天의 어두운 안목眼目을 일깨워 주려고 애를 썼다. 당시 조선의 불교 계는 계속되는 전란과 자연재해, 그리고 탄압과 수탈로 승려들이 환속 하고 무거운 부역을 못 견디고 도망다녔다. 때문에 백암의 『화엄경』을 비롯한 불서 간행의 노력은 조선후기 불교학이 중흥하는 촉매제가 되었 을 뿐만 아니라 독창적인 조선 불교학의 정립과 발전을 이끌어 내는데 기여했다. 그는 제자들이 화엄의 오묘한 현리玄理를 모두 터득할 수 있 도록 『화엄경소연의초』를 직접 강설하고 『화엄경소연의초』의 방대한 판

---

22 錦溪 寶鼎은 『著譯叢譜』에서 백암이 간행한 책의 목록을 정리하기도 했다. 緇門註解三・華 嚴刊序九・拈頌刊序一・刊定記刊序一・大明法數刊・會玄記刊・起信論編會・四師語錄 刊・語錄文集二・淨土贊百咏 『著譯叢譜』卷第二(『韓佛全』12, 470b).
23 栢庵 性聰, 「重刊華嚴經會編疏鈔落成慶懺疏」, 『栢庵集』 下(『韓佛全』.8, 470a-b).

각 작업에 들어갔다. 61살 되던 1692년에는 선암사 창파각에서 화엄대회를 열어 화엄학의 중흥을 도모하기도 했다.

a. 내가 요즘 중국 정토 관련 서적 10여 질을 얻어 강의하고 독송하는 여가에 조용히 앉아 살펴보니, 비록 자세하고 간략한 차이는 있으나, 한결같이 노파심으로 사람들에게 왕생을 권하고자 하는 뜻은 대체로 같았다. 염불은 참으로 현세를 뛰어넘는 지름길이요 정토로 가는 資糧이로다. 우리 동방은 땅이 좁고 사람들의 도량도 작은 탓에 사악함에 물들어 悖惡한 자는 많고 인과를 바르게 믿는 이는 드물다. 책과 문자에 이르러서는 넓고 다양하게 섭렵해야 하는데, 낮은 근기와 얕은 지식으로 이를 번거롭게 여기고 마음을 참지 못하여 문득 시렁에 올려 놓고는 돌아보지 않으니, 믿음이 어디에서 생겨나겠는가.[24]

b. 내가 『淨土寶書』라는 책 하나를 판각하고 나서 이어 다시 이 책을 간행하는 까닭은 다음과 같다. 『금강경』은 相을 씻어 버리고 空을 밝혀 대승법문을 처음으로 열어젖힌 것이고, 더욱이 명부의 관리들이 존중하고 소중히 여기는 것이다. 『법화경』과 『화엄경』 두 경은 세존의 설법 가운데 가장 높은 것으로서 제일가는 乘이다. 觀音大士로 말하자면 널리 세간을 제도하고 나타나지 않는 세계가 없는 분이다. 실로 이 모두는 火宅에 내리는 단비이며 法門을 방어하는 성이므로 그 말씀을 지니고 널리 통용하기를 급히 서둘러야지 늦춰선 안 된다. 이에 역대

---

24 栢庵 性聰, 「淨土寶書序」, 『淨土寶書』(『韓佛全』 8, p.484b).

왕조의 명사와 현사들이 이를 지송하며 경험했던 일 중에 실로 증명하
고 믿기에 충분한 것들만 모아 드디어 한 부로 편집하게 되었으니, 보
고 나서는 부지런히 닦고 지송하여 말세에 蔑戾車의 땅에 떨어지지 않
기를 바란다.[25]

인용문 a·b는 1686년 백암이 『정토보서』와 『사경지험기』를 간행하
고 쓴 서문과 발문이다. 백암이 정토淨土를 읊은 시집詩集 『백암정토찬栢
巖淨土讚』의 서문을 쓴 양천경梁天卿은 "선가禪家에는 별도로 자재로운 청
정법계가 있어 이미 무량광대한 세계를 밝히고 있으니 선문禪門의 길에
들어가고 자 하는 이는 반드시 먼저 피안彼岸에 올라야만 한다. 이때 비
로소 정토淨土에 왕생한다고 할 수 있을 것이다."라고 정토의 중요성을
정의하고, "백암 노사께서 크고 크신 지혜와 서원을 발하여 노래에 담아
낸 것은 장차 이를 구도자의 나침반으로 삼아서 아미타불이 상주하는
극락세계인 금색계金色界로 훌쩍 뛰어올라 함께 부처님의 미묘한 비결을
받들고자 하려한 것"으로[26] 해석하였다. 수행자가 선문의 길에 들고자
한다면 먼저 피안에 올라야 하고, 정토에 비로소 왕생한다는 것이다. 요
컨대 정토왕생을 위한 수행이 선 수행과 밀접하다는 것이다. 이것은 백
암이 정토를 강조하고 시를 읊었던 중요한 의미로 해석할 수 있다. 그러
므로 백암은 a에서 "염불은 참으로 현세를 뛰어넘는 지름길이요, 정토로
가는 밑천"이라고 하였다. 조선후기 불교계에서 선교 수행과 함께 염불
이 유행한 것은 백암의 기여를 빼놓을 수 없는 대목이다. 그는 『정토보

---

25 栢庵 性聰, 「跋」, 『四經持驗紀』 卷1(『韓佛全』 8, 526b).
26 梁天卿, 「栢庵淨土讚序」, 『栢庵淨土讚』(『韓佛全』 8, 512a).

서』와 함께 『화엄경華嚴經』·『금강경金剛經』·『법화경法華經』·『관음경觀音經』을 사경寫經하고, 수지受持 독송讀誦하고, 간행 유포한 역대 왕조의 명사名士와 현사賢士의 영험담을 엮은 『사경지험기四經持驗紀』 역시 간행하였다. 백암이 청의 주극복周克復이 편찬한 『관세음지험기觀世音持驗紀』·『역조법화지험기歷朝法華持驗紀』·『역조금강지험기歷朝金剛持驗紀』·『역조화엄경지험기歷朝華嚴經持驗記』에서 그 내용을 발췌하고 편집하여 1686년(숙종 12)에 간행한 것이다.

이에 나 자신의 어리석음을 생각지 않고, 여러 저술을 모으고 그 가운데에서 훌륭한 격언과 고금 왕생의 아름다운 글들을 가려 뽑아 한 권의 책으로 펴낸다. 지극히 간단하면서 쉽고 사리에 맞게 하려 하였으나 감히 옛사람과 겨룰 정도는 아니고, 또 서로 다른 내용이 있으면 억지로 같게 하지는 않았다. 나는 외람되이 승단의 한켠에 있는 사람으로서 불교의 성쇠에 함께 책임이 있을 것이니, 이 책을 펴내 유통시키는 것을 진실로 나의 직분으로 삼고자 한다. 한 점의 티끌은 태산에 아무런 도움이 되지 않지만, 한 줄기 빛을 빌려 온갖 깊은 어두움을 깨뜨릴 수 있음을 알 뿐이다. 만약 이 책을 상자에 넣어 두고 널리 전하지 않으면 이는 진실로 여러 미혹한 중생에게 널리 은혜를 입히는 것이 아니며, 자신만 홀로 알고 대중과 함께하지 않는다면 이 또한 선을 남들과 함께 나누는 것이 아니다. 우리 부처님께서 방편을 베풀어서 왕생을 권장하신 뜻은 무엇 때문인가. 극락을 흠모하는 자가 이 글을 따라 행한다면 어찌 安養으로 돌아가지 않겠는가. 여러 동지들이여, 부디 이를 소홀히 하지 말기 바란다.

1686년 백암이 쓴『정토보서』의 서문이다. 단순히 한 책에 대한 감회를 적은 것으로는 보이지 않는다. 그는 보조국사를 선양하고, 부휴계의 정체성을 확립하는데 적극적이었지만, 불서佛書를 간행하는 일 역시 게을리하지 않았다. 그는 불교의 성쇠에 책임을 지고 불서를 간행하고 유통시키는 것을 직분으로 삼고자 했다. 자신의 노력이 한 점의 티끌밖에 되지 않아 조선불교의 회생과 중흥에 아무 도움이 되지 않는 것을 알고 있었지만, "온갖 깊은 어두움을 깨뜨릴 수 있는 한 줄기 빛"이 되고자 했던 것이다.

　　내 생각에는 栢庵大師(性聰)가 사교와 대교를 교종 과목으로 정하고, 염송을 선종과목으로 정한 때부터가 아닌가 합니다. 어떻게 그런 줄을 아는가 하면, 백암 이전 화엄경』에는 『華嚴經疏』만 있고 『演義抄』는 없었습니다. 또 『起信論筆削記』와 『般若經刊定記』도 없었으므로 사교와 대교가 완비되지 않았습니다. 康熙 辛酉年(1681)에 바다의 선박이 홀연히 荏子島에 이르게 되었는데, 불교 서적들이 가득 실려 있었습니다. 그중에『화엄경연의초』80권과 『筆削記』·『刊定記』가 있었습니다. 백암대사가 목판에 새기고 인쇄하여 유포시키니, 이때부터 사교와 대교가 완비되었습니다. 백암의 상수제자인 無用 이후로 경을 강하는 법회가 크게 열렸습니다. 무용, 霜月, 影海 등 대사들이 법회에서 강한 과목 중에 사교와 대교, 염송 등이 이때부터 비로소 나오기 시작했습니다. 2백 년 전의 문자 중에는 사교와 대교 과목들은 없었던 것입니다

이능화는 조선불교계에서 이력과목이 시작된 사정을 근대불교계의 대표적인 학승이었던 진진응陳震應에게 물었고 인용문은 진응이 답한 부분이다. 즉 조선에서는 선禪과 교敎를 동시에 닦지 않는 승려가 없었지만, 이른바 경론과목經論科目을 체계 있게 공부했던 이력履歷과목은 백암 이전에는 형성되지 못했다고 했다. 즉 진응은 청허 휴정 당시에는 여러 경을 산발적으로 강講했고, 사교과니 대교과니 하는 별도로 정해진 과목이 없었고, 백암이 비로소 불서를 간행고 유포시킨 것이 계기가 되어 사교과와 대교과 같은 이력이 완비되었다고 한다. 더욱이 이때를 시작으로 경론을 강하는 법회가 불교계에 유행하기 시작했고 일반화되었다는 것이다. 이와 같은 이유로 조선불교는 백암 성총을 '불법홍통종사佛法弘通宗師'로 추앙하였다.

3. 백암 문도의 보조가풍 선양

송광사는 부휴와 벽암이 기틀을 마련한 이후 백암 성총이 보조국사 선양과 불서간행, 그리고 강학講學을 유행시켰고 이력 과목을 중심으로 한 교육 체계를 마련하였다. 이후 백암의 문손들은 대대로 이를 계승하였다.

> 조선 이후 보조의 법맥이 거의 끊어질 듯하다가 浮休 善修선사가 그의 법손이 되어 본사에 주석하였다. 선수가 碧巖 覺性에게 전하고, 각성이 翠微 守初에게 전하고, 수초가 栢庵 性聰에게 전하고, 성총이 無用

秀演에게 전하고, 수연이 影海 若坦에게 전하고, 약탄이 楓巖 世察에게 전하였다. 세찰에게는 상수제자인 默庵 最訥, 應庵 朗允, 霽雲 海澄, 碧潭 幸仁이 있는데, 이 네 문파에서 종도들이 번성하였다.[27]

침굉 현변(枕肱懸辯, 1616~1684)은 일찍이 무용 수연을 보고 "圓頓의 法門이 모두 그대한테 갖추어져 있다."고[28] 칭송하였다. 무용당은 침굉의 권유를 받아들여 조계산으로 백암栢庵을 참문하였는데, 백암은 한눈에 대단히 뛰어난 줄을 알아보고 그곳에 머물도록 하였다. 경전 가운데서 어려운 것을 물어도 결코 틀림이 없었다고 한다. 무용은 사교입선捨敎入禪에 진력한 후 1680년부터 신불암新佛庵·선암사仙巖寺·송광사松廣寺 등에서 후학에게 선교학을 지도하였다. 그리고 1688년(숙종 14)에 조계로 가서 백암을 재차 참알參謁하고는 『화엄소초華嚴疏鈔』를 받아 자세히 탐구하고 은미한 뜻을 찾아내어 그 정수를 모두 터득하였으며, 1689년(숙종 15) 봄에는 백암이 징광사로 가서 『화엄연의華嚴演義』 및 『대명법수大明法數』·『간정기刊定記』·정토서淨土書 등을 간행하여 인천人天의 안목眼目을 열어 주려고 할 때 그 일을 도왔다.[29]

기해년(1719, 숙종 45) 봄에 호남과 영남의 여러 사찰에서 거의 3백여 명에 이르는, 남의 師範이 되고 이름을 내걸 만한 자들이 대거 이곳에 모여 화엄과 선문에 대해서 강의해 주기를 청하니, 사양하기를,

---

27 李能和, 「普照後始設曹溪宗」, 『朝鮮佛敎通史』, 통문관, 1918, 376쪽.
28 錦溪 寶鼎, 「曹溪宗師無用秀演禪師傳」, 『曹溪高僧傳』(『韓佛全』 12, 403a).
29 影海 若坦, 「無用堂大禪師行狀」, 『無用堂集』 下(『韓佛全』 9, 365c.).

"나 자신이 바르지 못한데 어떻게 남을 바르게 하겠는가?"라고 하였다. 그러나 사양을 하면 할수록 더욱 독실하게 청하였으므로 법좌에 올라 拂子를 휘두르며 심오한 뜻을 설파함에 낙락한 圓音이 중중무진하게 서로 비치자 講會에 참석한 사람들이 모두 懾伏하였으니, 이 어찌 秘印을 전해 받아 허리에 차고 臨濟의 종풍을 크게 드날린 것이 아니겠는가.[30]

무용당이 백암의 불서 간행을 돕고 백암이 입적한 이후 영호남의 수많은 학인을 제접한 기록이다. 스승 백암의 뒤를 이어 조선불교의 선교학 융성에 진력한 것이다.

무용의 행장을 정리한 영해 약탄(影海若坦, 1668~1754) 역시 17세에 무용당을 만나 경법經法을 배우고 만법유심萬法唯心의 종지를 더욱 믿었으며, 37세 때인 1694년(숙종 20)에는 봉산의 초청을 받아 처음 자수암慈受菴에 들어가면서부터 그 명성이 멀리 퍼졌는데, 부르지 않아도 스스로 찾아온 대중이 100명을 넘었다고 한다. 그리고 1722년(경종 2) 여름에는 왕의 명을 받들어 국사의 탑을 송광사에 모시고, 이듬해에는 『무용당문집無用堂文集』을 간행하였다.[31]

61세 무신년(1728, 영조 4)에 수백 명의 납자를 거느리고 방장산의 벽송사로 옮겨 주석하였다. 그 지역에서 亂이 일어나 백성들이 불안해하자 선사가 대중들에게 말했다. "임금의 국토가 이와 같은 변란을 맞

---

30 影海 若坦, 앞의 글(『韓佛全』 9, 366a.).
31 錦溪 寶鼎, 「曹溪宗師影海若坦禪師傳」, 『曹溪高僧傳』(『韓佛全』 12, 403c).

이하였는데도 어찌 방책만 세우고 있을 것인가?" 그리고는 이에 대중을 흩어 버리고 亂中으로 달려가서 끝내 승리를 보았다. 이것은 곧 선사의 우국충정이었다.[32]

『조계고승전』의 영해전影海傳에 수록된 내용이다. '난亂'은 영조 4년 정권에서 배제된 소론과 남인의 과격파가 연합해 무력으로 정권 탈취를 기도한 사건을 말한다. 이인좌가 중심이 되었기 때문에 '이인좌의 난'이라고 하며, 戊申年에 일어났기 때문에 '무신란'이라고도 한다. 경종의 갑작스러운 죽음으로 정치적 지위를 위협받게 된 이인좌李麟佐 · 박필현朴弼顯 · 이유익李有翼 · 심유현沈維賢 등의 과격 소론측은 갑술환국甲戌換局 이후 정권에서 배제된 남인들을 포섭해 영조와 노론의 제거를 계획했다. 그 명분으로 경종景宗의 사인死因에 대한 의혹과 영조는 숙종의 친아들이 아니라는 것을 내세워, 영조를 폐하고 소현세자昭顯世子의 증손曾孫인 밀풍군密豊君 탄坦을 왕으로 추대하고자 하였다. 당시 지리산 벽송사에 있던 영해는 관군과 함께 삼남지방의 반란군을 진압하는데 기여했다고 한다.

한편 영해의 제자 풍암 세찰(楓巖世察, 1688~1767)은 동화사桐華寺의 철웅장로哲雄長老에게 동진 출가하였다. 그는 무용과 영해 두 대종장의 문하에서 경전을 배웠다. 풍암은 영해의 문하에서 궁극의 깨침鉆斧을 터득하고 마침내 전의傳衣의 제자가 되었다. 이로부터 선사의 덕풍은 날개가 없이도 날았고 대중은 부르지 않아도 모여들었으며 조계의 법수法水가 바다 건너까지 적셔 주었고 강론講論과 전경傳經으로 인재를 양성

---

32 錦溪 寶鼎, 앞의 글.

하였다. 이에 설법을 듣지 않고도 스스로 교화한 것이 50여 년 지속되었다.[33]

> 18세 때 萬里大師에게서 구족계를 받았다. 19세 때 조계산의 楓巖
> 世察 화상한테 경전을 배웠는데 4, 5년 만에 풍암으로부터 모든 가르
> 침을 받았다. 다시 제방의 법어를 배우고자 하여 虎巖·晦庵·龍潭·
> 霜月 등 대종장에게 참문하였고, 明眞의 문하에서 선법을 깨쳤으며,
> 영해 약탄의 문하에서 절차탁마하였다. 27세되던 해인 1743년(영조
> 19) 봄에 다시 풍암 화상의 처소로 돌아와서 도반 응암 낭윤과 더불어
> 靈泉庵에서 풍암의 法印을 받았다. 아, 그리고 7, 8년 동안 대여섯 명
> 의 대가들에게 참방하면서 선과 교학의 경론 및 내전과 외전의 서적들
> 을 두루 다 열람하여 이전에 미처 개발하지 못했던 도리를 널리 베푼
> 곳이 많았다. 이에 법문을 하고 저술을 하여 『華嚴科目(華嚴科圖)』과
> 『諸經會要』등을 세간에 간행하였다.[34]

백암 성총栢庵性聰의 현손玄孫 제자인 묵암 최눌은 풍암 세찰뿐만 아니
라 당대 불교계의 종장宗匠들을 스승 삼아 배웠다. 특히 송광사에서 영
해 약탄과 풍암 세찰을 위해 대재회를 시설施設하였고, 선과 교학의 경론
및 내전과 외전의 서적들을 두루 다 열람하여 이전에 미처 개발하지 못
했던 도리를 내전과 외전의 다양한 저술 10여 권을 통해 널리 베푼 곳이
많았다. 이에 법문을 하고 저술을 하여 『화엄과목華嚴科目(華嚴科圖)』과 『제

---

33 錦溪 寶鼎, 「曹溪宗師楓巖世察禪師傳」, 『曹溪高僧傳』(『韓佛全』 12, 403c~404a).
34 錦溪 寶鼎, 「曹溪宗師黙庵最訥禪師傳」, 『曹溪高僧傳』(『韓佛全』 12, 404a~b).

경회요諸經會要』등을 세간에 간행하기도 하였다.[35] 『화엄과목』은 『화엄품목華嚴品目』이라고도 하는데, 『화엄경』의 요지가 우주의 만법을 통괄하여 일심을 밝히는 것統萬法明一心이라 규정하고, 80권의 『화엄경』을 총괄적으로 경명의 뜻을 서술한 도표, 삼보三寶의 가호를 청한 도표, 경문을 해석한 도표, 선재동자를 찬양하면서 회향한 도표 등으로 나누었다. 『제경회요』는 주요 불서佛書의 핵심내용을 요약하여 도표화한 교리서이다. 「기신론대총상법문도起信論大摠相法門圖」·「삼아승지도三阿僧祗圖」·「우법소승오위도愚法小乘五位圖」·「십본경론이장체설十本經論二障體說」·「공유질창구대불동도空有迭彰句對不同圖」·「이십오종청정정륜도二十五種淸淨定輪圖」 등은 『기신론』·『원각경』·『정명경』·『불지론佛地論』·『능엄경』 등의 내용과 수행법 등을 소개하였다. 『동사열전』은 묵암이 "『화엄경』의 대의를 총괄하여 이해하기 쉽도록 분합分合하여 『화엄품목華嚴品目』 1권을 만들었고, 사교四敎의 행상行相을 널리 채집하여 『제경문답반착회요諸經問答盤錯會要』 1편을 만들었으니, 이 책은 식수識數의 요체胃繁로서 학자들의 안목이 되어주는 중요한 저술이다."라고[36] 하였다.

묵암은 1765년(영조 41) 여름에는 징광사에서 선조先祖인 백암 성총의 비문碑文을 창설刱設하였고, 이듬해 여름에는 마침내 송광사松廣社에 비석을 건립하였다. 『조계고승전』은 묵암에 대해 "문중의 어른들에 대하여 크게 공을 들인 것이 이와 같았다."고[37] 칭송하였다.

35 錦溪 寶鼎, 「曹溪宗師黙庵最訥禪師傳」, 『曹溪高僧傳』(『韓佛全』 12, 404b).
36 梵海 覺岸, 「黙庵宗師傳」, 『東師列傳』 第三(『韓佛全』 10, 1028b).
37 錦溪 寶鼎, 앞의 글.

70년 세월에 또 4년을 더하도록 / 七十星霜又四年

경을 강론하고 질병에 시달리기 번갈아 하셨구나 / 講經吟病遞相連

평생토록 많은 경 읽은 데다 총명하기까지 하니 / 平生博覽兼聰慧

어느 宗師인들 이 스님과 비교할 수 있으리 / 那箇宗師敢比肩[38]

　당대 불교계의 종장宗匠이자 대흥사 승려였던 연담 유일(蓮潭有一, 1720
~1799)이 묵암이 74세로 세상을 떠나자 지은 만사輓詞이다. 연담은 묵암
과는 성리학에 대한 대의大義를 함께 앉아 토론하기도 하였으며, 사자후
를 토하여 천지를 진동시키기도 하였다. 당시 불교계가 문중의식이 강
화되고 그 대립 역시 심화되었지만, 두 사람의 지란지교芝蘭之交가 이와
같았다.

　조계총림 송광사는 창건 이후 조선왕조가 개창되기 이전까지만 해도
해동 선불교의 상징이자 요람이었다. 보조국사를 중심으로 한 16국사의
위상은 이후 수행의 지남指南이 되기도 하였다. 송광사가 이와 같이 한
국의 승보종찰僧寶宗刹의 가치와 위상을 지닐 수 있었던 것은 임진왜란
이후 폐허가 된 절을 재건한 것이 계기가 되었다. 청허 휴정과 함께 조
선 후기 승가의 대표적인 선승禪僧이었던 부휴 선수와 벽암 각성이 중건
하면서 단절된 송광사의 수행 전통이 계승되었다.

　부휴와 벽암의 제자들은 송광사를 종문宗門의 표상으로 향상시키는데
기여하였다. 특히 백암 성총은 조계총림의 중흥을 당부한 스승들의 유
언을 잊지않았을 뿐만 아니라 당대 불교계의 불법홍통종사佛法弘通宗師가

---

38 梵海 覺岸, 「默庵宗師傳」, 『東師列傳』 第三(『韓佛全』 10, 1028b).

되었다. 제자 무용無用이 쇠퇴한 교해敎海의 물결과 선등禪燈의 불꽃을 되살리는 것을 자신의 임무로 삼았다는 지적은 백암의 서원을 뒷받침하고 있다. 그는 우선 송광사에 「송광사사원사적비松廣寺嗣院事蹟碑」와 「보조국사감로탑비普照國師甘露塔碑」를 건립하고 도난당한 보조국사의 사리를 찾아와 절에 안치하였다. 그는 부도전도 정비하였는데 이것은 송광사가 지닌 불교사적 가치를 선양하고 계승하고자 한 것이었다. 1681년 백암이 난파선에 실려 있던 대장경을 간행한 것은 송광사뿐만 아니라 당대 불교계에서 선교학의 발전에 한 획을 긋는 상징적인 사건이 되었다. 백암의 불서간행은 『화엄경』을 중심으로 한 교학의 발전뿐만 아니라 승가교육이 체계화되는데 결정적인 역할을 하였다. 그는 정토와 염불의 가치 역시 중시하여 수행과 교육에 편입시켰다. 그의 저술 『정토보서』나 『백암정토찬』은 정토에 대한 인식과 염불의 가치가 선 수행만큼이나 중요하다는 것을 후학들에게 가르치고 있다.

백암의 보조국사 선양과 당대 불교계의 선교학 중흥을 위한 노력은 후학들에게 계승되었다. 무용無用 → 영해影海 → 풍암楓巖 → 묵암黙庵으로 이어지는 문손들은 수행과 강론으로 보조유풍普照遺風을 빛냈고, 부휴와 벽암의 불교중흥 노력을 이어갔다. 특히 묵암 최눌은 백암의 비문을 송광사에 세워 백암의 노고를 잊지 않았고, 당시 선교학의 종장宗匠이었던 연담 유일이 칭송할 정도로 부휴 문중을 대표하였다.

9

19세기 조선불교의 동향과 특성

1. 영정조 이후 19세기 불교정책

19세기 한국불교는 정조의 뒤를 이은 순조의 즉위로부터 시작되었다. 이 시기는 정치사회 변동, 외세와 천주교의 유입, 그리고 동학의 발생에 따라 그 혼란이 심화되었다. 조선의 불교는 임진왜란과 병자호란을 계기로 확실히 많은 변화를 가져왔다. 전란의 영향으로 많은 희생을 감당해야 했지만, 호국의 면모는 불교와 승려를 긍정적으로 바라보는 계기가 되었다. 청허 휴정과 그의 문손들의 불교계 정체성 확립을 위한 노력은 적지 않은 잡음이 있었지만 법통이나 선교수행의 체계화로 나타났고, 『화엄경』을 중심으로 한 교학 연구와 강원교육이 활성화 되었다.

19세기 불교는 17·8세기와 같이 불교에 대한 조정과 지배층의 사상 통제와 탄압, 그리고 수탈과 착취가 이전 시기보다 심화되었다. 그러나 조정의 사찰 중건 지원이나 잡역雜役면제는 지방 관아의 횡포와는 달리 불교계의 국가사회적 기여에 대한 긍정적 관심의 결과였다. 또한 양란 이후 불교계의 내적 발전을 위한 노력의 결과로 선교수행이 정착된지 오래되었고, 정체성 확립과 사원의 자구책을 위한 노력 역시 지속되었다.

이 글은 우선 19세기 불교정책을 살펴 그 변화상을 살필 것이다. 여전히 이단으로 인식되고는 있었지만, 동시대의 천주교나 동학과는 자연히 비교될 수 밖에 없어 부정적 인식은 다소 희석되었다. 이미 정조正祖가 불교계의 가치를 확인하고 남북한산성의승번전을 감면시킨 것 또한 이후 조정의 불교계에 대한 처우 개선의 계기가 되었다. 왕실의 원당과 태실 등이 있는 사찰의 중건을 지원했고, 과중한 잡역을 면제해주었다.

한편 불교계 내부의 선교禪敎수행은 조선 전기와는 비교할 수 없을 정도로 괄목할 만한 변화가 진행되고 있었다. 특히 선교학을 중심으로 한 수행체계가 확립되어 이 시기가 되면 지리산 이남지역을 중심으로 초의 의순草衣意恂과 백파 긍선白坡亘璇에서부터 시작된 선 논쟁이 거의 1세기에 걸쳐 진행되었고, 화엄학을 중심으로 한 해석 역시 다양해졌으며, 급기야는 그 해석을 둘러싸고 문중 간의 대립 양상도 심화되었다. 불교계의 활발한 선교수행에 따른 자연스러운 결과이다. 청허와 부휴계의 선교수행과 그 정체성 확립을 위한 노력도 적극적으로 진행되었으며, 갈등양상도 나타났다. 또한 사원경제는 선교수행이 융성하게 된 기초였다. 양란 이후 사찰 중건은 본격화되었으며 시기를 거듭할수록 활성화되어갔다. 지배층과 피지배층의 시주도 한몫했지만, 승가의 자구책 마련을 위한 지속적인 노력 역시 빼놓을 수 없다. 이와 같은 불교계의 질적 변화는 17세기 실학의 영향도 한몫을 차지했다. 당대의 대표적인 지석이었던 추사 김정희와 다산 정약용의 유배는 불교계에 적지 않은 영향을 미치기도 했다. 불교계는 그들을 통해 조선불교의 정체성을 확인했고 학문적 소양과 성과를 확대하여 동시대의 사조思潮를 수용하고 불교계의 내외적 발전에 활용하였다.

이와 같이 19세기 불교계는 여전히 왕조에서 공인되지 못한 채 은둔의 길을 걷고 있었지만, 종교적 공능功能은 여전했고, 이전 시기와는 비교할 수 없을 정도로 내적 발전과 성숙의 시간을 지나오고 있었다. 19세기 불교는 일제강점기와 현대의 한국불교가 사상이나 수행전통, 그리고 사원경제를 계승하고 있어 한국불교사에서 중요한 위치를 차지하고 있다. 그동안 진행된 조선후기 불교사에 대한 연구성과를 기초로[1] 19세기 조선불교의 특성을 살펴보는 일은 의미 있다.

조선의 19세기는 순조·헌종·철종·고종으로 이어지는 격변의 시기였다. 당시 조선은 정치변동과 서세동점의 대내외적 격변과 혼란을 겪고 있었고, 전정田政·군정軍政·환곡還穀이라는 삼정체제三政體制의 문란으로 인한 심각한 사회경제적 모순에 직면해 있었다. 이와 같은 대내외적인 격변과 혼란의 상황에서 당시 조정의 불교정책은 이전 정책만을 답습하는 경향이 있었고, 탄압은 천주교와 동학에 비해 다소 약화된 것이 사실이다. 그러나 불교사상과 신앙 같은 이념이나 종교성에 대해서는 공식적 제한과 통제가 여전했다. 삼정의 문란으로 인한 지방 수령들

---

1 조선후기 불교사는 양란 이후 17세기와 18세기를 중심으로 한 시기의 연구가 대세를 이루었고, 정조 이후의 19세기 불교계 상황에 대해서는 불교정책이나 동향이 소개되지 않았다.

의 수탈과 착취의 피해는 불교계에도 심화되었다.

> 좌의정 심상규가 아뢰었다. 근래에 대궐 하인과 궁인들이 기도를 드
> 린다는 것을 핑계 대고 사찰에 출입하는 자가 있다는 소문을 들을 때
> 마다 놀라움과 의혹이 점점 심해갑니다. 이것이 비록 그 무리들의 우
> 매한 버릇으로 망령되이 빙자한 것이지만, 갑자기 듣고 대뜸 들어주는
> 자들이 어찌 그러한 연유를 알겠습니까. 신은 궁중과 정부가 일체가
> 되어야 한다는 의의에서 감히 이렇게 아뢰는 것입니다. 지금부터 일체
> 금단하여 邪道에 젖어 보시를 낭비하는 폐단이 없게 하기 바랍니다.
> … 형조 및 포도청으로 하여금 일제히 모두 수색하여 도성 밖으로 쫓
> 아내어 서울 근처에는 접근할 수 없게 할 것이며, 만약 일일이 몰아내
> 지 못하여 다시 출몰할 경우 형조의 당상과 두 포도대장은 단연코 중
> 한 죄로 처벌해야 합니다. 이 새로운 지시를 가지고 엄하게 신칙하기
> 바랍니다. 그대로 따랐다.[2]

인용문은 대궐의 하인과 궁인이 사찰에 출입하는 것을 금단하고 승려
들을 도성 밖으로 쫓아내야 한다는 좌의정의 상소문이다. 이와 같은 사
실은 순조 15년에도 문제가 된 바가 있다. 예컨대 "무녀巫女와 비구니 무
리들이 도성을 몰래 드나들며 기도와 굿이 대부분 사찰에서 두루 펴져
소란과 거짓말만 더욱 펴져간다."는[3] 지적이 있었다. 헌종 대에도 "양주
楊州의 여승 창선昌善이 초제醮祭를 지낸다는 핑계로 승려들을 모아 부처

---

2 『순조실록』 순조 34년 2월 10일조.
3 『순조실록』 순조 15년 1월 15일조.

를 메고 교궁校宮에 함부로 들어간 사실을 두고 '좌도左道·난정亂正의 술법을 행하면 수모首謀한 자는 교형絞刑에 처한다.'는『대명률大明律』에 따라 수악首惡은 지방관地方官을 시켜 교형에 처하고 그 나머지 응모한 승려들은 주범主犯·종범從犯을 나누어 사형을 감면하여 정배定配"하게[4] 하였다. 이와 같이 승려가 기도를 핑계로 도성과 궁궐을 출입한 것은 통제가 심했던 조선 전기부터 지속적으로 진행되고 있었다. 비록 신료가 상소문을 올려 이것을 지적하고 처벌했지만, 불교가 지닌 종교성은 통제시킬 수 없었을 뿐만 아니라 왕실 신앙에서는 암묵적으로 허용되기까지 하였다.

예조는 完文을 내려보냈다. 충청북도 보은 속리산 법주사는 곧 삼한의 고찰로 세조왕의 어가가 머문 곳이고, 元宗大王의 願堂이며, 순조왕의 胎室을 수호하는 곳이고, 역대 聖祖의 御筆을 봉안한 곳이며, 선희궁 원당의 사찰이다. 이러한 관계로 소중한 곳이며 다른 보통의 사찰과 비교가 되지 않는다. 英廟朝(영조) 계미년 선희궁의 公書類에 의해 본사는 義僧 등의 役과 크고 작은 잡역이 하나같이 모두 제외되었다. 판하를 받들어 예조에서 완문을 이루어 공급하고 또한 각처의 책임에 상응하는 물건의 종류를 영원히 혁파하였다. 또한 巡營은 절목을 완성하여 그에 따라 행하며 본읍에 역을 면제한 완문이있으나, 세월이 오래됨에 申飭이 점차 느슨해져 土豪와 邑屬들이 한결같이 백성의 재물을 빼앗는 폐단이 있게 되었다. 貧寒한 승려의 무리들은 그 침탈의

---

4 『헌종실록』 헌종 15년 5월 26일조.

우환을 이기지 못하거니와 절은 세월이 오래되어 쇠퇴하고 승려의 무리들은 점차 시들어 쇠잔해가니, 막중한 수호의 임무는 거행할 수 없다고 하였다. 만약 소중한 명산의 옛 사찰을 받들어 보호하고자 한다면, 쇠퇴하여 무너지는 곳에 전적으로 책임을 지울 수는 없다. 사물과 힘의 조치에 대한 節度와 승려의 무리가 머물러 있는 곳에 대한 방도들을 本曹가 그 사실을 습득하여 묘당에 보고하고 논하다.[5]

1851년(철종 2) 조정에서 보은군에 내린 완문의 내용이다. 법주사는 왕실과 지중한 인연을 지니고 있고, 승군 동원이나 토산품 생산과 납부를 통해 국가사회적으로 기여한 바가 있어 영조 대에 승역과 잡역 등을 면제했다는 것이다. 그러나 점차 토호土豪와 아전의 무리가 착취와 수탈을 심하게 자행하여 사찰이 쇠잔해진 나머지 성조의 어필御筆이나 순조의 태실胎室을 수호하는 임무는 거행할 수 없게 되었다는 것이다. 예조는 절목을 마련하여 법주사의 승역을 비롯한 각종잡역을 면제토록 하였다. 또한 법주사에서 채취한 산과山果·산채山菜를 향교와 서원·향청에 상납하는 것은 이미 관납官納이 혁파되었으니 이를 금지하고 위반 시에는 향교와 향청의 임원뿐만 아니라 승려도 국문鞫問할 것이라고 하였다. 이밖에 각처의 사대부와 과객過客조차도 송이버섯·미투리·소찬素饌 등을 법주사에서 구하는 일이 큰 폐단이었다고 한다. 심지어 다듬잇돌조차도 절에 와서 구하는 사례도 있어서 다시는 침범하지 말 것을 절목을 작성하여 절의 벽에 부착하도록 하였다.

---

5 「報恩郡法住寺判下完文節目」, 「義信馱쓴經於法寺」, 『朝鮮佛教通史』 下, 127~128쪽.

철종 대 법주사의 사례는 팔도의 사찰이 입었던 피해와 정황을 상징하고 있다. 임란과 호란을 거치면서 토지의 황폐화로 인한 식량부족과 전란과 전염병으로 인한 인구감소, 그리고 자연재해는 백성들의 삶뿐만 아니라 수취체제의 붕괴를 가져왔다. 대동법과 균역법의 시행이 있었지만, 백성들의 부담은 여전했고, 불교계 역시 승역과 종이생산을 비롯한 토산품 생산과 납부는 승려들을 환속하게 했다. 고종 대의 직지사直指寺 역시 재정 형편이 쇠잔하여 진상하는 책지冊紙를 마련할 길이 없고, 비공식적으로 아전에게 주었던 정비情費 또한 400여 냥이나 되어 서너 명 남아 있는 승려들조차 흩어질 지경이어서 진상은 변통하지 못하지만, 정비는 더이상 거론하지 못하게 조치하기도 하였다.[6] 1812년(순조 12)에는 흉년을 당해 승역을 덜어주기도 했다.[7]

이와 같은 조선의 암울한 사회경제상황이 지속되고 지방관리들의 수탈과 착취가 심화되자 조정이 불교계를 지원하는 사례도 빈번해졌다.

> 전 前咸鏡監司 金世均을 召見하였다. 김세균이 아뢰기를, … "咸興의 歸州寺는 바로 우리 太祖大王의 讀書堂으로 正廟朝에 碑閣을 봉안한 곳입니다. 그런데 지난 섣달에 화재가 나서 佛堂과 僧寮 350여 칸이 모조리 타버렸고 오직 독서당과 비각만은 僧徒들이 온 힘을 다해 구호한 덕분에 홀로 우뚝 남아 있습니다. 이 절은 聖址를 수호하기 위한 것이니 여느 사찰에 비할 바가 아니므로 다시 짓도록 하지 않을 수 없는데, 소용되는 물자를 마련할 방법이 없습니다. 전례에 근거해서 쏯

---

6 『고종실록』 고종 15년 7월 19일조.
7 『순조실록』 순조 12년 7월 7일조.

名帖 500張을 만들어주는 것이 좋을 듯합니다. 묘당으로 하여금 품처
하게 하는 것이 어떻겠습니까?" 하니, 윤허하였다.[8]

　고종 대 함흥의 귀주사가 화재로 독서당과 비각만을 남기고 전각 350
여 칸이 전소되자 공명첩 500장을 만들어 복구하게 했다는 실록의 내용
이다. 같은 해에 수원 용주사 역시 공명첩 300장을 주어 보수하게 했고[9]
순조의 원자인 효명세자孝明世子의 수릉綏陵에서 쓰는 향과 탄炭 및 두부
를 만들어 바쳤던 동화사桐華寺가 두 번의 화재로 모두 타버리자 공명첩
500장을 내려보내 수리하도록 하였다.[10] 고성의 유점사楡岾寺 역시 이전
의 건봉사의 전례에 따라 공명첩 500장으로 화재로 타버린 3,000여 칸의
전각을 복구케 하였다.[11] 이와 같이 19세기는 왕실의 태실이나 독서당과
비각, 그리고 제수 음식을 만들어 상납하는 사찰들에 대해서는 공명첩
을 내려보내 복구하게 하는 사례가 빈번히 보인다. 그런가 하면 공주公
州의 동학 서원東學書院은 본시 동학사東鶴寺였다. 단종조端宗朝 육신六臣의
초혼기招魂記가 있어 승려들로 하여금 이를 간수케 하였었는데, 뒤에 향
유鄕儒들이 옮겨다가 서원을 만들었었다. 헌종 대 정규흠鄭奎欽이 동학사
東學祠의 사유祠儒들과 틈이 생기자, 스스로 통문通文을 지어 숭현 서원崇賢
書院에 전했는데, 범상 부도犯上不道한 말이 있어 서원을 헐어 절로 만들게
하고, 원래대로 승려들에게 수호하게 하였다.[12]

---

8 『고종실록』 고종 16년 2월 28일조.
9 『고종실록』 고종 16년 11월 15일조.
10 『고종실록』 고종 17년 10월 10일조.
11 『고종실록』 고종 19년 9월 10일조.
12 『헌종실록』 헌종 2년 4월 20일조.

영조 31년(1755)에 轉牒하여 송광사에 육상궁원당을 奉設하고, 同寺의 紙地와 제반 잡역을 일체 勿侵하라는 勅旨를 전하셨으므로 本府使로부터 다시 이 旨를 본사에 전하고, 仍하여 완문을 成給함과 동시에 色吏를 案同하고 본사에 枉顧하여 지부·지첩 등을 破壞시켜 累年의 痼弊를 蕩除함에 이르렀다. 翌年에 都監 好安, 別座 見日師, 都木 白雲臺 등이 대웅전 남쪽에 있는 舊 명부전의 남쪽에 本宮을 奉建하고, 영조대왕의 모후인 숙빈 최씨를 봉안하였다. 그런즉 당시의 寺威가 과연 어느 정도까지 凜嚴하였을 것은 呶言을 기다리지 않을 사실이다. 이래로 同宮의 庇寵이 自別하여 同 36년 3월과 同 38년 7월과 同 42년 3월에 모든 救弊의 완문을 成給하심이 있었다. 그러나 순조 3년(1803) 어느 사정에 말미암아 元 창평군 龍興寺로 移設하게 되었다. 그런데 이설의 원인에 대하여는 "어느 해에 各邑 군수들이 본사에 회합 함이 있었는데, 마침 昌平倅의 供饌에 몇 가지의 饌羞가 빠졌음에 말미암아 野卑한 불평을 품고 돌아간 뒤로 仍하여 원당 이설의 대활약을 개시함에 있었다"고 한다. 그런데, 본사의 별첨록의 기록에 의하면 "고종 4년 11월에 定上房이 이 願堂事로 경성에 왕래하다" 하였으니 그때까지도 오히려 복원 운동을 한 흔적이 있는 증거이다.[13]

한편 송광사는 1755년 숙빈 최씨의 사당인 육상궁 원당이 설치되었고, 1760년, 1762년, 1766년에는 잡역을 혁파하라는 완문完文이 내려지기도 하였다. 그러나 1803년 송광사에서 각읍의 수령들의 회합이 있었을 때

---

13 林錫珍(1984), 34~35쪽.

창평 수령의 반찬이 부실하다는 핑계로 원당이 용흥사龍興寺로 이설移設되었다. 송광사는 이때부터 원당이 다시 회복된 1831년(순조 31)까지는 과중한 잡역을 담당하고 있었다. 「송광사잡역교혁절목松廣寺雜役矯革節目」에 의하면 순천 관아의 14개 부서에 75항목의 물품과 대전代錢을 상납하고 있었다. 간장·밀가루·새끼줄·약초·산나물뿐만 아니라 관노비와 아전들의 수고비까지 부담하고 있었던 것이다.[14] 송광사는 이밖에 1886년(고종 23)에는 고종·명성황후·순종의 축성전祝聖殿이 설치되었고, 1903년에는 영조의 전례에 따라 고종의 기로소 원당이 설치되기도 하였다.

비록 왕실과 관계 깊은 사찰들을 중심으로 조정의 지원이 이루어지기는 했지만, 조선전기와 비교했을 때 불교계에 호의적인 태도는 주목할 만한 것이었다. 아무래도 불교의 국가사회적 기여가 일차적인 이유이기도 하지만, 동시대 지방관아와 지배층의 수탈과 착취가 가혹했던 것도 왕실지원의 원인이었다. 더욱이 불교는 당시 사학邪學으로 낙인찍혔던 천주교나 동학과 비교했을 때 지배층과 피지배층에 친근한 종교성을 지니고 있었다.

2. 禪敎學의 동향

이능화는 "조선 초 150년을 선교쇠미禪敎衰微시대로, 그후 350년을 선교통일禪敎統一시대로 삼지만 역시 쇠미하여 세력을 떨치지는 못하였다."

---

14 「松廣寺雜役矯革節目」, 『曹溪山松廣寺史庫』, 945~953쪽.

고[15] 하였다. 조선시대 불교의 상황을 상징적으로 보여준 대목이다. 그러나 양란 이후 불교계는 선교와 염불을 수행과 교육의 근간으로 삼아 조선불교의 정체성을 확립하고자 하였다. 불교 수용 이후 불교사에서 면면히 계승되고 있었지만, 조선의 불교 탄압으로 명맥이 끊길 위기에 있었던 것을 복원하여 조선불교의 수행과 교육체계로 확립했던 것이다. 전란 이후의 이와 같은 변화는 17세기와 18세기를 거쳐 19세기에도 유지되었다.

이 무렵에 이르러 승려 수행의 선·염불·교 三門은 더욱더 명료히 구분되어 상당한 대사찰에는 모두 좌선당인 선방, 염불당인 만일회당, 교당인 강당의 설비가 있어 각각 監院의 任僧이 이를 다스린다. 그런데 선승과 염불승은 완전히 교를 떠났기 때문에 모두 無學僧이다. 밤낮으로 일삼는 것은 오직 一向專念에 자성을 보려고 희구하며 서방미타의 出來를 기다릴 뿐이다. 이에서 선승과 염불승은 서산대사의 法軌는 따르지 않는다. 홀로 敎僧이 처음에 오로지 敎와 진정한 知見을 열고, 그것이 숙련되면 즉 나아가 선방에 들어가 見性 공부에 종사하여 서산대사의 禪敎兼修의 종지를 잃지 않았다. 그래서 결국 선과 교의 위치에 전도가 생겨 교승이 오히려 선승을 無識 無學이라고 眼下로 보았다. 조선 불법의 명맥은 교승에 의해 유지되기에 이르렀다. 이 시대의 명승으로 나타난 자는 모두 다 교종승이며, 그들은 교에서 마지막에 선으로 나아가는 것을 관례로 삼았다.[16]

---

15 이능화(1918), 「入東方二百句品題」, 『朝鮮佛敎通史』 下, 6쪽.
16 고교형 지음 / 이윤석·다지마 데쓰오 옮김, 『경성제국대학교수가 쓴 조선시대불교통사』,

다카하시 토오루가 묘사한 19세기 불교계의 선교동향이다. 청허 휴정과 편양 언기가 천명한 수행의 삼문三門체계가 수립된 이후 19세기에 와서는 명확히 구분되었고, 수행장소 역시 선방·만일회당·강당으로 구분되었으며, 각각 임승任僧이 임명될 정도로 체계화되었다는 것이다. 또한 청허 휴정 대의 선교겸수의 기치 아래 사교입선捨敎入禪의 수행전통이 계승되고 있었음을 살필 수 있다. 특히 송광사와 대흥사를[17] 중심으로 한 호남의 불교계는 청허와 부휴의 문손들에 의해 수행체계를 정착시켜 팔도의 납자들이 운집하기도 했다.

> 대은 스님은 蓮潭·白蓮·義庵·朗岩·玩虎·蓮坡 등 여러 龍象들을 參謁하고 학문을 익혔다. 도가 이미 이루어지자 향을 뽑아 사르고 開堂하여 설법을 하면서 후학들을 맞아 학업을 가르치니 찾아오는 사람들이 너무 많아 오히려 자리가 비좁을 지경이었다. 정신은 日月처럼 밝고 굳은 절개는 松栢처럼 곧았다. 손으로는 三藏을 베끼고 주변 사람들을 편안하게 해 주었으며, 하루 세 때 부처님께 예배하며 공양을 올리되 향과 차와 집기들을 信心을 가지고 장만하곤 하였다. 앉으나 누우나 항상 그가 하는 精功은 아무도 따라 행하기 어려울 정도였다. 敎學을 버리고 禪學으로 들어가자 여러 지방에서 수행하는 사람들이 스님에게로 개미떼처럼 밀려와 하루 한 번만 자고 한 끼니만 먹는 계율을 따랐다. 유명한 절에서 스님을 초청했다가 스님이 거절하면 도리

민속원, 2020, 773쪽.

17 대흥사를 소개한 홈페이지에 의하면 "두륜산을 大芚山이라 부르기도 했기 때문에 원래 사찰명은 大芚寺였으나, 근대 초기에 대흥사로 명칭을 바꾸었다."라고 하였다. 이 글은 본문에서는 '대흥사'로 표기하며, 사료를 중심으로 한 인용문은 '대둔사'로 표기한다.

어 죄송스러워했다. 각 산문을 전전할 때는 업고 가겠다고 자청하는 이도 있었으며, 우리나라의 큰 선지식으로서 南山의 道宣 스님이 이 세상에 다시 오신 것이라고들 하였다.[18]

인용문은 대흥사의 12대 종사와 강사에게서 선교학의 영향을 받은 대은 낭오(大隱朗旿, 1780~1841)의 수행상이다. "교학을 버리고 선학으로 들어갔다."고 했으며, 그에게 배우고자 한 수행자들이 개미떼처럼 밀려왔다고 하였다. 대은 낭오뿐만 아니라 아암 혜장兒菴惠藏·영파 성규影波聖奎·해붕 전령海鵬展翎과 같은 정조와 순조 연간에 대표적인 선교학의 종장들이 입적했다. 영파는 "30년을 하루같이 『화엄경』을 숙독하고 깊고 현묘한 이치를 탐구하고 가장 묘한 뜻을 궁구하였으며, 선禪 공부에는 지송持誦이 최고라고 하면서 보현과 관세음의 양 보살을 원불願佛로 삼아 재를 올리고 더욱 부지런히 정진하였으며, 1778년부터 1781년까지는 대비주大悲呪 외우기 10만 번을 하루의 과제로 삼았다."고[19] 한다.

다산 정약용은 아암 혜장兒菴惠藏을 두고 그의 비문에서 "아암의 본래 호는 연파이다. 대흥사 12종사 중에 연담대사가 맨 끝인 열두 번째이고, 또 그 뒤 12강사 중에는 연파 대사가 맨 끝인 열두 번째이다. 그런데 끝이란 것은 뒤처진다는 말이 아니고 꽃을 피웠다는 의미이다. 연담노장은 대련大蓮이고 연파공은 소련小蓮이다."라고[20] 하였다.

12종사는 청허 휴정의 문도로 대흥사가 조선후기 불교계에서 선교학

---

18 梵海 覺岸, 「大隱禪伯傳」, 『東師列傳』 4권(『韓佛全』 10, 1040a).
19 南公轍, 「禪教兩宗正事華嚴大講主影波大師碑」, 『朝鮮金石總覽』 下, 1269.
20 梵海 覺岸, 「蓮坡講師傳」, 『東師列傳』 4권(『韓佛全』 10, 1033a).

의 장려로 부상할 수 있는 기틀을 마련했다. 이들은 모두『화엄경』을 수학하고, 그 강회講會를 개최하여 전국의 치림緇林이 대흥사로 운집하여 선교학을 수학하는 종원宗院으로 부상하는데 기여한 인물들이다. 12강사 또한 12종사가 대흥사를 선교의 근기根基로 마련하였다면, 화엄학을 중심으로 한 강회를 통해 대흥사를 더욱 발전시킨 인물들이다. 그러므로 이들은 당시 대흥사와 조선불교계의 대표적인 고덕석학高德碩學과 경사經師들인 것이다.[21] 임진왜란 이후 청허 휴정을 비롯한 제자들의 선교겸수 확립을 위한 노력은 17세기와 18세기를 거치는 동안 융성하여 19세기에는 조선불교계를 대표하는 '팔로八路의 종원宗院'이 된 것이다.

> 강희(康熙) 연간에 바닷가에 큰 배가 정박한 것을 보았는데,『화엄
> 경소초』·『대명법수』·『회현기』·『금강경간정기』·『대승기신론필삭
> 기』·『정토보서』등 190여 권이었다. 선사가 크게 놀라서 세상에 간행하
> 였다. 이로부터 불교를 공부하는 사람이 관심을 쏟지 않은 자가 없었는
> 데, 이로써 대종사로 추앙받았다.[22]

인용문은 1681년(숙종 7) 표류하다가 임자도荏子島에 정박한 배에서 명나라 평림섭平林葉이 교간校刊한 190권의 불서佛書를 간행한 백암 성총에 관한 기록이다. 그는 특히『화엄경소초』와『회현기』의 합본 80권 간행에는 특별한 노력을 기울였다. 그 뒤 '불법홍통종사佛法弘通宗師'로서 추앙

---

21 오경후,「朝鮮後期 佛教界의 正體性 確立과 禪教兼修－淸虛 休靜과 鞭羊 彦機를 중심으로」, 『지방사와지방문화』21, 역사문화학회, 2018, 156쪽.
22 錦溟 寶鼎,「曹溪宗師栢庵性聰禪師傳」,『曹溪高僧傳』(『韓佛全』12, 402c).

받았고, 1692년에는 대화엄회大華嚴會를 베풀어서 많은 승속僧俗에게 『화엄경』의 묘의妙義를 가르쳤다. 조선후기 송광사가 부휴 선수와 벽암 각성이 쇠락한 절을 중건한 이후 대흥사와 함께 선교학의 중심지가 된 것은 백암 성총으로부터 비롯되었다. 그의 법맥은 무용無用 → 영해影海 → 풍암楓巖―최눌最訥로 이어져서 새로운 선종의 1파를 형성하였다. 그는 선종과 교종에 두루 통하였을 뿐 아니라 정토문淨土門에도 귀의하여 극락왕생을 염원하였다.

> 기해년 봄에 호남과 영남의 여러 사찰에서 거의 3백여 명에 이르는, 남의 師範이 되고 이름을 내걸 만한 자들이 대거 이곳에 모여 화엄과 선문에 대해서 강의해 주기를 청하니, 사양하기를, "나 자신이 바르지 못한데 어떻게 남을 바르게 하겠는가?"라고 하였다. 그러나 사양을 하면 할수록 더욱 독실하게 청하였으므로 법좌에 올라 拂子를 휘두르며 심오한 뜻을 설파함에 낙락한 圓晉이 중중무진하게 서로 비치자 講會에 참석한 사람들이 모두 慴伏하였으니, 이 어찌 秘印을 전해 받아 허리에 차고 臨濟의 종풍을 크게 드날린 것이 아니겠는가.[23]

백암 성총의 제자 무용 수연(無用秀演, 1651~1719) 역시 1719년(숙종 49) 호남과 영남의 사찰에서 초청을 받아 화엄대회를 주관하고 임제종풍을 드날렸다고 한다. 그리고 무용 수연의 제자 영해 약탄(影海若坦, 1668~

---

23 影海 若坦, 「無用堂大禪師行狀」, 『無用堂遺稿』 下(『韓佛全』 9, 366a).

1754)은 1750년에 송광사에서 화엄대회를 주관하였다.[24] 무용 수연 이후 송광사는 19세기에 이르기까지 해붕 전령(海鵬展翎, ?~1826)과 침명 한성 (枕溟翰醒, 1801~1876) 등이 『화엄경』을 중심으로 한 강경법회와 임제종지 를 통해 종풍을 선양하였다. 이 가운데 해붕 전령은 부휴 문중의 묵암 최눌黙庵最訥의 법인法印을 받았다. 그는 풍암楓岩의 손자 제자이고, 영해影 海의 증손 제자이며 무용無用의 현손 제자이기도 하다. 『동사열전』은 "해 붕은 선과 교에 대하여 칼날을 맞듯이 모두 쉽게 순리적으로 해결하였 으며, 문장이 구슬을 꿰어놓은 듯하여 덕은 총림에 으뜸이었고 그 명성 또한 선비들에게 널리 알려졌다. 당시 호남 일대에 고매한 이름을 떨치 던 일곱 명의 벗[湖南七高朋] 가운데 한 사람이다."라고[25] 하여 선교학에 해박하여 문제나 일을 순리대로 처리했으며, '호남7고붕湖南七高朋'으로 널 리 알려졌다고 하였다.

> 洞虛大師가 고종 16년(1879) 4월부터 동사 慈靜庵에서 萬日會를 베
> 풀어서 淨土業을 닦으시다가, 同 22년(1885)[26] 봄에 그 위치의 幽僻함
> 을 嫌避하여, 큰 절의 普濟堂으로 옮기셨다.[27]

송광사는 선교학뿐만 아니라 신앙을 위한 염불도 성행하였다. 1879년 송광사의 통허가 절의 암자인 자정암慈靜庵에서 처음 만일회를 열었던

---

24 黙庵 最訥, 「影海大師行狀」, 『影海大師詩集抄』(『韓佛全』 9, p.485c).
25 梵海 覺岸, 「海鵬講伯傳」, 『東師列傳』第四(『韓佛全』 10, 1037c).
26 1885년은 1928년 찬술된 『송광사사고』에 기초한 것이지만, 다른 기록을 대조한 결과 1882
   년이 옳다.(김지헌(2000), 56.)
27 임석진(2001), 204.

기록이다. 통허는 이후 스스로 화주化主가 되어 4부중四部衆 교화를 성행
하다가 자정암이 궁벽하고 후미져 1882년 4월에 송광사의 보제당普濟堂
으로 옮기면서 그 규모를 한층 높혀 융성했다고[28] 한다. 1886년 「송광사
도松廣寺圖」는 보제당을 염불당으로 사용한 4년 뒤에는 '만일회萬日會'로
표기하였다.[29] 이와 같이 송광사는 선교학뿐만 아니라 17세기부터 불교
계의 수행체계로 자리잡은 염불수행도 융성했다.

이와 같이 19세기 불교계의 선교학과 염불수행은 17~18세기를 거듭하
면서 근현대불교계의 수행과 교육체계로 정착되었다.[30]

3. 불교계의 위상강화

청허의 의발衣鉢이 대흥사에 보장寶藏이 된 이후 편양 언기를 중심으로
한 제자들은 대흥사를 선교의 종원宗院으로 향상시켰다. 부휴 선수浮休善
修와 제자 벽암 각성碧巖覺性이 전란 이후 송광사 중건 작업에 참여한 것
은 쇠잔한 전각의 복원이었지만, 궁극적으로는 보조유풍의 부흥과 불교
계의 지위 향상이었다.

---

28 임석진, 앞의 책, 4편 6장(김지현, 57에서 재인용).
29 『松廣寺史庫』(1928), 「松廣寺圖」.
30 백파 긍선(白坡 亘璇)은 19세기 불교의 禪・敎・律에서 빼놓을 수 없는 인물이어서 별도의
   논고에서 다루고자 한다.

우리나라 호남은 바로 중국의 초 땅에 해당된다. 방장(方丈)·서석(瑞石)·내장(內藏)·추월(秋月)·조계(曹溪)·백양(白羊)·월출(月出)·달마(達摩)·천관(天冠)·팔영(八影), 이 산들은 모두 암석뿐으로 뛰어나게 맑고 우뚝 빼어났으며, 그윽하고 기이하여 보면 즐겁기도 하고 놀랍기도 하다. 그러나 초나라 산도 이와 같은지는 알 수 없다. 동방의 훌륭한 선승(禪僧)이 여기서 많이 배출되어 깃들었으며, 또한 여기에 오래 머물러 있었던 것은 마땅히 그 얻은 바가 있었기 때문일 것이다.[31]

인용문은 1781년 신경준이 쓴 상월 새봉(霜月璽篈, 1687~1767)의 시집 서문이다. 호남의 지리산·조계산·두륜산 등은 청고淸高한 이들이 무위의 도를 닦으면서 현묘한 도를 지켰던 중국 초나라의 산과 같다고 하였다. 즉 뛰어나게 맑고 우뚝 빼어났으며 기이하여 역시 훌륭한 선승들이 배출되었다고 하였다. 19세기 대흥사와 송광사를 중심으로 한 호남의 사찰은 조선 불교의 선교학 중심지이기도 했다.

대둔사의 12宗師가 모두 서산의 문하에서 배출되었다. 『화엄경』대법회가 시작과 끝이 서로 이어지면서 바다의 조수같은 법음(法音)이 두륜산을 흔들고 구름처럼 몰려든 회중이 침계루를 삼켰기 때문에 결국 팔도의 승려들이 대둔사에 귀의하며 다들 이곳을 종가로 삼았다. … 12종사가 터전을 세우고 나자 대둔사 강회가 드디어 典例가 되었

31 申景濬, 「霜月大師詩集序」, 『霜月大師詩集』(『韓佛全』 9, 591b).

고, 널리 龍象大德을 이끄는 經師들은 바드시 귀의처로 삼았다.[32]

1800년대 초반 찬술된 『대둔지大芚志』는 대흥사가 팔도의 종원宗院이 된 내력을 설명하고 있다. 청허의 제자 편양 언기가 대흥사에 머물면서 청허의 유지를 받들고 임제종풍과 화엄강회를 중심으로 한 선교학 중흥의 기초를 마련한 이후 종사와 강사가 배출되어 치림緇林의 종원이 되었다는 것이다. 당시 대흥사는 "남쪽 지방 여러 사찰 어디에도 없는 방장실方丈室이 있어서 언제나 경전을 지송持誦하고 교과를 수료한 두타장로頭陀長老를 그곳에 머물게 하고, 명예가 혁혁한 강사 역시 모셔와 방장실에 들이고서 배우는 자들로 하여금 모시고 살게 했다."는[33] 것이다. 이른바 대흥사강회가 시작된 계기인 것이다.

지금 대둔사 강회에서 階級을 정하는 방법은 다음과 같다. 10년마다 한 번씩 表忠祠에서 祭享을 올리는 날에 모든 스님들이 둘러앉아 점을 찍어 한 사람을 정한다. 그 후 대둔사에서 글을 올려 초청하고 침계루에서 堂號를 내리고 한 요사에 대중을 모아 강회를 개설하게 한다. 그러나 배우는 자가 반드시 100명을 넘어야만 '大師'라는 명칭을 허락하고, 전등의 법통에 그 이름을 기재한다. 그렇게 하면 禪門이 존귀해지고 名師가 조금씩 나오게 될 것이다.[34]

---

32 『大芚志』 卷1, 43-44.
33 『大芚志』 卷1, 132.
34 『大芚志』 卷1, 132.

인용문은 대흥사 강회의 권위를 알 수 있는 기록이다. 당시 대흥사 명의로 강사講師를 초빙하여 강회를 개설했고, 배우는 자가 100명이 넘었을 때 '대사'로 추대했으며, 전등傳燈의 법통法統에 이름을 기재했다는 것이다. 비록 1725년 김제 금산사에서 화엄산림법회를 개최했던 환성 지안喚醒志安과 1754년 선암사에서 화엄대회華嚴大會를 열었던 상월 새봉霜月璽封 이후로 팔도의 불교계가 화엄대회를 금기禁忌하여 실행하지 못했지만, 대흥사만큼은 전통을 보존하고 있다는 이름이나마 보존하고 있었다. 1,000여 명이 운집했던 대회 때와는 달리 강회가 쇠퇴했고, 경전을 수학한 사람만이 법회 참여가 허락되었던 만큼 100여 명을 넘지 못했다. 그러나 강사 초빙과 대사 추대와 같은 화엄대회의 면모는 대흥사 화엄강회의 역사와 전통을 짐작할 수 있다.

한편 1813년 무렵 찬술된『대둔지大芚志』는 19세기 대흥사가 지닌 위상을 상징하고 있다. 사지 찬술의 직접적인 동기는 1636년 중관 해안中觀海眼이 찬술한『대둔사사적(大芚寺事蹟, 竹迷記)』의 심각한 오류를 바로잡고자 시작되었지만, 궁극적인 의미는 전란 이후 대흥사의 위상과 가치를 확립하고 선양하는데 있었다. 사지는 우선 광범위한 자료수집과 철저한 고증을 기초로 한 객관적 서술이라는 점이다. 특히 대흥사의 창건을 중심으로 한 고대불교사의 오류를 바로잡았다. 동시대 불교계의 사적기 찬술이 유행하면서 창건 시기를 끌어 올리고 사중 인물들의 공헌을 터무니없이 확대하는 사례가 일반적이었던 것과는 달리 대흥사지는『삼국사기』와『삼국유사』를 비롯한 다양한 사서史書를 비교 검토하여 찬술하였다. 때문에 사지는 대흥사의 역사를 초월하여 우리나라 고대불교사를 복원한 역사적 의미까지도 지니고 있다. 사지는 또한 청허 휴정의 생애와 그의 의발衣鉢이 대흥사로 옮겨진 경위와 표충사表忠祠를 건립하게 된 시말始末을 정리하였다. 또한 조선후기 대흥사의 선교학禪敎學과 선교의 종원宗院으로 격상시키는데 기여한 종사와 강사의 생애를 기록하여 조선후기 불교사에서 대흥사가 차지하는 위상을 선양하였다.[35]

『동사열전東師列傳』은 대흥사에서 출가하여 평생을 주석했던 범해 각안(梵海覺岸, 1820~1894)이 찬술한 승전僧傳이다. 그는 3차례에 걸친 팔도 유력遊歷을 통해 사찰과 역사유적을 거치면서 비문을 필사하고 자료를 수집하여 정리하였다. 그는 198인의 우리나라 승전을 통해 쇠락한 우리 나라 불교사의 사상과 신앙, 그리고 홍통弘通에 관한 사실을 전해주고 있 다. 방대한 자료 수집을 토대로 전란과 탄압으로 망실亡失된 조선불교사 를 복원하고자 했으며, 조선불교사를 인도나 중국과 대등한 입장에서 찬술하고자 노력하였다. 또한 자료의 고증을 통해 이전 기록이 지닌 오 류와 문제점을 바로잡기도 했다. 요컨대『대흥사지』와『동사열전』은 한 사찰의 사적기와 승전의 범주를 넘어선 불교사의 성격을 갖추고 있다. 이것은 대흥사 승려와 다산 정약용의 역사인식과 17세기와 18세기의 수 행체계를 계승한 19세기 대흥사의 대내외적 역량의 결집이었다.

요컨대『대둔지』와『동사열전』의 찬술은 청허의 제자들이 대흥사가 조선불교계의 종원임을 상진한 것이었다. 선교학 수행과 조선불교의 정 체성 확립을 위한 노력은 표충사表忠祠 건립과 함께 대흥사의 위상을 괄 목할 정도로 향상시켰다. 그러므로 대흥사의 사지와 승전 찬술은 2세기 에 걸쳐 환골탈퇴하고자 했던 승가의 노력의 결실이었다.

---

35 오경후(2018), 107~165.

호남지방 아래로 크고 아름답다고 꼽히는 절은 다섯 손가락을 넘지 않는다. 그중에 조계산 송광사는 동방에서 제일가는 도량으로 인도의 雙林이나 중국의 廬阜(廬山)와 같은 곳이다. 그러므로 16國師는 말할 것도 없고 이 절에 살지 않고 이름난 스님이 된 자가 없다. … 왕사, 국사라고 불리는 이들은 반드시 이 절에서 주석하다. 懶翁·無學 때부터 법을 전한 흔적이 남아있어서, 그때도 이 절을 중시했음을 알 수 있다. 다른 산의 절들은 감히 명성을 견줄 수 없었다. 牧牛子와 禪覺(懶翁慧勤)의 碑銘과 여러 스님들에 관한 기록을 통해 대강 알 수 있을 것이다.…보조국사가 돌아가시고 眞覺, 淸眞, 眞明, 晦堂, 慈精, 圓鑑, 湛堂, 妙明, 慈圓, 慈覺, 覺儼, 淨慧, 弘眞, 高峰, 弘眞에게 법을 전했는데, 이들은 모두 국사가 되어 16세 동안 법을 이어 사원嗣院이 끊기지 않았다. 이는 실로 총림에서 보기드문 성한 자취라하겠다 … 절 동쪽에 16조사를 모신 影堂이 있다고 했는데, 이는 東林十八賢을 모신 당을 본떠 만든 것인가 한다. 그리고 보조국사는 불교문중의 散聖이라 일컬어진다. 근세에 浮休 善修가 법을 이어서 이 절에 살았고, 碧巖 覺性과 翠微 守初에게 법을 전했다. 세 분 모두 도법을 펼쳐 절을 넓히고 장엄하여 여러 국사들이 계셨던 때보다 더욱 융성하다. 그러나 宗脈은 달랐다. 臨濟로부터 18대를 내려와 石屋 淸珙에게 전해졌는데, 고려 때 太古 普愚가 청공의 법을 전해 받았다. 다시 6대를 내려와 浮休에게 전해졌으니, 그렇다면 이는 여래의 正眼이며 목우자에게서 직접 전해 받은 것은 아니다. 더욱이 나옹과 무학의 부도도 여기에 있다. 취미의 적통인 栢庵 性聰이 이 절을 관리하게 되었는데, 그는 깨달음과 학식이 근세의 조사들을 능가하여 멀리에서나마 목우 노인의 기풍을 이었다. 근원을 달리하는 물줄기가 바다로 들어가면 같아진다 하는 것이 바로 이런 경우가 아니겠는가. 이 절은 이때부터 더욱 빛났으니 영겁토록 바뀌지 않음을 예상할 수있다.[36]

1678년 조종저趙宗著가 백암 성총의 부탁으로 지은 보조 지눌과 그의 유풍을 계승한 조선시대 송광사의 사정을 기록한 사적事蹟의 일부분이다. 일찍이 부휴와 벽암은 임진왜란과 정유재란으로 폐사될 위기에 놓인 송광사를 중건하고 600여 명의 대중들이 부휴를 중심으로 보조유풍을 계승하였다. 그들의 문손인 백암 성총은 보조국사비를 중수하고[37] 사리를 봉안하여[38] 목우가풍을 선양하고자 했다. 무용 수연無用秀演, 영해 약탄影海若坦, 풍암 세찰楓巖世察, 묵암 최눌默庵最訥 등과 같은 백암의 문손역시 선교학의 연찬과 송광사의 중흥을 도모하였다. 특히 풍암과 영해에게 경전을 배우고 불교의 현묘한 뜻을 깨달아 얻은 묵암 최눌은 풍암과 영해를 위해 강경대회를 개최하였고, 백암의 비를 세워[39] 보조 유풍의 선양에 공헌하였다.

(송광사의) 16국사는 모두 佛門의 名賢宗師로 道法을 천양하고 당우를 중수하였으니 진실로 이는 동방의 제일도량 이라. 가히 16국사는

36 趙宗著(1918), 「昇平府曹溪山松廣寺嗣院事跡」, 「普照後始設曹溪宗」, 『朝鮮佛教通史』下, 신문관, 350~351.
37 栢庵 性聰, 「曹溪山松廣寺重竪普照國師碑慶懺疏」, 『栢庵集下』(『韓佛全』 8, 467a~467c).
38 栢庵 性聰, 「奉安普照國師舍利疏」, 『栢庵集』 下(『韓佛全』 8, 470b).
39 李容元, 「傳佛心印扶宗樹教默庵大禪師碑銘幷序」, 『역주조계산송광사사고』 인물부, 327~335.

총령의 달마, 진단의 주돈이에 버금가는 인물이라 하겠다. 양산의 통도
사, 합천의 해인사, 승평의 송광사는 각각 불법승 3보를 대표하는 종가
이다. 즉 통도사는 석가여래의 정골사리를 탑에 안치하였기 때문에 불
보라 하고, 해인사는 팔만경판을 소장한 곳이기 때문에 법보라고 한다.
송광사에서 松자는 18명의 宗師라고 破字가 되는데 16국사는 이미 출
현하셨으니 나머지 2명의 종사가 나와 법을 전하기를 바란다는 뜻이
다. 그런데 동방 삼천의 사찰 가운데 명현종사가 많이 출현하시어 널
리 불법을 펴시고 백성과 임금을 위해 축원하였으나 그 나머지 삼천
사찰이 감히 송광사에 대항할 수는 없을 것이다.[40]

19세기 송광사의 중창주 용운 경암龍雲警菴이 16국사와 송광사의 위상
을 찬술한 내용이다. 송광사가 해인사·통도사와 함께 삼보三寶를 대표
하는 종가宗家인 것은 보조 지눌을 비롯한 명현종사가 출현하여 불법을
전하고 백성과 임금을 위해 축원하는 승보종찰이기 때문이라는 것이
다.[41] 1832년 홍석주洪奭周가 송광사는 16국사가 배출되었기 때문에 승보
사찰이라고 칭한 이후 용악 혜견(龍岳慧堅, 1830~1908)도 송광사가 18국사
도량이라는 사실을 강조했다.[42] 요컨대 19세기 송광사는 보조 유풍을 선
양했던 17·18세기의 유업을 지속하였으며, 불교계에서 송광사가 지닌
정체성을 재확립하였다.

40 龍雲, 「庫松廣寺事蹟」, 『曹溪山松廣寺史』, 43-58(탁효정(2015), 158에서 재인용.
41 19세기 보조 지눌과 16국사 현창은 송광사의 위상과 가치뿐만 아니라 당시 불교계의 삼보
　사찰 지정과도 긴밀한 연관성을 지니고 있다. 이와 관련해서는 다음의 논고가 참고된다. 황
　인규(2010); 황인규(2013); 탁효정(2015).
42 龍岳 慧堅, 「登說法殿十八國師道場」, 『龍岳堂私藁集』(『韓佛全』 11, 119).

高僧傳은 名僧傳이라고도 하는데 도덕으로 이름 높은 스님들의 기록이다. … 海東의 경우에는 신라와 고려에서 명승이 배출되어 뛰어난 여러 현인들이 중국(震旦)에 비견되는데 처음에는 그들의 전기가 없었다. 오직 신라에 『神僧傳』이 있었는데 元曉의 저술이고 고려에는 『學僧傳』이 있었으니 曇曘의 저작이다. 삼국에 이르러 비로소 『海東高僧傳』이 있었는데, 覺訓이 지은 것이다. 李朝에 미쳐서는 이러한 승전조차 없다가 근래에 梵海가 찬술한 『東師傳』이 있었으니 모두가 도리에 통하는 바른 안목이며, 佛家의 傳燈을 이은 것이다. 선종의 五宗 종파를 가리지 않고 九山의 유파를 따지지 않으니, 이것이 이른바 "관문에 의지해 지키니 함께 나아 오는구나."라는 말이다. 다만 이 승전은 오로지 曹溪宗의 고승전이다. 어떤 까닭으로 그러한가? 우리 보조국사는 구산의 장벽을 열고 禪敎宗을 만들었으며 諸家의 유파를 융합하여 조계종을 세웠다. 이로부터 구산이 변하여 하나의 道가 되고 양가가 합쳐져 하나의 宗이 되었으니 조계종의 취지가 넓고도 큰데 간략한 기록이나마 없을 수 있겠는가? 이런 이유로 본종의 개창주에서 시작하여 본종의 유파에 이르기까지 일일이 여러 책들을 열람하여 어떤 산문이건 간에 다만 이 조계종과 관련이 있으면 함께 넣어 수록하였다.[43]

인용문은 1920년 금명 보정錦溟寶鼎이 찬술한 『조계고승전曹溪高僧傳』의 서문이다. 『조계고승전』은 종주宗主 보조 지눌부터 용은龍隱 선사에 이르기까지 388인의 고려와 조선의 목우가풍牧牛家風을 계승한 인물들의 승전

---

43 錦溪 寶鼎, 「曹溪高僧傳序」, 『曹溪高僧傳』(『韓佛全』 12, 381a-b).

이다. 금명은 우선 비명과 행장이 있는 이는 원본에 의거해 기록을 요약했고, 행장이나 기록이 없으면 다만 항목에 따라 나란히 적어 놓았다. 또한 동시대의 이름난 승려는 금명이 추천해서 행장을 지었다. 그는 서문에서 승전 찬술이 외적 측면을 장식하거나 강조를 위해 도모한 것이 아니고 "종주宗主가 장벽을 열고 종파를 세운 은혜에 보답하기만을 바랄 뿐이며, 여러 조사들의 높은 도와 이름난 덕이 사라지지 않기만을 희망할 뿐이다."라고 하였다. 범해 각안의 『동사열전』찬술이 우리 불교사의 쇠락을 한탄하고 임제종의 청허문중의 정체성과 위상을 회복하고자 찬술했던 것과 동일한 취지를 지니고 있는 것이다. 그러나 오로지 '조계종의 고승전'을 강조하였다. 종주 보조 지눌이 선종과 교종의 갈등으로 혼란한 고려 불교의 선교를 통합시키고, 조계종을 세운 것이 우리나라 불교사에 큰 획을 그은 업적이었지만, 조선불교가 쇠잔하여 간략한 기록조차도 없는 것을 안타까워 한 것이다. 더욱이 임제종의 법통과 법맥을 계승한 대흥사와 『동사열전』의 찬술은 금명으로 하여금 승전 찬술의 사명감을 부여한 것으로 이해할 수 있다. 『조계산송광사사고曹溪山松廣寺史庫』역시 대흥사의 사지찬술을 의식한 것이었지만, 궁극적으로는 송광사의 위상과 가치를 확립하고 선양하는데 있었다. 요컨대 19세기 대흥사와 송광사와 같은 당시 불교계의 대표적인 사찰이 사지와 승전을 찬술한 것은 불교의 정체성과 선교학 융성뿐만 아니라 청허계와 부휴계의 문중의식이 강화되고 있었음을 의미한다.

19세기 불교는 이전 시기의 불교계 동향과 뚜렷한 차이를 지니고 있다. 첫째, 불교에 대한 조정과 사회의 변화이다. 불교계에 대한 수탈과 착취는 회복하지 못한 수취체제의 모순으로 극심했다. 그러나 전란 참여와 국방강화에 기여한 호국불교의 면모나 전란 이후 그 회복과 사회

안정을 위한 일련의 노력은 불교에 대한 인식을 긍정적으로 전환시키는 데 기여하였다. 둘째, 불교계의 공헌이 한 몫을 한 것은 사실이었지만, 정조 이후 잦은 화재와 같은 자연재해와 지방 수령들의 극심한 수탈과 착취로 인한 사찰의 궁핍은 급기야 조정의 관심과 적극적인 지원으로 회복되기도 하였다. 조정은 귀주사·유점사·동화사 등 화재로 전각이 전소된 사찰은 공명첩으로 복구하게 했다. 또한 지방 수령들의 횡포가 극심했던 법주사·송광사와 같은 사찰은 승려들에게 부과된 과중한 잡역을 면제해주었다. 비록 조정의 지원이 원당顧堂과 같이 왕실과 긴밀한 관련을 지니고 있는 사찰에 해당되었지만, 불교계의 조정과 왕실의 수호 의지에 대한 대가이기도 했다. 셋째, 선교학의 융성과 교육체계가 정착된 것이 19세기 불교계의 특징이라고 규정할 수 있다. 탄압과 소외로 겨우 명맥을 유지하고 있었던 불교계가 청허 휴정과 그 문도들의 선교겸수禪敎兼修와 사교입선捨敎入禪의 정착을 위한 노력으로 19세기에는 수행과 교육체계로 안정화되었다. 이른바 교학승과 선승의 구별은 있었지만, 사교입선의 수행방식이 보편화된 것을 살필 수 있다. 넷째, 지리산 이남지역에서 조선후기 불교계를 대표한 것은 청허계와 부휴계였다. 이 두 문파는 각기 독자성과 정체성 확립을 위해 자가自家의 청허 휴정이나 보조 지눌을 선양하기도 하였다. 선교학이나 법통과 법맥을 둘러싸고 갈등 양상을 보이기도 했다. 요컨대 19세기 불교는 선 논쟁이나 화엄학을 중심으로 한 교학의 발전을 통해 이전 시기와는 비교할 수 없을 정도의 발전을 가져왔다. 이후 불교계는 사원경제가 위축되고 일제강점기라는 암울한 시대상황을 맞이했지만, 정조 이후 전개된 불교계의 사상·수행·신앙은 근현대 불교계를 이끌어가는 중요한 구심점이 되었다.

10

호국의승군의 역사문화적 가치
―대흥사를 중심으로

1. 護國의 가치

2018년 6월 30일 바레인에서 개최된 제42차 세계유산위원회는 '산사, 한국의 산지승원(Sansas, Buddhist Mountain Monasteries in Korea)'을 세계유산목록에 등재하기로 최종결정하였다. '산사山寺'는 이로써 한국의 13번째 '세계유산(world heritage)'이 되었다.

해남 대흥사는 산사로 등재된 통도사(경남 양산), 부석사(경북 영주), 봉정사(경북 안동), 법주사(충북 보은), 마곡사(충남 공주), 선암사(전남 순천)와 함께 7개 사찰 가운데 한 곳이다. 세계유산위원회가 등재의 이유로 밝힌 "7~9세기 창건 후 신앙·수도·생활의 기능을 유지한 종합 승원僧院으로 '탁월한 보편적 가치(outstand universal value)'를 인정받은 것이다.

예컨대 한국의 불교문화유산이 1,000여 년 가까이 불교의 절대적인 영향권에 있으면서 불교문화의 지속적이고 보편적 가치를 지니고 있었던 것이다. 더욱이 대흥사는 이밖에 호국의승군을 중심으로 한 조선시대 불교의 특성을 간직하고 있고, 이것은 세계유산위원회가 평가한 '탁월한 보편적 가치'를 역사적으로 구현하고 있어 주목할 만하다.

대흥사는 임진왜란 당시 승병장이었던 청허 휴정이 묘향산 보현사에서 입적하고도 백두대간의 끝자락 해남 대흥사에 의발衣鉢을 전하며, "전쟁을 비롯한 삼재三災가 미치지 못하고, 만 년 동안 흐트러지지 않을 터"로 인식하였다. 이후 선교학禪敎學의 종원宗院이자 호국불교의 요람으로 자리 잡고 있다. 조선의 조정이 세운 유교식 사당 표충사表忠祠는 직접적으로 호국의 공훈功勳이었지만, 세계유산위원회가 언급한 신앙·수도·생활이라는 조선불교의 총체적 평가이기도 한 것이다. 그러나 호국의승군의 구국활동은 호국에만 머물지 않는다. 나라를 위기에서 구하는 것이 불교계를 보존하는 것이고, 침체된 선교학을 비롯한 수행을 바로 세우는 일이기도 하였다. 때문에 의승군의 호국은 조선왕조를 유지하는 기초이자 호법을 위한 위법망구爲法忘軀의 몸부림이기도 하였다.

임진왜란은 1592년(선조 25) 4월 왜군의 동래성 침략으로부터 시작되었다. 최초의 의승군인 공주 갑사甲寺의 영규(靈圭, ?~1992)는 8백 명의 의승군을 거느리고 일본군과 접전을 벌였다. 이후 8백 의승군은 조헌(趙憲, 1544~1592)의 7백 의병과 합세하여 그해 8월 왜적에게 함락당한 청주성을 수복함으로써, 왜란 발발 이후 첫 승전이었다.

> "각 사찰의 僧軍도 5~6백 명이 있고 수령들도 牙兵 2백여 명을 가지고 있으니 원군元軍 4천 명 외에 이 숫자도 수천 명은 됩니다."[1]

의승군의 본격적인 활동은 선조 25년부터였다. 몽진蒙塵길에 올라 평양에 머물고 있던 선조가 병사가 줄어드니 다시 조처하라고 명하자 비변사의 계서啓書는 각 사찰에 승군이 있다고 아뢴다. 절에 승군의 소임만을 맡은 스님은 없다. 수행자였지만, 노소를 제외한 모든 승려들이 유사시에는 승군이었다.

僧統을 설치하여 僧軍을 모집하였다. 行朝에서 妙香山의 옛 僧官休靜을 불러 그로 하여금 승려를 모집하여 군사를 만들도록 하였다. 휴정이 여러 절에서 불러 모아 수천여 명을 얻었는데 제자 義嚴을 總攝으로 삼아 그들을 거느리게 하고 元帥에게 예속시켜 聲援하게 하였다. 그리고 또 檄文을 보내어 제자인 關東의 惟政과 湖南의 處英을 장수로 삼아 각기 본도에서 군사를 일으키게 하여 수천 명을 얻었다. 유정은 담력과 지혜가 있어 여러 번 倭陣에 使者로 갔는데 왜인들이 信服하였다. 僧軍은 제대로 接戰은 하지 못했으나 경비를 잘하고 역사를 부지런히 하며 먼저 무너져 흩어지지 않았으므로 여러 도에서 그들을 의지하였다[2]

선조가 의주義州 행재소幸在所에 머물 때 승병모집을 위해 묘향산에 있던 청허를 초치한 이후부터 의승군은 전국적으로 확대되었다. 휴정은 나라를 구할 것을 간곡히 부탁하는 왕에게 충적忠赤을 맹세했고, 왕은 그에게 팔도16종도총섭八道十六宗都摠攝의 직을 내려 전 승군을 관장케 하였

다. 이후 휴정은 전국 8도 사찰에 격문을 보내 궐기할 것을 호소하고 73세의 노령으로 승군 1,500명을 거느리고 순안順安 법흥사에 주둔하였다. 법흥사 주둔 의승군은 휴정의 위촉을 받은 의엄義嚴이 잠시 통솔하였고, 이어 유정(惟政, 1544~1610)이 관동을 중심으로 8백 명의 의승군을 모아 합류하고부터는 법흥사 의승군의 지휘는 유정이 맡았다. 이렇게 해서 의승군의 본거지가 된 법흥사 진영鎭營에 집결된 의승군의 수는 5천여 명에 이르렀다. 그 밖에 호남 지리산에서 처영處英이 의승군을 모아 봉기한 것을 비롯하여 각 도에서 의승군이 봉기하고 있었다.

당시 의승군은 중앙에 도총섭(팔도십육종도총섭)을 두고 그 아래로는 전국 8도에 각각 선·교 양종 2명씩 16명의 총섭을 둔 조직체계였다. 조정으로부터 임명되어 직첩을 받았던 도총섭과 총섭은 '군대를 이끌고 왜적을 토벌한 승려領軍討賊之僧'을 가리키는 명칭이다.[3] 도총섭·총섭의 지휘를 받는 의승군은 도원수都元帥의 절제節制 하에 관군과 협력하거나 또는 독자적으로 전투 임무를 수행하는 한편 군량운송과 산성 축성 등 후방지원을 담당하며 준관군準官軍의 형태로 활동하였다.

왜란 당시 의승군의 활약상[4]

시 기	활약상
선조 25년 8월	靈圭軍·趙憲軍 청주성 수복
선조 25년 8월	영규군(800명)·조헌군(700명) 錦山 전투, 전멸
선조 25년 10월	信悅軍·진주성 방어전 때 丹城에서 전투

---

3 『선조실록』 48권, 선조 27년 2월 27일조.

선조 26년 1월	休靜・惟政軍 평양성 탈환 전투 참전
선조 26년 1월	處英軍 행주산성 전투에 참전
선조 26년 7월	義能・三惠水軍 薺浦 공격에 참전
선조 26년 6월	惟政軍 진주성 방어전 참전
선조 26년 7월	도총섭 휴정 1백 명의 승군과 還都하는 大駕수행

4

임진왜란 초기 의승군의 활약상이다. 지상전뿐만 아니라 해전에서도 대규모의 승군이 활약했는데, 1592년 10월 이순신 장군이 조직한 의승수군義僧水軍은 300여 명이나 되었다고[5] 한다. 선조 26년 4월 서울이 수복되고 왜적이 남하하여 전황이 소강상태로 접어들면서부터는 의승군은 군량운송, 산성 축성, 둔전屯田 개간, 농사, 뗄감 마련 등 전쟁물자 비축의 임무를 수행하였다.

한편 의승군은 정묘호란과 병자호란 당시에도 활약하였다. 정묘호란 때에 활동한 의승장 명조(明照, 1593~1661)는 휴정-유정계의 법맥을 잇고 있었다. 그는 1627년(인조 5) 후금後金이 내침來侵했을 때 조정으로부터 8도의승도대장에 임명되어 4천여 명의 의승군을 거느리고 안주安州에서 항전하여 큰 전공을 세웠다.[6] 벽암 각성(碧巖覺性, 1575~1660) 역시 왜란 당시 명나라 장군 이종성李宗城과 함께 해전海戰을 지원했고, 1636년(인조

---

4 표는 李章熙의 연구성과(「壬辰倭亂僧軍考」, 『李弘稙博士回甲記念 韓國史學論叢』, 1969)를 참고하였다.

5 慈雲 圓正, 「順天府靈鷲山興國寺禪堂修緝上樑記」, 흥국사유물전시관 소장(당시 승군 300명의 법명과 14암자가 수록되었다.)

6 李景奭, 「虛白堂大師碑銘」, 『朝鮮金石總覽』 下, 914쪽.

14) 병자호란 때는 의승군 3,000명을 모아서 항마군이라 이름 짓고, 호남의 관군과 함께 적들을 섬멸하면서 남한산성으로 향하였다. 또한 1624년(인조 2) 승군의 남한산성 축성시에는 8도 도총섭으로 역사를 감독하여 3년만에 축성을 완성한 바 있다.

사명 유정은 네 차례에 걸쳐 대표로 나아가 적진에서 가토 기요마사[加藤淸正]와 회담하기도 했다. 그는 제1차 회담(1594년 4월 13~16일)·제2차 회담(1594년 7월 12~16일)·제3차 회담(1594년 12월 23일)·제4차 회담(1597년 3월 18일)에서 논리적인 담판으로 일본의 요구를 무력화시켰다. 1604년 휴정의 부음을 받고 가던 중, 선조의 명으로 일본에 가서 성공적인 외교 성과를 거두었고, 전란 때 잡혀간 3,000여 명의 동포를 데리고 1605년 4월에 귀국하였다. 같은 해 10월에 묘향산으로 들어가 휴정의 영전에 절하였다.

  a. 상이 정원에 전교하기를, "休靜은 비변사의 啓辭에 따라 당상관에 제수했는데 方外의 老僧에게 당상관이 무슨 상관이 있겠는가. 근래 승려들이 적을 斬獲한 것은 모두 휴정의 倡率에 의한 것이니, 그에게 비단 1필을 하사하고 그의 弟子에게는 공이 있는 사람의 아들과 사위, 동생과 조카에게 관직을 제수하는 예에 따라 軍職을 제수하기도 하고 免役시키기도 하되 그들이 원하는 대로 하게 하라." 하니, 비변사가 획계하기를, "沙彌에게 군직을 제수하거나 면역시키는 일은, 그 중에 특출하여 칭송할 만한 자로는 俗名이 郭彦秀인 義嚴과 속명이 卞獻인 雙翼이 있습니다. 의엄은 전에 왜적을 만났을 때와 군량을 모집할 때에 모두 공이 있었는데도 관직을 원하지 않았고 지금도 관직을 원하지 않고 禪家의 判事가 되기를 원하니, 該曹로 하여금 원하는 대로 직첩

을 주게 하소서. 변헌은 이미 司正을 제수하였으니 司果로 승진시키소
서."하였다.[7]

b. 비변사가 아뢰었다. "都摠攝 僧人 休靜이 보고한 軍功의 成册에
의하면, 天祐는 3級을 베고 일곱을 죽였으며, 一諄은 1급을 베고 여덟
을 죽였다 했으니 該曹로 하여금 禪科를 成給하여 용동의 방법으로 삼
아 즉시 전쟁터로 달려가게 하는 것이 어떻겠습니까?"[8]

c. 비망기를 내렸다. 1. 惟政의 僧軍은 비할 수 없이 용감한데 이제
또 왜적을 죽여 수급을 베고 배를 빼앗았으니, 즉시 공로에 따라서 중
한 상을 주라. 그리고 승군이라 하여 施賞을 늦추어 그들의 마음을 실
망시키지 말 것이며, 그 상이 禪科에 해당하는 자는 앞서 전교한 대로
또한 즉시 급과(給科)하라.[9]

전란이 소강 국면에 접어들자 선조는 청허의 공훈을 인정하여 당상관
에 제수했다. "방외方外의 노승老僧에게 당상관이 무슨 상관이 있겠는가."
라고 한 것은 왕이 청허에게 병권을 주고, 당상관까지 제수하자 조정의
반대여론이 들끓자 이를 완화시키고자 한 의도였다. 청허는 보고서를 만
들어 군공을 세운 승군이 선과첩禪科牒을 받도록 조치하였다. 유정 역시

---

7 『선조실록』 선조 26년 5월 15일조.
8 『선조실록』 선조 26년 7월 19일조.
9 『선조실록』 선조 26년 9월 8일조.

당상관에 제수했으며, 휘하 승군들에게 공에 따라 시상하도록 하였다.

2. 호법의 가치

의승군의 호국을 위한 위법망구爲法忘軀의 노력은 호국에만 국한된 것은 아니었다. 호법을 위한 고군분투이기도 했다. 청허 휴정(1520~1604)은 대흥사를 두고 '종통宗統이 돌아갈 곳'이라고 하였고, 정조는 『금자보장록金字寶藏錄』에서 대흥사가 청허의 의발이 있고, 그의 영정影幀도 있으며, 기일에 제사를 지내며, 죽음에 이르러 부탁한 물품이 지금도 전해져 오니 '팔로八路의 종원宗院'이라고 하였다. 정조는 1788년(정조 12) 대흥사에 사당을 건립하라는 명과 함께 '표충表忠'의 판액을 내렸다.

정조가 말한 '팔로八路의 종원宗院'은 조선 승가의 법통法統이고, 청허가 말한 '종통宗統'은 대흥사가 조선불교의 법통과 법맥뿐만 아니라 선교학을 비롯한 수행체계의 종원宗院으로 조선불교의 중흥지가 될 것이라는 의미를 지니고 있다. 청허 입적 후 불교계는 활로를 찾기 위해 동분서주했다. 불교계에 대한 긍정적 인식과 함께 정체성 확인을 위한 자구적인 노력이 이루어졌다. 임제법통과 법맥을 확립하고자 했으며, 선교학의 통합 분위기 속에서 선주교종禪主敎從의 입장을 확고히 하였다. 염불과 주력呪力 역시 수행체계에 편입시켜 승가뿐만 아니라 세속의 중요한 신앙으로 유행하였다. 이것이 호국의승군이 활약한 임진왜란과 병자호란이 지나고 17세기와 18세기에 이루어진 일이다. 대흥사는 이 시기 동안 청허의 유언대로 종통이 보존된 종원이 되었다. 법통과 법맥이 보존되었을 뿐만 아니라 12종사宗師와 13경사經師가 배출되어 고려중기 이후 쇠퇴한 선교학의 명맥을 잇고 있었다.

청허의 유언을 조선불교계에 천명하고 대흥사를 종통宗統이 돌아갈 곳으로 만들기 위해 진력한 인물이 편양 언기(鞭羊彦機, 1581~1644)이다. 그는 어려서 청허의 제자 현빈(玄賓, 印英)에게 구족계를 받았고, 장년이 되어 청허에게 귀의하여 그의 심법心法을 모두 전수받았다.[10] 청허의 인印을 증명받은 제자 가운데 가장 어렸던 편양은 청허의 생애를 정리했고[11] 문집을 간행했으며[12] 비문을 세웠다.[13] 임제 법통과 그에 기초하여 태고 법맥을 확립했으며, 대흥사에 선교학을 비롯한 수행체계를 뿌리내리기도 하였다. 대흥사 12종사와 경사가 대부분 그의 그늘에서 태어나 선교학 중흥의 꽃을 피웠다.

대흥사는 "화엄대회華嚴大會에 수미首尾가 서로 계승하여 여러 스님들의 경 읽는 소리가 두륜頭輪의 산악을 흔들었다. 구름이 모여들어 침계루枕溪樓를 삼키니, 드디어 팔로八路의 승려 대중들이 대둔사로 귀의하여 다 종장宗匠이 되었다."[14] 이와 같은 상황으로 보아 대흥사의 화엄강회는 조선후기 불교계의 대표적인 화엄학 연구뿐만 아니라 그 발달을 이끌었던 원천이었을 것이다. 그런가 하면 청허를 비롯한 선각자들이 조선불교의 근본을 정립하고 그 정체성을 마련하기 위한 절실한 이유는 부처의 혜

---

10 梵海 覺岸, 「鞭羊宗師傳」, 『東師列傳』(『韓佛全』 10, 1020a).

11 鞭羊 彦機, 「金剛山退隱國一都大禪師禪教都揔攝賜紫扶宗樹教兼登階普濟大師清虛堂行狀」, 『清虛堂集』補遺編(『韓佛全』 7, 735b).

12 李 植, 「清虛堂集序」, 『清虛集』 卷1(『韓佛全』 7, 658c~659c).

13 李廷龜, 「有明朝鮮國賜國一都大禪師禪教都揔攝普濟登階尊者扶宗樹教西山清虛堂休靜大師碑銘幷序」, 『月沙集』 제45권, 碑.

14 이능화, 「輿地勝覽寺社事蹟」, 『朝鮮佛教通史』 下, 신문관, 1918.

명慧命을 이어가기 위한 것이었다. 그러므로 환성 지안과 같은 인물은 대승경전 뿐만 아니라 선종 5가五家의 체계를 세워 종합적인 교의를 집대성하고자 하였다. 즉 그는 선종의 여러 저술 가운데 요의要義를 골라서 『선문오종강요禪門五宗綱要』를 통해 임제종지의 3현三玄·3구三句·3요三要의 상관관계, 그리고 운문종雲門宗의 3구三句 및 조동종曹洞宗의 5위五位 사상 등을 폭넓게 주해하였다. 다섯 갈래의 근원과 개성을 구분한 것이었다. 사실 조선시대의 선법은 새로운 선법의 교의와 선리를 내놓지 못하고 기존의 선법에 대한 재해석만이 이루어지고 있었다.[15] 환성 지안은 전대의 현자賢者들의 저술에 의거했으므로 조금도 억지스러운 것은 아니었다고[16] 한다. 이능화 역시 "환성의 『오종강요』는 『인천안목人天眼目』과 『선가귀감禪家龜鑑』 등의 책을 인용하고 털끝만큼의 기력도 낭비하지 않았다. 그러나 다만 명기용·明機用, 명절단明截斷, 명향상明向上, 명체용·明體用, 명유심明唯心 등의 글자를 더하고, 위로는 서산5가西山五家의 가풍을 서술하였으며 아래로는 백파 3구白坡三句의 도해圖解에 이르렀다. 이것을 한 통의 물로써 한 통을 물에 따르는 것이라고 하는 것인가."라고[17] 하여 환성 지안의 노고를 칭송하였다. 예컨대 지안은 오가의 특징을 서술하여, 임제종은 '기용을 밝힌다明機用'고 하고, 운문종은 '절단을 밝힌다明截斷'고 하였으며, 조동종은 '향상을 밝힌다明向上'고 하고, 위앙종은 '체용을 밝힌다明體用'고 하였으며, 법안종에 대해서는 '유심을 밝힌다明唯心'고 하였다. 그리고 오가의 강요가 될 만한 중요한 개념들에 대해서 설명하였는데,

---

15 김호귀, 「『禪門五宗綱要』의 구성과 사상적 특징」, 『선학』 15, 한국선학회, 2006, 10쪽.
16 涵月 海源, 「禪門五宗綱要序」, 『禪門五宗綱要』(김호귀 역주, 『선문오종강요』, 도서출판 석란, 2009, 160쪽)
17 이능화, 「志安採集五宗綱要」, 『조선불교통사』 하, 1918.

임제종의 3구三句·3현三玄·3요三要·4료간四料揀, 운문종의 3구三句·1자
관一字關, 조동종의 편정오위偏正五位·공훈오위功勳五位, 위앙종의 3종생三種
生, 법안종의 6상六相·천태 덕소天台德韶의 4료간四料揀 등에 대한 제가諸家의
해설을 싣고 있다. 禪法에 대한 이 기본적인 개념 정립과 해석은 선법에 대
한 이해가 규명되지 못한 상황에서 매우 중요한 의미와 가치를 지니고 있었
던 것이다.

환성의 법을 이은 호암 체정(虎巖體淨, 1687~1748) 역시 대흥사 정진당精
進堂에서 『화엄경』 강회를 크게 열기도 했지만, 연담 유일(蓮潭有一, 1720
~1799)을 불러 부촉하여 말하였다. "기구箕裘를 이어 내 법을 잘 보전하
도록 하라. 너는 부디 부지런히 배우고 행업行業을 신중히 하여 우리 법
통이 끊어지지 않게 하라. 이번 행차는 기약이 되어서 가는 것이니, 너
에게 손도끼鉏斧子를 주는 것이다."라고[18] 하고는 입적했다고 한다.

아, 禪林에 가을은 짙어지는데, 사람의 근기는 이렇게 낮아서 곳곳
의 叢林마다 참선납자가 눈에 띄게 줄었구나. 비록 남아있다 하더라도
長遠心도 決定志도 지니지 못한 채, 한가롭게 세월만 보내며 하루 정
진하고 열흘을 쉬는구나. 이와 같이 해서는 어찌 조그마한 결과조차
기대하겠는가. 옛사람은 말하기를, "一大事因緣을 아직 밝혀내지 못했
으면 부모를 잃은 것같이 하고, 일대사인연을 이미 밝힌 때에도 부모
를 잃은 것같이 하라"고 하였다. 하루 종일 전전긍긍하면서 애쓰기를
마치 깊은 못에 빠진 것같이 하고 얇은 얼음을 밟듯이 해야 한다. 때

---

18 범해 각안, 「호암종사전」, 『동사열전』 3권(『韓佛全』 10, 1026a).

문에 湧泉선사는 40년 동안 마음이 흐트러지지 않았고, 또 趙州선사는 30년 동안 용심을 잃지 않았다. 어찌 오늘날 그와 같이 하기가 쉽겠는가? 그러나 수행하는 사람은 마땅히 그 몸과 행동을 함부로 해서는 안 될 것이니, 절대로 대강대강 수행해서는 안 된다. 지혜의 칼을 잡아들고서 萬緣을 모두 잘라 베어버리면 온갖 꽃이 핀 숲속을 지나더라도 하나의 잎도 묻지 않을 것이니, 비로소 약간이라도 상응하는 곳이 있을 것이다. 반드시 진흙 소가 입김을 토해내는 것을 알아야만 아름답다 할 것이고, 마른 나무에 꽃이 피는 소식을 알아야만 비로소 기이하다 할 수 있다. 말해 보아라. 大道를 깨치지 못했을 경우에는 부모를 잃은 것처럼 슬프겠지만, 大道를 이미 깨치고 났는데도 무엇 때문에 부모를 잃은 것같이 슬프다는 것인가? 아직도 가야할 길이 멀기만 하구나.[19]

　호암 체정의 법을 받은 연담 유일이 당시 불교계의 선 수행 경향을 지적하고 있다. 예컨대 팔도의 총림叢林에 참선납자가 눈에 띄게 줄었다는 것이다. 비록 남아있다 하더라도 깊이 생각하고 결기조차도 없이 하루 정진하고 열흘을 쉰다고 하니 결과를 기대하기는 어렵다고 하였다. 연담은 일대사인연一大事因緣을 밝히기 위해서는 아이가 부모를 잃은 것 같이 하고 하루 종일 전전긍긍하면서 애쓰기를 깊은 물에 빠진 것과 같이 해야 한다고 강조하였다. 그는 학인들에게 절대로 대강대강 수행해서는 않된다고 당부하고는 지혜의 칼을 잡고 만연萬緣을 모두 잘라 베어버리

---

19 蓮潭 有一, 「示衆禪人」, 『蓮潭大師林下錄』 卷4(『韓佛全』 10, 277c).

면 온갖 꽃이 핀 숲속을 지나더라도 하나의 잎도 묻지 않을 것이니 비로소 약간이라도 상응 할 것이라고 하였다. 그는 아직도 가야할 길이 멀기만 하다고 탄식하였다.

> 또 善友들의 법회에 참가하는 일은 적었지만, 내가 첫 번째 靈虛社主를 만났고, 두 번째 碧霞社主를 만났고, 세 번째 龍巖社主를 만났고, 네 번째 靈谷社主를 만났으며, 다섯 번째 先師 일곱 분을 만나 모시고 5년을 지냈고, 여섯 번째 雪坡社主를 만났고 일곱 번째 楓巖社主를 만났으며, 여덟 번째 霜月社主를 만났고, 아홉 번째 龍潭社主를 만났고, 열 번째 影海社主를 만났으니 전후 열 번이나 大法師의 법회에 참가하여 받들고 주선해 감히 불도를 실추하지 않았다[20]

연담이 살아온 행적을 적은 자보행업自譜行業 가운데 일부분이다. 그가 열거한 스승들은 대부분 당시 불교계의 대표적 인물들인데, 이들은 교학뿐만 아니라 선을 수행했던 인물들이다. 예컨대 1741년 해인사의 호암 체정의 문하에 있을 때는 "『염송』을 배우고, 교문敎文을 말미암아 선문禪門에 들어가기까지는 속문俗文을 말미암아 불경佛經에 들어가는 어려움과 같았다."고 술회하였다.

> 나는 스스로 알지 못하지만 / 惟吾自不會
> 이 도는 본래 원만하고 분명하네. / 斯道本圓明

---

20 蓮潭 有一, 「蓮潭大師自譜行業」, 『蓮潭大師林下錄』 卷4(『韓佛全』 10, 2831c).

기와나 자갈도 마침내 成佛하고 / 瓦礫終成佛

허공이 講經을 알아듣네. / 虛空解講經

연못에 핀 꽃은 달빛을 받아 환하고 / 池華承月白

산 기운은 가을의 청량함을 띠는 구나 / 山氣帶秋淸

바람이 담장 서쪽 대나무에 부딪히니 / 風打墻西竹

모름지기 눈으로 듣도록 하여라. / 端須以眼聽[21]

연담이 읊은 '선지禪旨'라는 시이다. 시라기보다는 깨달음의 경지를 읊은 게송이라고 해야 제격이다. 이 도는 알음알이로 알지 못하지만, 본래 원만하고 분명하다는 것이다. 분별로는 헤아릴 수 없는 이 경지면 기와나 자갈도 성불하고 허공 역시 강경講經을 알아듣는다는 것이다. 그가 말한 "연못에 핀 꽃은 달빛을 받아 환하고, 산기운은 가을의 청량함을 띤다는 것은 눈앞에 펼쳐진 진여眞如의 세계를 말한다. 새로운 것도 없고, 반복되는 산빛과 대숲의 바람 소리뿐이라는 것이다. 때문에 연담은 바람이 담장 서쪽 대나무에 부딪히니 눈으로 들으라고 강조하였다. 분별과 망상, 그리고 집착이 대나무 부딪히는 소리를 귀로 듣고자 할 뿐이다.

이와 같이 대흥사 12종사와 강사는 표면적으로는 『화엄경』을 중심으로 한 교학 연찬에 더욱 몰두한 것 같지만, 수행과 그 궁극의 경지가 화두참구에 의한 선 수행을 통해 이루어진다는 점을 알고 있었고, 사교입선捨敎入禪의 과정을 거치고 있었다. 요컨대 이들은 18세기를 정점으로 그 전후 시기의 불교계에 선교학을 근간으로 한 수행풍토를 체계화시켰

---

21 蓮潭 有一, 「禪旨」, 『蓮潭大師林下錄』 卷4(『韓佛全』 10, 231b).

고, 조선불교의 정체성을 확립하는데 기여하였다.

이상 조선후기 대흥사는 탄압과 수탈로 폐허가 되다시피한 선교학과 수행체계를 확립해 나갔다. 결국 호국으로 시작된 조선불교의 정체성은 궁극적으로 불교사상과 수행을 체계화시키고자 했던 호법護法으로 귀결되었다.

3. 國家再造의 가치

의승군이 지닌 국가재조의 가치는 첫째, 산성축조와 방비이다. 왜란과 호란 이후 조선은 전쟁과 자연재해로 혼란과 격동의 연속이었다. 전란이 거듭되면서 생산구조는 파괴되고 국가재정은 궁핍하여 위기의식이 팽배하였다. 흉년·기근·전염병은 인구감소의 직접적인 원인이었다.1 조선은 임진왜란(1592)이 발발한 이후 정유재란(1597), 정묘호란(1627), 병자호란(1636) 등의 전쟁이 있었고, 이 시기 동안에 해당되는 1601년부터 1750년 무렵까지의 기간에는 자연재해의 피해가 장기적으로 계속되었다. 전쟁과 자연재해로 인한 기근과 전염병은 많은 희생자를 초래하여 사회적으로 큰 타격을 입혔다. 특히 기온강하로 인한 우박·서리·대설大雪과 같은 자연재해는 농작물에 영향을 미쳐 전지田地의 결수結數가 감소되는 결과를 초래했다.

전란 이후 조선이 직면한 과제는 나라를 회복하는 일이었다. 국방강화는 가장 시급한 것이어서 팔도의 군사적 요충지에 산성을 축조하는 일은 전란 중에도 급선무로 대두되었다. 특히 산성축조와 수호의 필요

성을 역설한 사명당의 상소문은 그 영향이 컸다.[22]

선조대 축조 및 수호산성

지역	축성 및 수호산성
경상도	陜川(축조):三嘉山城·冶爐山城·金山山城[23]
	陜川(축조):岳堅山城·李崇山城·龍起山城[24]
	高靈山城, 安陰 등처의 산성축조[25]
전라도	南原(수호):蛟龍山城·錦城山城·笠巖山城·建達山城·修仁山城[26]
	和順(축조):同福山城·瓮城山城[27]
	智異山(축조):龜城山城[28]
경기도	驪州(축조):婆娑山城[29]
	龍津(수호):月溪山城[30]

산성은 선조 26년부터 28년까지 집중적으로 나타나고 있다. 그 방비
를 위한 승영사찰僧營寺刹의 창건도 본격적으로 시행되는데, 선조 27년에
는 장성의 입암산성笠巖山城을 축조하고 사찰을 지어 영구한 계책으로 삼

22 惟政, 「乙未上疏言事」, 『松雲大師奮忠紓難錄』(『韓佛全』 8, 98b)
23 『선조실록』 44권, 선조 26년 11월 7일조.
24 『선조실록』 48권, 선조 27년 2월 27일조.
25 『선조실록』 44권, 선조 26년 11월 7일조.
26 『선조실록』 44권, 선조 26년 11월 7일조
27 『선조실록』 44권, 선조 26년 11월 7일조.
28 『선조실록』 48권, 선조 27년 2월 27일조.
29 『선조실록』 61권, 선조 28년 3월 1일조.
30 『선조실록』 64권, 선조 28년 6월 12일조.

고자 현감 이귀李貴가 승려 법견(法堅, 1552~1634)을 불러 그 일을 주관하게 하였다.[31] 이후 병자호란 전후로 시행된 남북한산성의 축조는 승군제도가 조직적으로 정비된 계기가 되기도 하였다. 남한산성의 축조는 1624년(인조 2) 이괄李适의 난과 후금의 조선에 대한 압력이 점차 가중되자 그해 7월에 공사를 시작하여 1626년(인조 4) 11월에 완성되었다. 당시 총융사摠戎使 이서李曙는 승려 각성覺性과 응성應聖으로 하여금 팔도의 승군을 모집케 하여 2년 4개월 만에 공사를 마쳤다.[32] 축조 후 방어에 동원된 승려들은 하삼도下三道와 강원도江原道의 승려 가운데 도첩이 없는 자를 뽑아서 3개조로 나누어 부역하게 하고 부역을 마친 이후에는 도첩을 지급하여 돌아가게 하였다.[33] 북한산성 또한 강화도와 남한산성에 이어 나라의 보장지처保障之處로 인식하여 1711년(숙종 37) 4월에 승려를 동원하여 공사를 시작하고 그 해 10월에 완성하여 축성내역에 관한 별단別單을 올렸다.[34] 두 산성이 축조된 이후 방어를 위한 조치가 내려져 남한·북한산성에 각각 의승 350명씩 차례로 수호하였다.[35]

둘째, 의승군이 대규모 토목공사에 참여한 일이다. 의승군은 전란과 전염병으로 희생당한 시신을 매장하거나, 제언堤堰공사, 벌목과 석재를 운송하고, 벽돌을 굽는 일을 통해 전란 이후 국가 재조에 기여하였다. 전쟁과 혹심한 기근·추위가 엄습한 선조 26~27년에는 "경성 안팎에 시체가 많이 쌓여있었지만, 인력이 모자라 묻어주지 못하고 있는 실정이

---

31 『선조실록』 48권, 선조 27년 2월 27일조.
32 李能和(1918), 「南漢山寺守城緇營」, 『朝鮮佛敎通史』 下, 828쪽.
33 『비변사등록』 5책 인조 16년 2월 5일조.
34 『비변사등록』 63책, 숙종 37년 10월 18일조.
35 『숙종실록』 권55, 숙종 40년 9월 25일조 ; 『비변사등록』 제67책, 숙종 40년 9월 27일조.

어서[36] 의승군은 선조의 명으로 중앙과 지방에 산재한 시체와 해골을 묻어주었다. 이와 같은 사례는 자연재해로 인한 백성들의 희생이 지속되었던 1601년부터 1750년까지 계속 나타났다.

의승군은 전란으로 폐허가 된 궁궐과 관아의 중건공사뿐만 아니라 명나라 원병 장수의 공을 찬양하기 위한 생사당生祠堂 건립[37]이나 파괴된 왜관倭館을 신축하는 공사에[38] 동원되기도 하였다. 평안도 안주安州와 구성龜城에서는 성을 쌓기 위해 벽돌 굽는 일을 하였는데, 이것은 농사일로 바쁜 역부役夫를 대신하여 참여한 것이다.[39] 또한 승려들은 제언공사堤堰工事에도 동원되었다. 현종 대 민유중閔維重의 건의에 따라 승군이 100~400석을 수확할 만한 땅을 개간하기 위해 제방을 쌓기도 하였다.[40] 당시 승군이 조수간만의 차가 큰 전라도의 해안지역뿐만 아니라 팔도의 해택海澤이나 산야의 제언공사에 대규모로 동원된 것은 쉽게 짐작할 수 있는 문제다. 이밖에 의승군은 대규모 토목공사가 진행된 광해군 대에는 축성築城과 영건營建에 동원된 것은 기본이었고, 벌목과[41] 산에서 돌을 떠내는 일[42]뿐만 아니라 나무와 돌을 운반하는 힘겨운 일까지 담당해야만 했다.[43]

의승군이 이와 같은 각종 잡역에 동원된 것은 부족한 양역자원을 보충하는 것이 일차적인 요인이었지만, 조직을 구성하여 일을 효율적으로 하

---

36 『선조실록』 46권, 선조 26년 10월 2일조.
37 『宣祖實錄』 117권, 선조 32년 9월 26일조.
38 『肅宗實錄』 6권, 숙종 3년 2월 12일조
39 『宣祖實錄』 186권, 선조 38년 4월 13일조.
40 『현종실록』 21권, 현종14년 12월 18일조 : 『현종개수실록』 제27권, 현종 14년 12월 18일조.
41 『광해군일기』 157권, 광해군 12년 10월 2일조.
42 『광해군일기』 126권, 광해군 10년 4월 15일조.
43 『광해군일기』 126권, 광해군 10년 4월 7일조 : 제126권, 4월 19일조 : 제126권, 4월 23일조.

였기 때문이었다. 현종 대의 광주부윤 심지명沈之溟이 "승군은 일반 백성이 3일 동안 할 일을 하루에 마친다"[44]고 언급한 것처럼 노역勞役에 사력死力을 기울이기 때문이었다. 때문에 역사役事가 시행되고 있었던 소所에서는 일반 백성보다는 다투어 승군을 요청하였다.[45] 한편 승려들이 담당했던 산릉역山陵役은 장기간에 걸쳐 비교적 많은 인원이 동원되는 노역勞役이었다. 산릉역에 동원된 역승은 1608년(광해군 1)부터 1757년(영조 33)에 이르는 150여 년 동안 총 40,000여 명에 이른다.[46] 승군은 8도에서 징발되었는데, 1680년(숙종 6) 인경왕후산릉역仁敬王后山陵役에서는 최대 3,600명이나 동원되었다. 당시 전라도와 경상도의 승려들이 1,200명씩이나 대규모로 동원되었는데, 두 지역의 승려들은 산릉역이 진행되는 동안 8도 가운데 가장 많은 인원이 동원되었다. 요컨대 의승군은 왜란과 호란에 참전했을 뿐만 아니라 전란 이후 폐허가 된 조선을 재건하는데 없어서는 않될 귀중한 존재들이었다.

4. 사회경제적 가치

두 차례의 전란과 17세기 자연재해로 인한 전염병과 굶주림으로 인한 인구감소, 토지황폐화와 식량난은 조선의 사회경제적 위기를 가중시켰다. 군신은 부족한 양역자원良役資源의 확보와 백성의 부담을 경감시켜주

---

44 『현종실록』 17권, 현종 10년 6월 20일조.
45 『광해군일기』 126권, 광해군 10년 4월 28일조.
46 윤용출, 『조선후기의 요역제와 고용노동』, 서울대학교출판부, 1998, 142쪽 〈표1〉 참조.

기 위한 중요한 문제에 직면하였다. 더욱이 지속적인 인구감소와 함께 군역을 중심으로 한 양역기피 현상은 국방강화와 대규모 토목공사 등을 더욱 어렵게 만들었다. 조정은 1608년(광해군 즉위년) 경기도부터 대동법 大同法을 시행하여 백성들의 부담을 덜어주고자 하였다. 대동법은 군역軍役의 문란, 공물貢物 납부를 대행하던 방납防納의 폐단과 같은 가혹한 수취체제를 개선하여 재정위기를 극복하고 동요하는 농촌사회를 안정시키고자 한 대책이었다. 백성들이 현물現物과 노역勞役으로 부담하고 있던 공물·진상·요역徭役 등을 전결미田結米로 대신 수취하였다. 그 부담이 경감된 것이다. 이와 같은 수취체제의 개선은 제도적인 보완을 했지만, 그 공백은 적은 것이 아니었다. 불교계의 종이생산과 납부, 산릉 역과 다양한 잡역雜役 동원은 대동법 시행에서 제외되었고, 백성들을 동원할 수 없었기 때문에 불교계가 부담할 수밖에 없었다. 더욱이 스님들이 지닌 노동력은 일반 백성들의 그것보다 우수하여 관리들조차도 승려들을 요청하였다. 때문에 사원경제를 더욱 곤궁하게 만든 원인이 되었다.

한편 종이 생산과 상납은 전란 이후 불교계가 담당했던 대표적인 사회경제적 참여이기도 하였다. 양난 이후 국가 수용의 종이가 점차 사찰에 부과되기 시작한 것은 전란을 계기로 종이를 만들었던 조지서造紙署혁파를 비롯한 관제지官製紙 체계가 붕괴되고, 백성의 부담을 덜기 위해 시행한 대동법이 결정적인 계기가 되었다. 사찰은 종이를 생산할 수 있는 자연적 여건이 잘 갖추어져 있었으며 제지기술 또한 전통적으로 탁월했다. 예컨대 영남지방은 그 토질이 저楮의 생육에 알맞아 영남 70주州의 사찰이 공사간公私間의 비용을 충당하고 자생력을 갖출 정도로 종이 생산은 중요한 업이 되었다.[47]

삼남지방의 사찰이 생산한 종이는 중앙 및 지방관청 등 다양한 곳으

로 납부되었다. 중앙 납부처는 성균관成均館·교서관校書館·예조禮曹뿐만
아니라 대전大殿 등에도 납부하였다. 지방은 병영兵營과 공방工房 등에 납
부되었다. 특히 전라도 승평부의 대광사는 종이 납부처가 중앙 7곳과
소속관청 3곳이나 되었으며, 납부하는 종이의 양만 해도 184권 33첩貼이
나 될 정도로[48] 그 양이 많았다. 사찰의 종이납부는 대부분 현물납부가
일반적이었지만, 현물 대신 돈으로 대납한 경우도 있었다.

결국 전란 이후 조정은 인구감소로 인한 노동력 확보에 직면했고, 대
동법 시행이라는 백성의 부담을 덜어주어야 하는 진퇴양난의 상황을 불
교계에서 해소하였다. 불교계는 대동법 시행으로 백성들을 동원할 수
없었던 사회경제적인 문제를 해결하기에 최적의 조건을 지니고 있었다.
불교계는 이와 같은 조선의 열악한 사회경제를 해소하는데 절대적인 역
할을 했지만, 혹독한 수탈과 착취로 스님들은 환속하고 유서 깊은 사찰
은 뱀과 쥐의 소굴이 되기도 하였다.

5. 宣揚의 가치

호국의승군의 국가적 기여는 조선의 유학숭상과 불교를 이단으로 인
식한 탓에 소홀히 취급하였다. 전란 이후 불교에 대한 사회적 인식이 긍
정적으로 변한 것을 제외하면 실질적으로 변한 것은 아무것도 없었다.

불교가 중국에서부터 해동에 이른 지가 1천 7백여 년이 된다. 돌이

---

47 「孤雲寺善政碑閣記」, 『佛敎』 新第22호, 1940, 35쪽.
48 『昇平志』 卷1(『邑誌』 全羅道①, 아세아문화사, 461쪽).

켜 보건대, 우리 조정에서는 유교를 숭상하고 도(道)를 중하게 여기는 것으로 국가를 다스리는 도구로 삼아, 300의 郡縣에 모두 夫子의 廟가 있어 멀거나 가까운 곳 할 것 없이 봄에는 거문고를 타고 여름에는 시를 읊어서, 이단의 學인 도교가 마침내 전해지지 않았고, 오직 승려들만 한갓 오래된 절을 지키고 있을 따름이었다. 그러나 깊은 산골짜기의 우거진 숲속이나 큰 늪 가운데는 호랑이와 표범의 소굴이기도 하며 못된 무리들이 서식하는 곳이기도 하여, 簿書가 이르지도 못하며 訴訟이 있지도 아니하고 兵食을 의뢰하지도 못한다. 그래서 比丘大衆으로 진정시켜 길이길이 큰 재난에서 보호받게 하니, 대체로 승려들이 참여하여 거기에 힘을 썼다. 이것이 『범우고』를 짓게 된 까닭이기도 하며, 또한 鐘山書院에 불교 서적을 두어서 주자를 위해 게시해 두고 보았던 남은 뜻을 모방한 점이 있는 것이다.

정조의 명으로 편찬한 『범우고』의 제문題文이다. 정조는 불교에 우호적인 왕이 아니었다. 즉위 후 규장각을 설치하여 문화정치를 표방했고, 성리학을 진흥시키고자 했다. 반면 조상의 극락왕생을 기원하는 원당願堂을 철폐하였고, 승려들의 도성출입을 엄중히 금지하기도 했다. 이단을 혁파하고 풍속을 바로잡아 교화에 도움이 되고자 하는 것이 불교억압의 배경이었다.

정조는 『범우고』제문에서 불교가 중국에서 전래 되었지만, 조선은 유교를 숭상하여 도교는 자취를 감췄고, 불교는 승려들이 절만을 지키고 있을 정도로 이단이 쇠락했음을 전제하였다. 그러나 궁벽진 산골은 나라의 법령과 제도가 미치지 못할 뿐만 아니라 억울한 일을 당하여 소송할 수 있는 길도 없으며, 위태로운 상황에서 군대와 군량미조차도 의뢰하지 못할 지경이었다고 하였다. 다행히 스님들이 존립하여 최소한의 법령과 제도가 전해지고, 군대와 군량미를 마련하여 임진왜란과 병자호란과 같은 전란에 참여하여 나라를 재난에서 구해낸 것이라고 하였다. 정조가 조선왕조의 기틀을 마련하는데 참여한 무학대사나 휴정·유정과 같은 호국승려라든가 왕실불교와 관련된 사찰에 대해서 각별히 호의적인 태도를 보인 이유이기도 하다.

정조는 글의 첫 부분에서 "부서簿書는 옛날에도 있었지만, 예악禮樂이 우선이고, 소송은 옛날에도 있었지만 교화가 실제가 되고, 병식兵食은 옛날에도 있었지만 풍속이 근본이 된다."고 하였다. 요컨대 불교가 비록 이단이지만, 국가 운영의 기본이기도 한 예악과 교화, 풍속의 유지에 힘쓰는 바가 지대하다는 것을 강조하였다. 더욱이 이러한 이유가 『범우고』를 짓게 된 까닭이라고 하였으니 편찬 목적이 불교를 탄압하거나 승려에게 잡역雜役을 부과하거나 잡공雜貢의 수취를 위한 것과는 거리가 먼 것임을 알 수 있다. 1738년(재위 12년) 7월에는 호조판서 서유린徐有隣의 청으로 대흥사 청허 휴정의 사당에 '표충表忠'이라는 편액을 내렸으며 1742년(즉위 16년) 윤4월에는 석왕사에 '석왕釋王'이라는 사액을 내리기도 하였다.

> 석왕사 토굴의 옛터에 無學大師의 조그마한 초상이 있는데, 승려들이 모두 말하기를 휴정과 유정은 임진왜란 때의 전공으로 모두 사당을 세우고 賜額하였는데, 무학대사는 곧 開國元勳인데도 전적으로 奉享하는 곳이 없으니, 돌아가면 임금께 아뢰어 조그마한 초상을 모사하여 토굴에 모시고 봄가을로 제사를 지내도록 해주기 바란다.'고 하였습니

다. 청컨대 소원대로 허락하소서. 하니, 따랐다. 인하여 명하기를, "사액하는 일은 밀양의 표충사와 해남의 대둔사의 전례에 따르고, 대사의 호 또한 두 절의 전례를 적용하여 額은 석왕이라 하고 대사의 호는 '개종입교보조법안광제공덕익명흥운대법사(開宗立敎普照法眼廣濟功德翊命興運大法師)'라고 하라.

『정조실록』에 수록된 내용이다. 정조는 사액을 내리기 전에 이미 석왕사에 관심을 가지고 있었다. 즉위 14년에는 석왕사에 비석을 세울 것을 명했고 다음 해에는 직접 비문을 써주기도 하였다. 이와 같은 관심은 동년 5월 "석왕사는 王業이 일어난 곳이므로 다른 곳에 비해 소중하기가 각별하다."고 한 그의 언급에서도 알 수 있다. 급기야 호조판서 서호수徐浩修의 청으로 사액을 내렸다. 대흥사에 '표충表忠', 묘향산에 '수충酬忠'이라는 사액을 내린 일 역시 임진왜란 당시 청허 휴정과 승군의 전공戰功에 기인한 것이었다. 이밖에 정조는 이미 퇴락한 장안사長安寺를 중수하여 다시 스님들이 머물게 해주었다. 요컨대 정조가 석왕사에 비를 세우고 대흥사와 표충사에 사액을 내린 것은 이전 시기부터 불교와 스님들이 왕조의 개창과 위기상황에서 왕조를 수호하는 역할을 한 결과였다.

유정이 입적한 후 8년 무오(광해군 10, 1618)에 문인들의 호소에 의하여 임금이 특별히 출생지인 밀양 載藥寺에 사당을 세우게 하고 '表忠'이라는 편액을 내렸으며, 그의 스승 서산 대사도 그곳에 함께 배향하게 하였다. 그 후 137년이 지나서 그의 5세손 南鵬이 표충사가 퇴락한 것을 민망하게 여겨 재물을 모아 중건하고 여러 군자들에게 간청하여 『詩文集』1권과 『奮忠紓難錄』1권을 만들었다. 이 책은 靑泉 申維

翰이 기술한 것으로서 2권으로 되어 있으며, 간행되어 세상에 유포되어 있다.[49]

사명당의 입적 후 광해군이 사명당의 충정을 기려 사당을 세웠지만, 시간이 흘러 쇠락해지자 사명당의 5세손 남붕이 중창했다는 기록이다. 즉 남붕南鵬은 사당을 크게 중창하고자 1738년(영조 14)에 사명대사의 행적을 갖추어 임금에게 올리니, 임금이 교지를 내려 표충사의 잡역雜役을 면제하고, 전답田畓 5결을 내리고 경상도 관찰사에게 중수하도록 명하였다. 이때 남붕이 총책임을 맡고, 연초演初·취안翠眼·최심最心·상현尙玄 등이 도왔다. 사우를 3칸으로 하고 단청을 하였으며, 사명대사의 영정을 중앙에 모시고 동쪽에 서산대사, 서쪽에 기허당을 각각 모셨다.

불교는 조선에서는 이단의 종교였고, 공맹의 가르침을 섬겼던 신료와 사대부가 조선 땅에서 없애고자 했지만, 그 종교적 우수성과 국가사회적 기여는 불교가 지닌 정체성이었다. 때문에 불교를 탄압했던 군주조차도 그 가치를 잊지 않고 만대에 선양하고자 했다.

조선의 호국의승군은 외적의 침입에서만 나라를 구한 것은 아니다. 호국의 길이 호법을 위한 길이기도 했음을 잘 알고 있었다. 호국이 곧 정법구현正法具顯을 위한 지름길이었던 것이다. 의승군은 전란 이후 복구작업에 참여했고, 곤궁한 사회경제를 회복하는데 결정적인 역할을 하였다. 대동법과 균역법 시행으로 백성들의 부담이 가벼워지자 스님들은 제도 시행 이전의 백성들이 담당해야 했던 각종 부역을 떠맡기도 했다.

---

49 梵海 覺岸, 「泗溟尊者傳」, 『東師列傳』 第二(『韓佛全』 10, 1017c~1018a).

이와 같은 상황이 지속될수록 불교계는 환속자가 속출하고 수행도량은 텅비어 폐허가 되기도 하였다. 그러나 스님들은 사원경제의 자구책을 모색하였다. 대장간에서 쟁기를 만들고, 종이로 인형을 만들어 저자거리에 내다 팔아 기름을 구해 법당의 불을 밝혔다. 이것이 불교가 혹독하게 수탈과 착취당했던 시기에도 존립할 수 있었던 이유였다.

호국의승군에 대한 가치를 호국에만 국한시키기 보다는 범위를 넓혀야 한다. 조선의 스님들은 전란의 한복판이나 전란 이후에도 수행자의 본분과 함께 한 나라의 구성원으로 그 본분을 다했다. 그들이 나라의 재건과 운영에 주목할 만한 기여를 통해 국가와 사회에 대한 네 가지 은혜에 대한 보답을 실천하고 있었음을 재인식해야 한다.

참고문헌

〈사료史料〉

『世宗實錄』『成宗實錄』『燕山君日記』『中宗實錄』『宣祖實錄』『肅宗實錄』『光海君日記』『明宗實錄』『仁祖實錄』『顯宗實錄』『肅宗實錄』『顯宗改修實錄』『正祖實錄』『純祖實錄』『憲宗實錄』『高宗實錄』『備邊司謄錄』『經國大典』『弘齋全書』『淸虛堂集』『松雲大師奮忠紓難錄』『蓮潭大師林下錄』『東師列傳』『三老行蹟』『鞭羊堂集』『惺所覆瓿藁』『四溟堂大師集』『大芚寺志』『茶山詩文集』『華嚴淸凉疏鈔十地品 三家本私記-遺忘記』「孤雲寺善政碑閣記」「順天府靈鷲山興國寺禪堂修緝上樑記」『禪門五宗綱要』『栢庵集』『曹溪高僧傳』『影海大師詩集抄』『龍岳堂私藁集』『松廣寺史庫』『大覺登階集』『無用堂集』『明谷集』『汾厓遺稿』『東溪集』「諫廢釋敎疏」『海東湖南道智異山大華嚴寺事蹟』『朝鮮金石總覽』『嶺南邑誌』『朝鮮佛敎通史』『昇平志』『邑誌』慶尙道『邑誌』忠淸道『好隱集』『樂全堂集』『芝峯集』『月沙集』「昇平府曹溪山松廣寺嗣院事蹟碑」『華嚴寺碧岩堂覺性大師碑文」「報恩法住寺碧巖大師碑」「十六國師眞影記」『虛應堂集』『禪敎釋』『禪敎訣』『禪家龜鑑』『四溟堂大師集』『惺所覆瓿藁』『蘇齋集』『西厓先生別集』「高城 乾鳳寺泗溟大師紀蹟碑」『鵝溪遺稿』『西厓先生別集』『燃藜室記述』『論語』『維摩經』『忠經』『簡易集』『國朝寶鑑』『大東野乘』『象村先生集』『西厓集』『星湖全集』『燃藜室記述』『梧陰遺稿』『五洲衍文長箋散稿』『林下筆記』『芝山集』『澤堂集』『陶谷集』『藥圃集』『於于集』『龍潭集』『芝峯集』『孤臺日錄』『隱峰全書』『再造藩邦志』『梧陰遺稿』『厚光世牒』『東溟集』『牧民心書』『弘齋全書』『星湖僿說』『西域中華海東佛祖源流』『佛祖宗派之圖』

「金剛山退隱國一都大禪師禪敎都摠攝賜紫扶宗樹敎兼登階普濟大師淸虛堂行狀」「有明朝鮮國賜國一都大禪師禪敎都摠攝普濟登階尊者扶宗樹敎西山淸虛堂休靜大師碑銘幷序」「有明朝鮮國賜國一都大禪師禪敎都摠攝扶宗樹敎普濟登階尊者淸虛堂大師碑銘幷序」「華嚴寺碧岩大師碑」「昇平府曹溪山松廣寺嗣院事蹟碑」「松廣寺開創碑」「栢菴大禪師碑銘幷序」「虛白堂大師碑銘」

〈단행본〉

고교형 지음 / 이윤석・다지마 데쓰오 옮김, 『경성제국대학교수가 쓴 조선시대불교통사』, 민속원, 2020.
김기영, 『현정론・간폐석교소 : 조선시대의 호불론』, 한국불교연구원, 2003.

김동철, 『일본 근세 문헌의 한국관련자료 기초연구보고서』, 부산대학교 한국민족문화연구소, 2005.

김상영, 『표충사』, 대한불교조계종불교사회연구소, 2014.

김영욱·조영미·한재상 역주, 『精選 休靜』, 대한불교조계종 한국전통사상서 간행위원회 출판부, 2021.

密陽文化院 編, 『四溟堂 松雲大師 資料集』, 밀양문화원, 1998.

사명당기념사업회, 『사명당 유정-그 인간과 사상과 활동』, 지식산업사, 2000.

대한불교조계종역경위원회, 『한글대장경』 159, 「간폐석교소」 등, 동국역경원, 1983.

오경후, 『조선후기 불교동향사연구』, 문현, 2015.

_____, 『寺誌와 僧傳으로 본 조선후기 불교사학사』, 문현, 2018.

원 행, 『조선이여 법의 등불을 밝혀라』, 불교신문사, 2021.

자 현, 『백곡 처능, 조선 불교 철폐에 맞서다』, 조계종출판사, 2019.

〈논문〉

고영섭, 「浮休善修系의 禪사상과 法統인식」, 『한국불교사연구』 4, 한국불교사연구소, 2014.

_____, 「벽암 각성의 생애와 사상-李景奭 撰 「華嚴寺 碧巖堂 覺性大師碑文」을 중심으로」, 『강좌미술사』 52, 한국불교미술사학회, 2019.

김동화, 「사명대사의 사상」, 『불교학보』 8, 동국대학교 불교문화연구원, 1971.

김 범, 「조선시대 사림세력 형성의 역사적 배경」, 『국학연구』 19, 한국국학진흥원, 2011.

김승찬, 「사명당 구비서사물의 연구」, 『인문논총』 56-1, 부산대학교, 2000.

김지현, 「19세기와 20세기 초 念佛契의 성행과 念佛堂 건축」, 서울대학교 석사학위논문, 2000.

김세영, 「조선후기 화엄불사의 지역적 유행과 승려문중교류 : 송광사 화엄전 불사를 중심으로」, 『미술사학』 40, 한국미술사교육학회, 2021.

김정희, 「벽암 각성의 불화 조성」, 『벽암 각성과 불교미술문화재 조성』, 사단법인 한국불교사연구소, 한국미술사학회, 2018.

김 호, 「16세기 말 17세기 초 '疫病' 발생의 추이와 대책」, 『한국학보』 71, 일지사, 1993.

김호귀, 「『禪門五宗綱要』의 구성과 사상적 특징」, 『선학』 15, 한국선학회, 2006.

김호귀 역주, 『선문오종강요』, 도서출판 석란, 2009.

나종일, 「17세기 위기론과 한국사」, 『역사학보』 94·95합집, 역사학회, 1982.

동국대학교 불교문화연구원, 『한국선사상연구』, 동국대출판부, 1984.

동국대불교학술원·중앙승가대 불교사학연구소,『사명대사의 호국활동과 현대적 계승』세미나자료집, 2017.

문명대, 「벽암 각성의 조형 활동과 불상 조성」,『강좌미술사』52, 한국불교미술사학 회, 2019.

민덕기, 「사명당에 대한 역사적 전승－그의 渡日 관련 설화를 중심으로」,『전북 사학』29, 전북사학회, 2006.

박도화, 「碧巖 覺性 발원 順天 松廣寺刊 大方廣佛華嚴經疏 變相圖」,『강좌미술사』52호, 미술사학회, 2019.

박종수, 「16·7세기 전세의 정액화 과정」,『한국사론』30, 서울대, 1993.

서수정, 「새로 발견한 벽암 각성의『禪源圖中決疑』간행 배경과 그 내용」,『불교학연구』55, 불교학연구회, 2018.

손성필, 「17세기 전반 高僧碑 건립과 조선 불교계」,『한국사연구』156, 한국사연구회, 2012.

_____,『16·7세기 불교정책과 불교계의 동향』, 동국대사학과 박사학위논문, 2013.

송일기, 「泰仁龍藏寺 開板佛事 研究」,『서지학연구』71, 한국서지학회, 2017.

송정숙, 「서산대사의『心法要抄』에 관한 서지적 연구」,『서지학연구』53, 한국서지학연구회, 2012.

신동흔, 「사명당 설화에 담긴 역사인식 연구－역사인물 설화의 서사적 문법을 통한 고찰」,『古典文學硏究』38, 한국고전문학회, 2010.

이강근,『17세기 佛殿의 장엄에 관한 연구』, 동국대학교 박사학위논문, 1995.

_____,『17세기 碧巖覺性의 海印寺·華嚴寺 再建에 대한 연구』,『강좌미술사』52, 한국불교미술사학회, 2019.

이영자, 「유정의 선교관」,『한국선사상연구』, 동국대학교 불교문화연구원, 1984.

이은현,『중심으로 해석한 충의 의의』, 대구교육대학교 교육대학원 초등교육학과 석사학위논문, 2010.

李章熙, 「壬辰倭亂僧軍考」,『李弘稙博士回甲記念 韓國史學論叢』, 1969.

이진영,『蓮潭有一硏究』동국대학교박사학위논문, 2020.

이철헌, 「四溟堂 惟政의 禪思想」,『한국선학』1, 한국선학회, 2000.

_____, 「사명당 유정에 대한 밀양 유림의 평가와 추모사업」,『한국불교학』59, 한국불교학회, 2011.

_____, 「표충사에 대한 유교계와 불교계의 인식」,『불교학보』64, 동국대불교문화연구원, 2013.

_____, 「淸虛系의 禪思想과 法統認識」,『한국불교사연구』4, 한국불교사연구소, 2014.

이태진, 「小氷期(1500~1750년)의 天體 現象的 원인－『朝鮮王朝實錄』의 관련 기록 분석」,『국사관논총』72, 국사편찬위원회, 1996.

임영애, 「천왕문의 등장: 사천왕상의 봉안위치와 역할」, 『신라문화』 52, 동국대 신라문화연구소, 2018.

林錫珍, 『松廣寺誌』, 불일출판사, 1984.

양중석, 「≪史記・滑稽列傳≫에 관한 諸評價」, 『중국문학』 50, 한국중국어문학회, 2007.

윤용출, 『조선후기의 요역제와 고용노동』, 서울대학교출판부, 1998.

오경후, 「朝鮮後期 佛教政策과 對應論」, 『역사민속학』 31, 서울: 한국역사민속학회, 2009.

_____, 「조선후기 승역의 유형과 폐단」, 『국사관논총』 107, 국사편찬위원회, 2005.

_____, 「광해군・인조 년간 승역의 실제」, 『한국불교사연구』 6, 한국불교사연구소, 2015.

_____, 「朝鮮 中後期 金山寺와 禪教兼修 傾向」, 『佛教學報』 72, 서울:동국대학교 불교문화연구원, 2015.

_____, 「여말선초 임제선의 법통형성과 조선후기 논쟁」, 『신라문화』 45, 동국대학교 신라문화연구소, 2015.

_____, 「朝鮮後期 佛教界의 正體性 確立과 禪教兼修」, 『지방사와 지방문화』 제21권 1호, 역사문화학회, 2018.

_____, 「朝鮮後期 佛教政策과 性格研究-宣祖의 佛教政策을 中心으로-」, 『한국사상과문화』 58, 한국사상문화학회, 2011.

_____, 「朝鮮時代 奉恩寺의 佛教的 位相과 文化價値」, 『정토학연구』 28, 한국정토학회, 2017.

_____, 「여말선초 臨濟禪의 법통형성과 조선후기 논쟁」, 『新羅文化』 45, 동국대신라문화연구소, 2015.

오준호, 『사명유정연구』, 동국대박사학위논문, 2000.

유근자, 「17세기의 완주 송광사 불사와 碧巖覺性」, 『南道文化研究』 36, 순천대학교 남도문화연구소, 2019.

원 행, 『조선 초기 관료들의 성리학적 정치이념과 함허선사의 현정론에 관한 연구 : 정책논증모형에 의한 접근을 중심으로』, 서울: 한양대학교 행정학과 박사학위논문, 2013.

전영근, 「조선시대 僧官制와 僧人人事관련 文書」, 『고문서연구』 제30호, 고문서학회, 2007.

정명희, 「朝鮮 後期 僧匠의 活動과 高興의 佛教美術」, 『문화사학』 43, 한국문화사학회, 2015.

정병조, 「사명당 유정의 사상과 불교사적 위치」, 『사명당 유정-그 인간과 사상과 활동』, 지식산업사, 2000.

_____, 「사명대사유정의 정토사상」, 『불교연구』 17, 한국불교연구원, 2000.

조명제・김탁・정용범・원경 역주, 『역주조계산송광사사고-인물부』, 혜안, 2007.

정출헌, 「사명당에 대한 사대부들의 기억과 그 시대적 맥락」, 『古典文學研究』 45, 한국고

전문학회, 2014.

최종진, 「鞭羊彦機의 선교관 연구」, 『한국종교사연구』 12, 한국종교사학회, 2004.

채상식, 「사명대사의 일본행과 이에 대한 양국의 태도」, 『한국민족문화』 27, 한국민족문화연구소, 2006.

탁효정, 「19세기 불교계동향과 송광사의 위상－왕실원당 설치를 중심으로」, 『보조사상』 45, 보조사상연구원, 2015.

하종목, 「조선후기의 사찰제지업과 그 생산품의 유통과정」, 『역사교육논집』 10, 역사교육학회, 1987.

한기두, 「백곡 처능의 간폐석교소에 관한 연구」(불함문화사편, 韓國佛敎學硏究叢書148, 朝鮮時代 篇)

한보광, 「사명당유정의 정토사상」, 『정토학연구』 16, 한국정토학회, 2011.

한태식, 「西山大師의 淨土觀」, 『淨土學硏究』 20, 한국정토학회, 2013.

한상길, 「사명당유정의 사문상」, 『정토학연구』 28, 한국정토학회, 2017.

황인규, 「수선사 16국사의 위상과 추념－송광사의 승보종찰 설정과 관련하여 試攷함」, 『보조사상』 34, 보조사상연구원, 2010.

＿＿＿, 「한국불교계 삼보사찰의 성립과 지정」, 41, 보조사상연구원, 2013.

＿＿＿, 「백곡처능의 생애와 호법활동」, 『불교와 사회』, 중앙승가대학교불교학연구원, 2018.

저자 **오 경 후(吳京厚)**

동국대학교에서 조선시대 불교사를 전공했다. 조선시대 사지(寺誌)와 승전(僧傳)을 주제로『사지와 승전을 통해 본 조선후기 불교사학사』(2018, 문현출판)를 펴냈다. 2015년에는 조선의 불교가 탄압과 소외 속에서 불교정책이나 사원경제를 통해 조선불교의 성격을 규명한『조선후기 불교동향사 연구』를 펴낸 바 있다. 2020년에는『한국 근대불교사론』을 펴낸 바 있다.

문현인문학총서 7

조선시대 불교의 호국과 호법

2024년 12월 24일 초판인쇄
2025년 01월 03일 초판발행

지 은 이 오 경 후
펴 낸 이 한 신 규
펴 낸 곳 **문현**출판
디 자 인 김 영 이
주   소 05827 서울특별시 송파구 동남로 11길 19(가락동)
전   화 Tel.02-433-0211 Fax.02-443-0212
E-mail mun2009@naver.com
출판등록 2009년 2월 24일(제2009-000014호)

출력 GS테크 **인쇄·후가공** 수이북스 **제본** 보경문화사 **용지** 종이나무

ⓒ 오경후, 2025
ⓒ 문현출판, 2025, printed in Korea

ISBN   979-11-94313-00-7   93220   **정가** 32,000원